NEUE KÖLNER RECHTSWISSENSCHAFTLICHE ABHANDLUNGEN

HERAUSGEGEBEN VON
DER RECHTSWISSENSCHAFTLICHEN FAKULTÄT
DER UNIVERSITÄT KÖLN

Heft 72

Berlin 1972

DE GRUYTER · BERLIN · NEW YORK

JOACHIM P. SCHMIDT, LL.M.

Teilbarkeit und Unteilbarkeit des Geständnisses im Zivilprozeß

Teilbarkeit und Unteilbarkeit des Geständnisses im Zivilprozeß

Eine rechtsvergleichende Studie zum Beweis durch Parteizeugnis im französischen, italienischen, deutschen und österreichischen Recht

Von

Joachim P. Schmidt, LL.M.

Berlin 1972

DE GRUYTER · BERLIN · NEW YORK

ISBN 3 11 00 40 08 5

Satz und Druck: Chmielorz, 1 Berlin 44

MEINER MUTTER

VORWORT

Die Arbeit hat im Sommersemester 1971 der Rechtswissenschaftlichen Fakultät der Universität Köln als Dissertation vorgelegen. Sie wurde im wesentlichen im Frühjahr 1970 abgeschlossen. Angeregt und betreut wurde sie von meinem verehrten Lehrer, Herrn Prof. Dr. *Kegel*. Ihm gilt mein ganz besonderer Dank.

Dank gebührt ebenfalls der Stiftung Volkswagenwerk, die mein Vorhaben zeitweilig durch ein Doktoranden-Stipendium gefördert hat. Dadurch wurde mir unter anderem der Besuch der Universität Florenz und damit der Gedankenaustausch mit den Herren Professoren *Cappelletti* und *Furno* ermöglicht. Beiden schulde ich Dank für ihre freundliche Unterstützung. Der Rechtswissenschaftlichen Fakultät der Universität Köln danke ich für die Aufnahme der Arbeit in ihre Schriftenreihe.

Oberhausen, im September 1971

Joachim P. Schmidt

INHALTSÜBERSICHT

INHALTSVERZEICHNIS

LITERATURVERZEICHNIS

Alcalá-Zamora
Uniformación
Niceto Alcalâ-Zamora y Castillo, Uniformación de la prueba en el proceso de los paises hispanoamericanos, Bol. Inst. Der. Comp. Mex. 16 (1963) 97—114.

Allorio
Efficacia
Enrico Allorio, Efficacia giuridica di prove ammesse ed esperite in contrasto con un divieto di legge? Giur. it. 1960 I 2, 867—872.

Andrioli
Confessione
Virgilio Andrioli, Confessione (Diritto processuale civile), Nov. dig. it., IV, Torino 1959, 10—25.

Arens
Willensmängel
Peter Arens, Willensmängel bei Parteihandlungen im Zivilprozeß, Bad Homburg, Berlin, Zürich 1968.

Aubry-Rau-Bartin
Cours
Aubry-Rau, Cours de droit civil français, XII, 5. Aufl. von Etienne Bartin, Paris 1922.

Aubry-Rau-Esmein
Droit civil
Aubry-Rau, Droit civil français, XII, 6. Aufl. von Paul Esmein, Paris 1958.

Azara
Codice civile
Antonio Azara, Codice civile, Nov. dig. it., III, Torino 1959, 386—387.

Azara
Codice di procedura civile
Antonio Azara, Codice di procedura civile, Nov. dig. it., III, Torino 1959, 393—395.

Zum Bach
Geständnis
Karl Adolf Zum Bach, Das Geständnis vor dem Zivilgericht in seiner Unzertrennlichkeit, Köln 1845.

Bacon
Preuve
Henry Selden Bacon, Le système de la preuve dans les pays du „droit coutumier" (common law) ses origines et ses effets, Bull. Soc. Leg. Comp. 68 (1938/1939) 138—158.

Bähr
Grenzen
Otto Bähr, Die Grenzen der freien Beweistheorie, Jher. Jahrb. 25 (1887) 394—413.

v. Bar
Recht und Beweis
L. v. Bar, Recht und Beweis im Zivilprozesse, Leipzig 1867.

Baudry-Lacantinerie
Précis
G. Baudry-Lacantinerie, Précis de droit civil, II, 12. Aufl., Paris 1921.

Baudry-Lacantinerie-Barde
Obligations
G. Baudry-Lacantinerie-L. Barde, Traité théorique et pratique de droit civil, Des obligations, IV, 3. Aufl., Paris 1908.

Baumbach-Lauterbach
ZPO
Baumbach-Lauterbach, Zivilprozeßordnung, Kommentar, 30. Aufl., München u. Berlin 1970.

Baumgärtel-Rammos Griech. ZPGB	Gottfried Baumgärtel-G. Rammos, Das griechische Zivilprozeßgesetzbuch mit Einführungsgesetz, Köln, Berlin, Bonn, München 1969.
Bernhardt Beweislast	Wolfgang Bernhardt, Beweislast und Beweiswürdigung im Zivil- und Verwaltungsprozeß, JR 1966, 322—327.
Bernhardt Sachverhalts-aufklärung	Wolfgang Bernhardt, Die Aufklärung des Sachverhalts im Zivilprozeß, Beiträge zum Zivilprozeßrecht, Festgabe zum siebzigsten Geburtstag von Leo Rosenberg, München u. Berlin 1949, 9—50.
Bernhardt Wahrheitspflicht	Wolfgang Bernhardt, Wahrheitspflicht und Geständnis im Zivilprozeß, JZ 1963, 245—247.
Bernhardt Zivilprozeßrecht	Wolfgang Bernhardt, Das Zivilprozeßrecht, 3. Aufl., Berlin 1968.
Betti Diritto processuale civile	Emilio Betti, Diritto processuale civile italiano, 2. Aufl., Roma 1936.
Betzinger Beweislast	B. Betzinger, Die Beweislast im Zivilprozeß mit besonderer Rücksicht auf das Bürgerliche Gesetzbuch, 2. Aufl., Berlin 1904.
Beudant Cours	Ch. Beudant, Cours de droit civil français, IX, 2. Aufl., Paris 1953.
Bierling Prinzipienlehre	Ernst Rudolf Bierling, Juristische Prinzipienlehre, IV, Tübingen 1911.
Blomeyer Gutachten	Arwed Blomeyer, Empfiehlt es sich, das Recht der Beweislast und der Beweiswürdigung durch gesetzliche Vorschriften fortzubilden und in welchem Sinne? Verhandlungen des 46. Deutschen Juristentages 1966, I, Teil 2 A.
Blomeyer Zivilprozeßrecht	Arwed Blomeyer, Zivilprozeßrecht, Erkenntnisverfahren, Berlin 1963.
Boileux Commentaire	J.-M. Boileux, Commentaire sur le Code Napoléon, IV, 6. Aufl., Paris 1856.
Bolaffi Preuve	Renzo Bolaffi, Sur la production de la preuve en droit italien, Bull. Soc. Leg. Comp. 68 (1938/39) 159—168.
Bolding Sachaufklärung	Olof Bolding, Sachaufklärung und Überzeugungsbildung im schwedischen Zivilprozeß, Arbeiten zur Rechtsvergleichung, XXX, Frankfurt und Berlin 1966, 57—64.
Bolgiano Qualifiziertes Geständnis	C. Bolgiano, Zur Lehre vom qualifizierten Geständnis, Zeitschr. f. Zivilr. und Proz. 16 (1859) 71—94.
Bonet Ramón Código civil	Francisco Bonet Ramón, Código civil comentado, Madrid 1962.

Bonnier Traité	M. E. Bonnier, Traité théorique et pratique des preuves en droit civil et en droit criminel, Paris 1843.
Bosch Conclusions	Conclusions des avocat-général Bosch bei *Cass. b.* 31. Okt. 1887, Pas. 1888. 1. 10—11.
Boulanger Réflexions	François Boulanger, Réflexions sur le problème de la charge de la preuve, Rev. trim. 1966, 736—754.
Boulanger Rôle	M. Boulanger, Rôle du juge en cas de silence ou d'insuffisance de la loi, Travaux de l'association Henri Capitant, V, Paris 1950, 61—73.
Bozi *Brauer-Schneider*	Alfred Bozi, Die Weltanschauung der Jurisprudenz, 2. Aufl., Hannover 1911.
Zivilrechtsfall Weltanschauung	Helmuth Brauer-Egon Schneider, Der Zivilrechtsfall in Prüfung und Praxis, 4. Aufl., Berlin und Frankfurt 1967.
Brüggemann Judex	Dieter Brüggemann, Judex statutor und Judex investigator, Untersuchungen zur Abgrenzung zwischen Richtermacht und Parteifreiheit im gegenwärtigen deutschen Zivilprozeß, Bielefeld 1968.
Bruns Zivilprozeßrecht	Rudolf Bruns, Zivilprozeßrecht, Berlin u. Frankfurt 1968.
Bruzin-Nectoux Jurisprudence Française	André Bruzin-Jean Nectoux, Jurisprudence Française de 1807 à 1952, Paris 1954.
Calamandrei Verità	Piero Calamandrei, Verità e verosimiglianza nel processo civile, Riv. dir. proc. 1955 I, 164—192.
v. Canstein Geständnis	v. Canstein, Anerkennung und Geständnis, ZZP 1 (1879) 257— 368.
Cappelletti Assistenza	Mauro Cappelletti, In tema di assistenza giudiziaria internazionale nei rapporti fra Italia e USA, Ann. Univ. Macerata 26 (1963) 51—60.
Cappelletti Efficacia	Mauro Cappelletti, Efficacia di prove illegittimamente ammesse e comportamento della parte, Riv. dir civ. 1961 I, 556—575.
Cappelletti Giuramento	Mauro Cappelletti, Giuramento (Diritto civile e diritto processuale civile), Enciclopedia Forense, III, Milano 1958, 965—983.
Cappelletti Giuramento della parte	Mauro Cappelletti, Il giuramento della parte nel processo litisconsortile, Riv. trim. dir. proc. civ. 1955, 1151—1195.
Cappelletti Ideologie	Mauro Cappelletti, Ideologie nel diritto processuale, Riv. trim. dir. proc. civ. 1962, 193—219.
Cappelletti Oralità	Mauro Cappelletti, Valore attuale del principio di oralità, Giur. it. 1960 IV, 89—95.

Cappelletti Principi	Mauro Cappelletti, Principi fondamentali e tendenze evolutive del processo civile nel diritto comparato, Giur. it. 1968 IV, 1—48.
Cappelletti- Processo civile	Mauro Cappelletti, Il processo civile italiano nel quadro della contrapposizione „civil law — common law", Riv. dir. civ. 1963 I, 31—64 (auch Ann. Univ. Macerata 26 (1963) 61—116).
Cappelletti Questioni nuove	Mauro Cappelletti, „Questioni" nuove nelle comparse conclusionali, ed efficacia probatoria „sussidiaria" dell'interrogatorio libero, Giur. it. 1956 I 1, 671—674.
Cappelletti Testimonianza	Mauro Cappelletti, La testimonianza della parte nel sistema dell'oralità, I, II, Milano 1962.
Cappelletti Zivilprozeß	Mauro Cappelletti, Der italienische Zivilprozeß, RabelsZ 30 (1966) 254—296.
Capelletti-Merryman-Perillo Italian Legal System	Mauro Cappelletti-John Henry Merryman-Joseph M. Perillo, The Italian Legal System, Stanford 1967.
Cappelletti-Perillo Civil Procedure	Mauro Cappelletti-Joseph M. Perillo, Civil Procedure in Italy, The Hague 1965.
Carnelutti Abrogazione	Francesco Carnelutti, Abrogazione dell'art. 1360?, Riv. dir. proc. civ. 1935 II, 96—98.
Carnelutti Grundlinien	Francesco Carnelutti, Grundlinien der Neuordnung des Erkenntnisverfahrens in Italien, RabelsZ 3 (1929) 1—32.
Carnelutti Istituzioni	Francesco Carnelutti, Istituzioni del nuovo processo civile italiano, I, II, 4. Aufl., Roma 1951.
Carnelutti Sistema	Francesco Carnelutti, Sistema del diritto processuale civile, I, Padova 1936.
Chiovenda Istituzioni	Giuseppe Chiovenda, Istituzioni di diritto processuale civile, II, 2. Aufl., Napoli 1936.
Chiovenda Oralità	Giuseppe Chiovenda, L'oralità e la prova, Riv. dir. proc. civ. 1924 I, 5—32.
Chiovenda Principii	Giuseppe Chiovenda, Principii di diritto processuale civile, 4. Aufl., Napoli 1928.
Chironi-Abello Trattato	G. P. Chironi-L. Abello, Trattato di diritto civile italiano, I, Torino 1904.
Colin-Capitant Traité	Ambroise Colin-Henri Capitant-Léon Julliot de la Morandière, Traité de droit civil, I, Paris 1957.
Connelly Rapport	Rapport des conseiller Connelly bei *Req.* 18. Febr. 1873, D. 1873. 1. 136—137.
Corpus Juris Civilis	Digesta und Codex Iustinianus, herausgegeben von Krüger, Mommsen, Schoell, Kroll u. Kunkel, Berlin 1954, 1963.

Coviello Manuale	Nicola Coviello, Manuale di diritto civile italiano, 4. Aufl., Milano 1929.
Dalloz Obligations	D. Dalloz, Obligations, Répertoire méthodique et alphabétique de législation, de doctrine et de jurisprudence, XXXIII, Paris 1860.
Dart Civil code	Benjamin Wall Dart, Civil Code of the State of Louisiana, Revision of 1870, I, 2. Aufl., Indianapolis 1945.
David Droit français	René David, Le droit français, I, Paris 1960.
David Grands systèmes	René David, Les grands systèmes de droit contemporains, 3. Aufl., Paris 1969.
David-de Vries French Legal System	René David-Henry P. de Vries, The French Legal System, New York 1958.
Decugis Evolution	Henry Decugis, L'évolution des modes de preuve judiciaire en droit comparé, Bull. Soc. Leg. Comp. 68 (1938/39) 77—87.
Dekkers Précis	René Dekkers, Précis de droit civil belge, II, Bruxelles 1955.
Delpech Serment	Henry Delpech, Serment, Répertoire de procédure civile et commerciale, II, Paris 1956, 884—888.
Demante Cours	A. M. Demante-E. Colmet de Santerre, Cours analytique du Code civil, V, 2. Aufl., Paris 1883.
Demolombe Cours	C. Demolombe, Cours de Code Napoléon, XXX, Paris 1879.
Denti Evoluzione	Vittorio Denti, L'evoluzione del diritto delle prove nei processi civili contemporanei, Riv. dir. proc. 1965, 31—70.
Denti Interrogatorio	Vittorio Denti, Interrogatorio formale di parte non legittimata a confessare, Giur. it. 1960 I 2, 863—867.
Dernburg Bürgerliches Recht	Heinrich Dernburg, Das bürgerliche Recht des Deutschen Reiches und Preußens, I, 3. Aufl., Halle 1906.
Diana Confessione	Agostino Diana, La confessione giudiziale nel processo civile, Giur. it. 1901 IV, 81—171.
Diana Confessione qualificata	Agostino Diana, Se dalla confessione qualificata possa trarsi un principio di prova, Foro it. 1903 I, 281—287.
Diederichsen Anscheinsbeweis	Uwe Diederichsen, Zur Rechtsnatur und systematischen Stellung von Beweislast und Anscheinsbeweis, VersR 1966, 211—222.
Döhring Sachverhaltserforschung	Erich Döhring, Die Erforschung des Sachverhalts im Prozeß, Berlin 1964.

Duranton Cours	M. Duranton, Cours de droit français suivant le Code civil, XIII, 3. Aufl., Paris 1834.
Ehrenzweig Buchbesprechung	Albert A. Ehrenzweig, Besprechung von *Nagel,* Grundzüge, Am. J. Comp. L. 16 (1968) 281—282.
Ekelöf Beweiswürdigung	Per Olof Ekelöf, Beweiswürdigung, Beweislast und Beweis des ersten Anscheins, ZZP 75 (1962) 289—301.
Endemann Beweislehre	F. Endemann, Die Beweislehre des Zivilprozesses, Heidelberg 1860.
Endemann Lehrbuch	F. Endemann, Lehrbuch des bürgerlichen Rechts, I, 9. Aufl., Berlin 1903.
Endemann Zivilprozeßrecht	Wilhelm Endemann, Das deutsche Zivilprozeßrecht, Heidelberg 1868, Neudruck Aalen 1969.
Engelmann History	Arthur Engelmann und andere, A History of Continental Civil Procedure, Boston 1927.
Entwurf 1	Entwurf einer deutschen Zivilprozeßordnung nebst Begründung, Berlin 1871.
Entwurf 2	Entwurf einer Zivilprozeßordnung für das Deutsche Reich mit Motiven und Anlagen, Besonderer Abdruck der Vorlage für den Reichstag, Berlin 1874.
Esser Grundsatz und Norm	Josef Esser, Grundsatz und Norm in der richterlichen Fortbildung des Privatrechts, 2. Aufl., Tübingen 1964.
Esser Vorwort	Josef Esser, Vorwort, Freiheit und Bindung des Zivilrichters in der Sachaufklärung, Arbeiten zur Rechtsvergleichung, XXX, Frankfurt und Berlin 1966.
Fasching Kommentar	Hans W. Fasching, Kommentar zu den Zivilprozeßgesetzen, II, III, Wien 1966.
Fenet Travaux préparatoires	Fenet, Recueil complet des travaux préparatoires du Code civil, Paris 1836.
Fischer Beweislast	Fischer, Norm und Normwidrigkeit in der Beweislast, Recht 1909, 101—103.
Fitting Beweislast	Hermann Fitting, Die Grundlagen der Beweislast, ZZP 13 (1889) 1—79.
Förster-Kann ZPO	A. Förster-Richard Kann, Die Zivilprozeßordnung für das Deutsche Reich, I, 3. Aufl., Berlin 1913.
Foyer Evolution	Jean Foyer, L'évolution du droit des preuves en France depuis les Codes Napoléoniens, Recueils de la Société Jean Bodin, XIX, Bruxelles 1963, 187—210.
Fragistas Grundzüge	Char N. Fragistas, Grundzüge des griechischen zivilprozessualen Beweisrechts, Rechtspolitische und rechtsvergleichende Beiträge zum zivilprozessualen Beweisrecht, Berlin 1929, 49—75.

Fragistas Preuve	Charalambos Fragistas, La preuve en droit privé hellénique aux XIXe et XXe siècles, Recueils de la Société Jean Bodin, XIX, Bruxelles 1963, 365—382.
Fuchs Gemeinschädlichkeit	Ernst Fuchs, Die Gemeinschädlichkeit der konstruktiven Jurisprudenz, Karlsruhe 1909.
Furno Appunti	Carlo Furno, Appunti in tema d'indivisibilità della confessione, Foro it. 1938 I, 1036—1050.
Furno Confessione	Carlo Furno, Confessione (Diritto processuale civile), Encicl. dir., VIII, Milano 1961, 870—917.
Furno Contributo	Carlo Furno, Contributo alla teoria della prova legale, Padova 1940.
Fuzier-Herman Aveu	Ed. Fuzier-Herman, Aveu, Répertoire générale alphabétique du droit français, VI, 2. Aufl., Paris 1913.
Fuzier-Herman Code civil	Ed. Fuzier-Herman, Code civil annoté, IV, Paris 1938.
Garsonnet-Cézar-Bru Traité	E. Garsonnet-Ch. Cézar-Bru, Traité théorique et pratique de procédure civile et commerciale, II, 3. Aufl., Paris 1912.
Gautschi Beweislast	Walter Gautschi, Beweislast und Beweiswürdigung bei freiem richterlichen Ermessen, Zürich 1913.
Gerland Englische Rechtsprobleme	Heinrich Gerland, Englische Rechtsprobleme und die deutsche Zivilprozeßordnung, Berlin 1930.
Gerland Parteivernehmung	Heinrich Gerland, Die Parteivernehmung nach dem Entwurf einer deutschen Zivilprozeßordnung, Judicium 3 (1931) 309—322.
Gianturco Sistema	E. Gianturco, Sistema di diritto civile italiano, Opere giuridiche, II, Roma 1947.
Gillissen Code civil	Fred Gillissen, Code civil et code de procédure civile en vigueur dans le Grand-Duché du Luxembourg, Diekirch 1958.
Ginsburg-Bruzelius Civil Procedure	Ruth Bader Ginsburg-Anders Bruzelius, Civil Procedure in Sweden, The Hague 1965.
Giorgi Teoria	Giorgio Giorgi, Teoria delle obbligazioni nel diritto moderno italiano, I, 5. Aufl., Firenze 1898.
Giuliani Concetto	Alessandro Giuliani, Il concetto di prova, Contributo alla logica giuridica, Milano 1961.
Giverdon Problem of Proof	Claude Giverdon, The Problem of Proof in French Civil Law, Tul. L. Rev. 31 (1956) 29—48.
Glaser Kleinere Schriften	Julius Glaser, Gesammelte kleinere Schriften über Strafrecht, Zivil- und Strafprozeß, Wien 1868.

Glasson-Tissier Traité	E. Glasson-Albert Tissier, Traité théorique et pratique d'organisation judiciaire, de compétence et de procédure civile, II, 3. Aufl., Paris 1926.
Glücklich Parteivernehmung	Heinz Werner Glücklich, Parteivernehmung nach deutschem Zivilprozeßrecht, Diss., Berlin 1938.
Goldschmidt Zivilprozeßrecht	James Goldschmidt, Zivilprozeßrecht, 2. Aufl., Berlin 1932, Neudruck Aalen 1969.
Gönner Handbuch	Gönner, Handbuch des deutschen gemeinen Prozesses, II, 2. Aufl., Erlangen 1804.
Göppinger Parteianhörung	Horst Göppinger, Die Parteianhörung und die Parteivernehmung in Ehesachen, zugleich eine Betrachtung über die Praxis des Eheprozesses, ZZP 73 (1960) 59—89.
Gorla Comportamento	Gino Gorla, Comportamento delle parti e convincimento del giudice, Riv. dir. proc. civ. 1935 II, 24—41.
de la Grasserie Preuve testimoniale	Raoul de la Grasserie, De la preuve testimoniale en droit comparé, Rev. crit. 1905, 546—569.
Guasp Derecho procesal civil	Jaime Guasp, Derecho procesal civil, Madrid 1956.
Guldener Beweiswürdigung	Max Guldener, Beweiswürdigung und Beweislast nach schweizerischem Zivilprozeßrecht, Zürich 1955.
Hahn Materialien	C. Hahn, Die gesammelten Materialien zur Zivilprozeßordnung und dem Einführungsgesetz zu derselben, I, Berlin 1880.
Hamson-Plucknett English Trial	C. J. Hamson-T. F. T. Plucknett, The English Trial and Comparative Law, Cambridge 1952.
Hébraud Commentaire	Pierre Hébraud, Commentaire de la loi du 23 mai 1942, D. C. 1943, 10—14.
Hedemann Vermutung	Justus Wilhelm Hedemann, Die Vermutung nach dem Recht des Deutschen Reiches, Jena 1904.
Hellwig System	Konrad Hellwig, System des deutschen Zivilprozeßrechts, I, Leipzig 1912.
Hémard Preuve	Jean Hémard, La preuve en Europe occidentale continentale aux XIXe et XXe siècles, Recueils de la Société Jean Bodin, XIX, Bruxelles 1963, 19—48.
Hendel-Rintelen Parteivernehmung	M. Hendel-A. Rintelen, Die Parteivernehmung in der Prozeßreform, Judicium 5 (1933) 3—38.
Herriger Anmerkung	Herriger, Anmerkung zu RG JW 1936, 1778 (1779).
Herzog Civil procedure	Peter Herzog, Civil Procedure in France, The Hague 1967.
Heusler Grundlagen	Andreas Heusler, Die Grundlagen des Beweisrechts, AcP 62 (1879) 209—319.

Heusler Zivilprozeß	Andreas Heusler, Der Zivilprozeß der Schweiz, Mannheim 1923.
v. Hippel Wahrheitspflicht	Fritz von Hippel, Wahrheitspflicht und Aufklärungspflicht der Parteien im Zivilprozeß, Frankfurt/M. 1939.
Hölder Entwurf	F. Hölder, Zum allgemeinen Teil des Entwurfs eines bürgerlichen Gesetzbuches für das Deutsche Reich, AcP 73 (1888) 1—160.
Huc Commentaire	Théophile Huc, Commentaire théorique et pratique du code civil, VIII, Paris 1895.
Jossérand Cours	Louis Jossérand, Cours de droit civil positif français, I, 3. Aufl., Paris 1938.
Juchems Geständnis	Hermann Juchems, Das Geständnis im Zivil- und Strafprozeß, Diss., Düsseldorf 1935.
Julliot de la Morandière Droit civil	Léon Julliot de la Morandière, Droit civil, I, Paris 1965.
Kaplan Reflections	Benjamin Kaplan, Civil Procedure — Reflections on the Comparison of Systems, Buff. L. Rev. 9 (1960) 409—432.
Kaplan-von Mehren-Schäfer German Civil Procedure	Benjamin Kaplan-Arthur T. von Mehren-Rudolf Schäfer, Phases of German Civil Procedure, Harv. L. Rev. 71 (1958) 1193—1268.
Kaser Römisches Zivilprozeßrecht	Max Kaser, Das römische Zivilprozeßrecht, München 1966.
Kegel Individualanscheinsbeweis	Gerhard Kegel, Der Individualanscheinsbeweis und die Verteilung der Beweislast nach überwiegender Wahrscheinlichkeit, Das Unternehmen in der Rechtsordnung, Festgabe für Heinrich Kronstein, Karlsruhe 1967, 321—344.
Kisch Buchbesprechung	Wilhelm Kisch, Besprechung von *Rosenberg*, Beweislast, ZZP 30 (1902) 532—538.
Kitz Qualifiziertes Geständnis	Eugen Kitz, Das sogenannte qualifizierte Geständnis und seine Bedeutung für die Beweislast, Diss., Würzburg 1913.
Klein Parteihandlung	Franz Klein, Die schuldhafte Parteihandlung, Wien 1885.
Klein Vorlesungen	Franz Klein, Vorlesungen über die Praxis des Zivilprozesses, Wien 1900.
Klein-Engel Zivilprozeß	Franz Klein-Friedrich Engel, Der Zivilprozeß Österreichs, Mannheim 1927.

Kleinfeller Gutachten	Georg Kleinfeller, Ist die Eideszuschiebung im Zivilprozesse durch die Vernehmung der Parteien als Zeugen zu ersetzen? Verhandlungen des 22. Deutschen Juristentages, I, (1893), 67—107.
Kleinfeller Lehrbuch	Georg Kleinfeller, Lehrbuch des deutschen Zivilprozeßrechts, 2. Aufl., Berlin 1910.
Kleinfeller Tatsacheneid	Georg Kleinfeller, Die geschichtliche Entwicklung des Tatsacheneides in Deutschland, Berlin 1891.
Kohler Offizialmaxime	Josef Kohler, Alexander Plosz und die Offizialmaxime im ungarischen Zivilprozesse, RheinZ 6 (1914) 1—33.
Kohler Prozeß	Josef Kohler, Der Prozeß als Rechtsverhältnis, Mannheim 1888, Neudruck Aalen 1969.
Kohler Zivilprozeßrecht	Josef Kohler, Zivilprozeßrecht, Enzyklopädie der Rechtswissenschaft, herausgegeben von Franz v. Holtzendorff, III, 7. Aufl., München, Leipzig, Berlin 1913.
Kollhosser Anscheinsbeweis	Helmut Kollhosser, Anscheinsbeweis und freie richterliche Beweiswürdigung, AcP 165 (1965) 46—83.
Korsch Beweislastregeln	Karl Korsch, Die Anwendung der Beweislastregeln und das qualifizierte Geständnis, Bonn 1911.
Kraemer Buchbesprechung	Wilhelm Kraemer, Besprechung der Festgabe zum 70. Geburtstag von Ludwig Rosenberg, ZZP 64 (1951) 159—168.
Krönig Beweislast	Ernst Krönig, Die Bedeutung der Beweislast für die Parteivernehmung und -vereidigung, MDR 1949, 735.
Langenbeck Beweisführung	Wilhelm Langenbeck, Die Beweisführung in bürgerlichen Rechtsstreitigkeiten, Leipzig 1860.
Laserra Interrogatorio	Giorgio Laserra, Interrogatorio (Diritto processuale civile), Nov. dig. it., VIII, Torino 1962, 914—920.
Laurent Principes	F. Laurent, Principes de droit civil, XIX, XX, 5. Aufl., Paris 1898.
Legeais Règles	Raymond Legeais, Les règles de preuve en droit civil, Permanences et transformations, Paris 1955.
Leipold Beweislastregeln	Dieter Leipold, Beweislastregeln und gesetzliche Vermutungen, Berlin 1966.
Lenhoff Law of Evidence	Arthur Lenhoff, The Law of Evidence, A Comparative Study Based Essentially on Austrian and New York Law, Am. J. Comp. L. 3 (1954) 313—344.
Lent Anmerkung	Friedrich Lent, Anmerkung zu BGH NJW 1953, 621, (621—622).
Lent Verteilung	Friedrich Lent, Die Verteilung der Verantwortlichkeit unter Gericht und Parteien im Zivilprozeß, ZZP 63 (1943) 3—55.

Lent Wahrheitspflicht	Friedrich Lent, Die Wahrheitspflicht der Partei im Zivilprozeß, JW 1933, 2674—2675.
Lent Wahrheits- und Vollständigkeitspflicht	Friedrich Lent, Die Wahrheits- und Vollständigkeitspflicht im Zivilprozeß, ZAKDR 5 (1938) 196—199.
Lent-Jauernig Zivilprozeßrecht	Friedrich Lent-Othmar Jauernig, Zivilprozeßrecht, 15. (11.) Aufl., München u. Berlin 1970 (1963).
Leonhard Beweislast	Franz Leonhard, Die Beweislast, Berlin 1904.
Lepa Beweislast	Manfred Lepa, Die Verteilung der Beweislast im Privatrecht und ihre rationelle Begründung, Diss., Köln 1963.
Lepointe Preuve	Gabriel Lepointe, La preuve judiciaire dans les codes Napoléoniens, Recueils de la Société Jean Bodin, XIX, Bruxelles 1963, 141—187.
Lessona Teoria	Carlo Lessona, Teoria delle prove nel diritto giudiziario civile italiano, I, Firenze 1895.
Levy Schiedseid	M. Levy, Über die Ersetzung des Schiedseids durch eine Vernehmung der Parteien als Zeugen, ZZP 23 (1897) 1—24.
Lévy-Bruhl Preuve	Henry Lévy-Bruhl, La preuve judiciaire, Etude de sociologie juridique, Paris 1964.
Liebman Manuale	Enrico Tullio Liebman, Manuale di diritto processuale civile, II 1, 2. Aufl., Milano 1959.
Lipari Indivisibilità	F. G. Lipari, Sulla indivisibilità della confessione, Riv. dir. proc. civ. 1925 I, 127—147.
Loevinger Facts	Lee Loevinger, Facts, Evidence and Legal Proof, Landmarks of Law, herausgegeben von Henson, New York 1960, 422—441.
Lomonaco Obbligazioni	Giovanni Lomonaco, Delle obbligazioni, III, Torino 1891.
Louisell-Williams Parenchyma of Law	David W. Louisell-Harold Williams, The Parenchyma of Law, Rochester 1960.
Manresa y Navarro Código civil	José Maria Manresa y Navarro, Comentarios al Código civil español, VIII 2, 5. Aufl., Madrid 1950.
Marchetti Ammissibilità	Claudio Marchetti, Ammissibilità dell'interrogatorio formale della parte in funzione liberamente probatoria? Ann. Univ. Macerata 25 (1961) 377—380.
Marchetti Dolo revocatorio	Claudio Marchetti, Dolo revocatorio e falsa allegazione, Riv. dir. proc. 1960, 418—445.
de Marini Ammissione	Carlo Maria de Marini, Ammissione (Diritto processuale civile), Encicl. dir., II, Milano 1958, 242—254.
Marty-Raynaud Droit civil	Gabriel Marty-Pierre Raynaud, Droit civil, I, Paris 1956.

Materialien	Materialien zu den neuen österreichischen Zivilprozeßgesetzen, I, Wien 1897.
Mattirolo Trattato	Luigi Mattirolo, Trattato di diritto giudiziario civile italiano, II, 4. Aufl., Torino 1894.
Mazeaud Conception	Henri Mazeaud, La conception jurisprudentielle du commencement de preuve par écrit de l'article 1347 du code civil, Lyon 1921.
Mazeaud-Mazeaud Leçons	Henri, Léon, Jean Mazeaud, Leçons de droit civil, I 1, 4. Aufl., Paris 1967.
Mc Cormick Evidence	Charles T. Mc Cormick, Handbook of the Law of Evidence, St. Paul 1954.
Melucci Introduzione	Pasquale Melucci, Introduzione allo studio delle scienze giuridiche ed istituzioni di diritto civile, Napoli 1904.
Mendelssohn-Bartholdy Rechtsnachfolge	A. Mendelssohn-Bartholdy, Die „Rechtsnachfolge" im Zivilprozeß und die „ständige Rechtsprechung" des Reichsgerichts, RheinZ 7 (1915) 153—172.
Merlin Confession	M. Merlin, Confession, Recueil alphabétique des questions de droit, II, Paris 1827, 505—516.
Meurisse Déclin	M. Meurisse, Le déclin de la preuve par écrit, Gaz. Pal. 1951 II, 50—52.
Micheli Corso	Gian Antonio Micheli, Corso di diritto processuale civile, II, Milano 1960.
Micheli Onere della prova	Gian Antonio Micheli, L'onere della prova, Neudruck Padova 1966.
Millar Fact Discovery	Robert Wyness Millar, The Mechanism of Fact Discovery, A Study in Comparative Civil Procedure, Ill. L. Rev. 32 (1937) 261—294, 424—455.
Mimin Note	Pierre Mimin, Anmerkung zu *Civ.* 10. Juli 1945, D. 1946, 181—183.
Montalbano Confessione	Giuseppe Montalbano, La confessione nel diritto vigente, Napoli 1958.
Motive BGB	Motive zu dem Entwurfe eines Bürgerlichen Gesetzbuches für das Deutsche Reich, I, Allgemeiner Teil, Berlin und Leipzig 1888.
Munch-Petersen Haupteigentümlichkeiten	H. Munch-Petersen, Haupteigentümlichkeiten der neuen dänischen Zivilprozeßordnung, RabelsZ 1 (1927) 221—232.
Nadeau-Ducharme Traité	André Nadeau-Léo Ducharme, Traité de droit civil du Québec, IX, Montréal 1965.
Nadelmann Preuve	K. H. Nadelmann, De la preuve judiciaire en droit allemand, Bull. Soc. Leg. Comp. 68 (1938/39) 169—180.

Nagel Grundzüge	Heinrich Nagel, Die Grundzüge des Beweisrechts im europäischen Zivilprozeß, Baden-Baden 1967.
Natoli-Ferrucci Commentario	Ugo Natoli-Romeo Ferrucci, Commentario del codice civile, VI 1, Torino 1959.
Nikisch Zivilprozeßrecht	Arthur Nikisch, Zivilprozeßrecht, Tübingen 1950.
Normand Juge	Jacques Normand, Le juge et le litige, Paris 1965.
Oertmann Grundriß	Paul Oertmann, Grundriß des deutschen Zivilprozeßrechts, 2. u. 3. Aufl., Leipzig 1927.
Osterrieth Prozeßtaktik	W. Osterrieth, Prozeßtaktik und Prozeßbeschleunigung, AcP 152 (1952/53) 537—542.
de Page Note	Henri de Page, Anmerkung zu *Cass. b.* 2. Juni 1949, Rev. crit. jur. b. 1950, 7—21.
de Page Traité	Henri de Page, Traité élémentaire de droit civil belge, III, 3. Aufl., Bruxelles 1967.
Pagenstecher Rechtskraft	Max Pagenstecher, Zur Lehre von der materiellen Rechtskraft, Berlin 1905.
Papon Comparution	Gabriel Papon, Comparution personelle et interrogatoire, Répertoire de procédure civile et commerciale, I, Paris 1955, 555—557.
Pekelis Legal techniques	Alexander H. Pekelis, Legal Techniques and Political Ideologies, Mich. L. Rev. 41 (1943) 665—692.
Perrot Aveu	Roger Perrot, De l'aveu, Juris Classeur Civil, Art. 1354—1356, A = Généralités, B = L'aveu judiciaire, C = L'aveu extrajudiciaire, Paris 1956.
Perrot Commencement	Roger Perrot, Commencent de preuve par écrit, Répertoire de droit civil, I, Paris 1951, 697—703.
Perrot Comparizione	Roger Perrot, La comparizione personale in diritto francese, Riv. dir proc. 1961, 181—192.
Perrot Présomptions	Roger Perrot, Présomptions, Répertoire de droit civil, IV, Paris 1954, 56—62.
Perrot Preuve	Roger Perrot, Preuve, Répertoire de procédure civile et commerciale, II, Paris 1956, 422—527.
Perrot Serment	Roger Perrot, Serment, Juris Classeur Civil, Art. 1357—1369, A = Généralités, B = Le serment décisoire, C = Serments déférés d'office par le juge, Paris 1956.
Pescatore Logica	Matteo Pescatore, La logica del diritto, I, Torino 1863.
Peters Beweislast	Peters, Die Beweislast, MDR 1949, 66—70.
Petschek-Stagel Zivilprozeß	Georg Petschek-Friedrich Stagel, Der österreichische Zivilprozeß, Wien 1963.

Planck Bemerkungen	Julius Wilhelm Planck, Bemerkungen über den Entwurf einer Prozeßordnung in bürgerlichen Rechtsstreitigkeiten für das Königreich Bayern, Krit. Viertelj. Schr. 4 (1862) 232—291.
Planck Lehrbuch	Julius Wilhelm Planck, Lehrbuch des deutschen Zivilprozeßrechts, I, Nördlingen 1887.
Planiol-Ripert Traité	Marcel Planiol-Georges Ripert, Traité pratique de droit civil français, VII, 2. Aufl., Paris 1954.
Pohle Bemerkungen	Rudolf Pohle, Bemerkungen zur Lehre von der Beweislast, MDR 1949, 386—389.
Pohle Beweislast	Rudolf Pohle, Zur Beweislast im internationalen Recht, Festschrift für Hans Dölle, II, Tübingen 1963, 317—339.
Pollak Geständnis	Rudolf Pollak, Gerichtliches Geständnis im Zivilprozesse, Berlin 1893.
Pollak System	Rudolf Pollak, System des österreichischen Zivilprozeßrechts, 2. Aufl., Wien 1931.
Postacioglu Anmerkung	Ilhan E. Postacioglu, Anmerkung zu Türk. OGH 24. April 1963, IHFM 30 (1964) 1055 (1056—1062).
Postacioglu MUHD	Ilhan E. Postacioglu, Medeni Usul Hukuku Dersleri, 2. Aufl., Istanbul 1962.
Pothier Obligations	Robert Josèphe Pothier, Traité des obligations, II, Paris 1777.
Praktika Anatheoritikis	Protokolle zum 2. Entwurf (Revisionsentwurf) eines neuen griechischen Zivilprozeßgesetzes, Athen 1967.
Praktika Syntaktikis	Protokolle zum 1. Entwurf eines neuen griechischen Zivilprozeßgesetzes, VI, Athen 1961.
Projecto	Projecto de Código Civil, herausgegeben vom Justizministerium, Lisboa 1966.
Prieto-Castro Derecho procesal civil	Leonardo Prieto-Castro Ferrandiz, Derecho procesal civil, I, Madrid 1964.
Püschel Gutachten	Willy Püschel, Ist im Zivilprozeß an Stelle des Parteieides die eidliche oder uneidliche Vernehmung der Parteien einzuführen? Verhandlungen des 36. Deutschen Juristentages, I (1931) 716—803.
Rabel Statute of Frauds	Ernst Rabel, The Statute of Frauds and Comparative Legal History, L. Q. Rev. 63 (1947) 174—187.
Radouant Observations	Jean Radouant, Anmerkung zu *Civ.* 20. Nov. 1940, J. C. P. 1941 II, 1659.
Rau Rapport	Rapport des conseiller Rau bei *Req.* 2. Jan. 1872, D. 1872. 1. 120.

Raynaud Réforme	Pierre Raynaud, La réforme de la comparution personelle des parties, J. C. P. 1943 I, 374.
Recueil complet	Recueil complet du code civil, I, Paris 1838.
Redenti Diritto processuale civile	Enrico Redenti, Diritto processuale civile, I, II, 2. Aufl., Neudruck Milano 1957.
Rehfeldt Einführung	Bernhard Rehfeldt, Einführung in die Rechtswissenschaft, 2. Aufl., Berlin 1966.
Ripert-Boulanger Traité	Georges Ripert-Jean Boulanger, Traité de droit civil, I, Paris 1956.
Rodrigues Bastos Código civil	Jacinto Fernandes Rodrigues Bastos, Código Civil Português, 2. Aufl., Coimbra 1967.
Roger Comparution	René Roger, De la comparution personelle des parties et de leur interrogatoire, Bull. Soc. Leg. Comp. 68 (1938/39) 197—202.
Römer Qualifiziertes Geständnis	Römer, Das sogenannte qualifizierte Geständnis nach der Rechtsprechung der obersten deutschen Gerichtshöfe namentlich des Reichsoberhandelsgerichts, AcP 62 (1879) 149—182.
Roquette Anmerkung	Roquette, Anmerkung zu RG JW 1936, 45 (46).
Rosenberg Beweislast	Leo Rosenberg, Die Beweislast auf der Grundlage des Bürgerlichen Gesetzbuchs und der Zivilprozeßordnung, 5. Aufl., München 1965.
Rosenberg Entwurf	Leo Rosenberg, Zu dem Entwurf einer Zivilprozeßordnung, ZZP 57 (1933) 185—339.
Rosenberg Lehrbuch	Leo Rosenberg, Lehrbuch des deutschen Zivilprozeßrechts, 9. Aufl., München 1961.
Rosenberg Qualifiziertes Geständnis	Leo Rosenberg, Zur Lehre vom sogenannten qualifizierten Geständnisse, Die Verteilung der Beweislast bei Streit über den Abschluß und den Inhalt eines Vertrages, AcP 94 (1903) 1—141.
Rosenberg Referat	Leo Rosenberg, Ist an Stelle des Parteieides die eidliche oder uneidliche Vernehmung der Parteien einzuführen? Verhandlungen des 36. Deutschen Juristentages, II (1932) 670—687.
Rosenberg-Schwab Zivilprozeßrecht	Leo Rosenberg-Karl-Heinz Schwab, Zivilprozeßrecht, 10. Aufl., München 1969.
Rühl Reformbestrebungen	Helmut Rühl, Reformbestrebungen auf dem Gebiet des zivilprozessualen Beweisverfahrens, Rechtspolitische und rechtsvergleichende Beiträge zum zivilprozessualen Beweisrecht, Berlin 1929, 1—48.
Santos Briz Código civil	J. Santos Briz, Código civil, Madrid 1965.
Satta Codice di procedura civile	Salvatore Satta, Codice di procedura civile, Encicl. dir., VII, Milano 1960, 279—283.

Satta Diritto processuale civile	Salvatore Satta, Diritto processuale civile, 7. Aufl., Padova 1967.
Sauer Prozeßrechtslehre	Wihlelm Sauer, Allgemeine Prozeßrechtslehre, Berlin, Detmold, Köln, München 1951.
Savatier Cours	René Savatier, Cours de droit civil, II, Paris 1949.
v. Savigny System	Friedrich Karl v. Savigny, System des heutigen römischen Rechts, VII, Berlin 1848.
Scardaccione Prove	Aurelio Scardaccione, Le prove, Torino 1965.
Schmidt Lehrbuch	Richard Schmidt, Lehrbuch des deutschen Zivilprozeßrechts, Leipzig 1898.
Schmidt Obliegenheiten	Reimer Schmidt, Die Obliegenheiten, Karlsruhe 1953.
Schmidt Wahrheitsermittlung	Richard Schmidt, Die Wahrheitsermittlung im Zivilprozeß, JW 1913, 764—776.
Schneider Anmerkung	Herbert Schneider, Anmerkung zu BGH ZZP 75 (1962) 362 (363—364).
Schneider Beweislast	Egon Schneider, Beweislast und Beweiswürdigung im Zivilprozeß, DRiZ 1966, 281—286.
Schneider Beweiswürdigung	Egon Schneider, Die Beweiswürdigung im Zivilprozeß, MDR 1966, 561—565.
Schneider Relationstechnik	Egon Schneider, Die Bedeutung der Beweislast für die Relationstechnik, JZ 1957, 617—622.
Schönke Bemerkungen	Adolf Schönke, Rechtsvergleichende und rechtspolitische Bemerkungen zum zivilprozessualen Beweisrecht, ZZP 61 (1939) 1—36.
Schönke Beweislast	Adolf Schönke, Beweislast, tatsächliche Vermutungen und schuldhafte Vereitelung der Beweisführung, ZAKDR 6 (1939) 193—194.
Schönke Zivilprozeßrecht	Adolf Schönke, Lehrbuch des Zivilprozeßrechts, 7. Aufl., Karlsruhe 1951.
Schönke-Kuchinke Zivilprozeßrecht	Adolf Schönke-Kurt Kuchinke, Zivilprozeßrecht, 9. Aufl., Karlsruhe 1969.
Schwab Streitgegenstand	Karl Heinz Schwab, Der Streitgegenstand im Zivilprozeß. München und Berlin 1954.
Schwartz Zivilprozeßgesetzgebung	Johann Christoph Schwartz, Vierhundert Jahre deutscher Zivilprozeßgesetzgebung, Berlin 1898.
Sereni Basic Features	Angelo Piero Sereni, Basic Features of Civil Procedure in Italy, Am. J. Comp. L. 1 (1952) 373—389.
Sicard Preuve	Jean Sicard, La preuve en justice après la réforme judiciaire, Paris 1960.

Siegrist Grundfragen	Edgar Siegrist, Grundfragen aus dem Beweisrecht des Zivilprozesses, Bern 1938.
Silva Melero Prueba procesal	Valentin Silva Melero, La prueba procesal, I, Madrid 1963.
Solus Réformes	Henry Solus, Les réformes de procédure civile, Le droit français au milieu du XXe siècle, Etudes offertes à Georges Ripert, I, Paris 1950, 193—213.
Sperl Gutachten	Hans Sperl, Ist an Stelle des Parteieides die eidliche oder uneidliche Vernehmung der Parteien einzuführen? Verhandlungen des 36. Deutschen Juristentages, I, (1931) 240—287.
de Stefano Comportamento	Giuseppe de Stefano, In tema di comportamento processuale della parte, Giur. it. 1955 I 2, 361—366.
Stein Grundriß	Friedrich Stein, Grundriß des Zivilprozeßrechts und des Konkursrechts, 3. Aufl., Tübingen 1928.
Stein Wissen	Friedrich Stein, Das private Wissen des Richters, Leipzig 1893.
Stein-Jonas Kommentar	Friedrich Stein-Martin Jonas-Adolf Schönke-Rudolf Pohle, Kommentar zur Zivilprozeßordnung, I, 18. u. 19. Aufl., Tübingen 1953, 1964.
Stölzel Schulung	Adolf Stölzel, Schulung für die zivilistische Praxis, I, 10. Aufl., Berlin 1930.
Storme Influence	Marcel Storme, L'influence des codifications napoléoniennes hors de France dans le domaine de la preuve, Recueils de la Société Jean Bodin, XIX, Bruxelles 1963, 211—258.
Szaszy International Civil Procedure	Istvàn Szaszy, International Civil Procedure, The Hague 1967.
Theuerkauf Beweislast	Horst Theuerkauf, Beweislast, Beweisführungslast und Treu und Glauben, MDR 1962, 449—451.
Thomas-Putzo ZPO	Heinz Thomas-Hans Putzo, Zivilprozeßordnung, 5. Aufl., München und Berlin 1971.
Tietgen Gutachten	Walter Tietgen, Empfiehlt es sich, das Recht der Beweislast und der Beweiswürdigung durch gesetzliche Vorschriften fortzubilden und in welchem Sinne? Verhandlungen des 46. Deutschen Juristentages, Teil I 2 B, (1966).
Toullier Droit civil	C. B. M. Toullier, Le droit civil français suivant l'ordre du code, X, 4. Aufl., Paris 1824.
Trabucchi Istituzioni	Alberto Trabucchi, Istituzioni di diritto civile, 15. Aufl., Padova 1966.
Umar	Bilge Umar, La divisibilité de l'aveu, Schweiz JZ

Vincent Procédure civile	Jean Vincent, Procédure civile, 14. Aufl., Paris 1969.
Voet Comm.	Johannes Voet, Commentarius ad pandectas, II, Colonia Allobrogum 1769.
Wach Beweislast	Adolf Wach, Die Beweislast nach dem Bürgerlichen Gesetzbuche, ZZP 29 (1901) 359—393.
Wach Defensionspflicht	Adolf Wach, Defensionspflicht und Klagerecht, Grünhut Z 6 (1879) 515—558.
Wach Entwurf	Adolf Wach, Der Entwurf einer deutschen Zivilprozeßordnung, Krit. Viertelj. Schr. 14 (1872) 329—373.
Wach Grundfragen	Adolf Wach, Grundfragen und Reform des Zivilprozesses, Berlin 1914.
Wach Vorträge	Adolf Wach, Vorträge über die Reichszivilprozeßordnung, 2. Aufl., Bonn 1896.
Walsmann Eidesbeweis	Hans Walsmann, Reichsgericht und Eidesbeweis, Die Reichsgerichtspraxis im deutschen Rechtsleben, VI, 236—274.
Walsmann Irrtum	Hans Walsmann, Der Irrtum im Prozeßrecht, AcP 102 (1907) 1—214.
Wassermeyer prima facie Beweis	Heinz Wassermeyer, Der prima facie Beweis und die benachbarten Erscheinungen, Münster 1954.
Weber Beweisführung	Adolph Dieterich Weber, Über die Verbindlichkeit zur Beweisführung im Zivilprozeß, 3. Aufl., Leipzig 1845.
Weill Droit civil	Alex Weill, Droit civil, I, Paris 1968.
Weismann Lehrbuch	Jakob Weismann, Lehrbuch des deutschen Zivilprozeßrechts, I, Stuttgart 1903.
Wendt Wie etwas heißt	Wendt, Wie etwas heißt und was es ist, AcP 103 (1908) 417—460.
Wenger Institutionen	Leopold Wenger, Institutionen des römischen Zivilprozeßrechts, München 1925.
Wetzell System	Georg Wilhelm Wetzell, System des ordentlichen Zivilprozesses, 2. Aufl., Leipzig 1865.
Wieacker Privatrechtsgeschichte	Franz Wieacker, Privatrechtsgeschichte der Neuzeit, 2. Aufl., Göttingen 1967.
Wieczorek ZPO	Bernhard Wieczorek, Zivilprozeßordnung, II, Berlin 1957.
Wigmore Treatise	John Henry Wigmore, A Treatise on the Anglo-American System of Evidence in Trials at Common Law, II, 3. Aufl., Boston 1940.
Wildhagen Sachverhalt	G. Wildhagen, Der Sachverhalt — ein Stiefkind des Zivilprozesses, Berlin 1929.

Zachariae-Crome Handbuch	Carl Salomo Zachariae von Lingenthal-Carl Crome, Handbuch des französischen Zivilrechts, I, 8. Aufl., Freiburg 1894.
Zink Sachverhalts-ermittlung	E. Zink, Über die Ermittlung des Sachverhalts im französischen Zivilprozesse, I, München 1860.
Zöller ZPO	Richard Zöller, Zivilprozeßordnung, Kommentar, 10. Aufl., München 1968.

ABKÜRZUNGSVERZEICHNIS

a. A.	anderer Ansicht
a. a. O.	am angegebenen Ort
AcP	Archiv für die civilistische Praxis
a. E.	am Ende
a. F.	alte Fassung
Am. J. Comp. L.	American Journal of Comparative Law
Anm.	Anmerkung
Ann. Univ. Macerata	Annali della Università di Macerata
Art.	Artikel
App.	Corte d'Appello
b.	belge
BGB	Bürgerliches Gesetzbuch
BGH (Z)	Bundesgerichtshof, Entscheidungen des Bundesgerichtshofs in Zivilsachen
Bol. Inst. Der. Comp. Mex.	Boletín del Instituto de Derecho Comparado de México
Buff. L. Rev.	Buffalo Law Review
Bull. Cass.	Bulletin des Arrêts de la Cour de Cassation, Chambres civiles
Bull. Soc. Leg. Comp.	Bulletin de la Société de Législation Comparée
BVerfG(E)	Bundesverfassungsgericht, Entscheidungen des Bundesverfassungsgerichts
Cass.	Cour de Cassation, Corte di Cassazione
C. c.	Code civil
C. civ.	Codice civile
Civ.	Cour de Cassation, Chambre Civile
C. p. c.	Code de procédure civile
C. pr. civ.	Codice di procedura civile
Crim.	Cour de Cassation, Chambre Criminelle
D.	Recueil Dalloz
D. A.	Dalloz, Recueil Analytique
D. C.	Dalloz, Recueil Critique
D. H.	Dalloz, Recueil Hebdomadaire
Dir. giur.	Diritto e Giurisprudenza
Diss.	Dissertation

DRiZ	Deutsche Richterzeitung
EGZPO	Einführungsgesetz zur Zivilprozeßordnung
Encicl. dir.	Enciclopedia del Diritto
Foro it.	Il Foro Italiano
Gaz. Pal.	La Gazette du Palais
Giur. compl. Cass. civ.	Giurisprudenza Completa della Corte Suprema di Cassazione, Sezioni Civili
Giur. it.	Giurisprudenza Italiana
Giur. tosc.	Giurisprudenza Toscana
Giust. civ. Mass.	Giustizia Civile Massimario della Cassazione
Giust. civ. Mass. App.	Giustizia Civile Massimario delle Corti di Appello
Gruch.	Gruchot's Beiträge zur Erläuterung des Deutschen Rechts
GrünhutZ	Zeitschrift für das Privat- und öffentliche Recht der Gegenwart
Harv. L. Rev.	Harvard Law Review
h. M.	herrschende Meinung
IHFM	Istanbul Üniversitesi Hukuk Fakültesi Mecmuasi
Ill. L. Rev.	Illinois Law Review
J. C. P.	Juris Classeur Périodique, La Semaine Juridique
Jher. Jahrb.	Jherings Jahrbücher für die Dogmatik des bürgerlichen Rechts
JR	Juristische Rundschau
Judicium	Judicium (Zeitschrift)
JW	Juristische Wochenschrift
JZ	Juristenzeitung
KG	Kammergericht
Krit. Viertelj. Schr.	Kritische Vierteljahresschrift für Gesetzgebung und Rechtswissenschaft
LG	Landgericht
LM	Lindenmaier-Möhring, Nachschlagewerk des Bundesgerichtshofs
L. Q. Rev.	Law Quarterly Review
MDR	Monatsschrift für Deutsches Recht
Mich. L. Rev.	Michigan Law Review
NJW	Neue Juristische Wochenschrift
Nov. dig. it.	Novissimo Digesto Italiano
öBagG	Österreichisches Gesetz über das Verfahren in Bagatellsachen vom 27. April 1873
OLG(E)	Oberlandesgericht, Rechtsprechung der Oberlandesgerichte auf dem Gebiete des Zivilrechts

ÖZPO	Österreichische Zivilprozeßordnung
Pas.	Pasicrisie Belge
RabelsZ	Zeitschrift für ausländisches und internationales Privatrecht
Recht	Das Recht (Zeitschrift)
Rep. Giur. it.	Giurisprudenza Italiana Repertorio
Req.	Cour de Cassation, Chambre de Requêtes
Rev. crit.	Revue Critique de Législation et de Jurisprudence
Rev. crit. jur. b.	Revue Critique de Jurisprudence Belge
Rev. trim.	Revue Trimestrielle de Droit Civil
RG(Z)	Reichsgericht, Entscheidungen des Reichsgerichts in Zivilsachen
RheinZ	Rheinische Zeitschrift für Zivil- und Prozeßrecht des In- und Auslandes
Riv. dir. civ.	Rivista di Diritto Civile
Riv. dir. proc. (civ.)	Rivista di Diritto Processuale (Civile)
Riv. giur. umbro-abruzz.	Rivista Giuridica Umbro-Abruzzese
Riv. trim. dir. proc. civ.	Rivista Trimestrale di Diritto e Procedura Civile
R. M. D.	Revue Marocaine de Droit
S.	Recueil Sirey, Seite
Schweiz JZ	Schweizerische Juristen-Zeitung
Sett. Cass.	La Settimana della Cassazione
Soc.	Cour de Cassation, Chambre Sociale
Somm.	Sommaires
StG	Strafgesetz (Österreich)
StGB	Strafgesetzbuch
Trib.	Tribunale
Trib. civ.	Tribunal civil
Trib. gr. inst.	Tribunal de Grande Instance
Trib. inst.	Tribunal d'instance
Trib. paix	Tribunal de Paix
Tul. L. Rev.	Tulane Law Review
VersR	Versicherungsrecht
WarnRspr	Warneyer's Rechtsprechung des Reichsgerichts auf dem Gebiete des Zivilrechts
ZAKDR	Zeitschrift der Akademie für Deutsches Recht
Zeitschr. f. Zivilr. u. Proz.	Zeitschrift für Zivilrecht und Prozeß
ZPO	Zivilprozeßordnung
ZZP	Zeitschrift für Zivilprozeß

EINLEITUNG

„Ce ne sont pas les problèmes qui sont compliqués; c'est souvent, et uniquement, le cerveau des interprètes"[1].

Gegenüber der Klage auf Rückzahlung eines Darlehens wendet der Beklagte ein:

a) das Geld sei ihm geschenkt worden;
b) er habe es schon zurückgezahlt;
c) er habe die Schuld durch Aufrechnung mit einer eigenen Forderung getilgt;
d) die Schuld sei ihm erlassen worden.

Wie ist zu entscheiden, wenn beide Parteien keinen Beweis antreten?

Es gibt Begriffe, die alle Todeserklärungen der Begriffsjurisprudenz immer wieder überleben. Zu diesen gehört der Begriff des „qualifizierten Geständnisses", mit dem Fälle wie die obigen von alters her nicht nur im deutschen Recht gelöst oder jedenfalls erfaßt werden. Der Grund für sein zähes Leben liegt nun nicht etwa darin, daß er dem zu beschreibenden Gegenstand besonders angemessen wäre. Im Gegenteil. Die Bezeichnung „qualifiziertes Geständnis" entspricht den Gegebenheiten so wenig, daß wohl gerade deshalb die Rechtsentwicklung darüber hinweggehen konnte, ohne sie auch dem Namen nach aufzugeben.

Doch bildet dieser Aspekt des Themas nicht den Schwerpunkt der vorliegenden Arbeit. Das „qualifizierte Geständnis" ist heute ein bezeichnendes Beispiel dafür, wie das gedankenlose Mitführen einer sachlich unrichtigen und überlebten Terminologie Theorie und Praxis zu verfehlten Schlüssen verleiten kann[2]. Die vorgebliche Lösung des Problems mit begrifflichen Methoden führt leicht dazu, Prozeßinstitutionen als charakteristisch und Prozeßmaximen als tragend anzusehen, die heute wenig mehr als von historischem Interesse sind. Auf der anderen Seite werden dann für den modernen Zivilprozeß grund-

[1] *de Page*, Traité III, 1100 zur Frage der Unteilbarkeit des Geständnisses.

[2] Vgl. *Wendt*, Wie etwas heißt, AcP 103 (1908) 421.

legende Neuerungen widerwillig als systemwidrige Ausnahmen registriert, und ihre Rückwirkung auf Charakter und Zweck des Prozesses nicht oder nur unvollkommen erkannt[3]. So verdeckt das „qualifizierte Geständnis" und die fortdauernde offizielle Wertschätzung des Geständnisrechts insbesondere die Tatsache, daß das Verhältnis von Parteizeugnis und Beweis im Zivilprozeß sich in den letzten hundert Jahren von Grund auf gewandelt hat.

Oberflächlich betrachtet stehen sich beim qualifizierten Geständnis auch heute noch die Anschauungen des französischen und des deutschen Rechts gegenüber[4], die jedoch im Grunde beide auf den gleichen begrifflich-formalen Prämissen aufbauen. Diese Betrachtungsweise ist inzwischen sowohl innerhalb des „romanischen" als auch innerhalb des „germanischen" Rechtskreises durch das italienische bzw. das österreichische Recht überwunden. Aber auch im französischen und deutschen Recht hat sich die Sachlogik seit langem gegen die angeblich gültigen „Prinzipien" durchgesetzt.

Wenn diese Tatsachen bisher nicht gebührend beachtet wurden, so m. E. deshalb, weil die meisten Autoren den Fehler des deutschen und französischen Rechts wiederholten und das Problem ebenfalls isoliert als ein logisch-theoretisches behandelten. Die vorliegende Studie versucht demgegenüber, den Zusammenhang zum Beweisrecht im allgemeinen und zum Beweis durch Parteizeugnis im besonderen wiederherzustellen[5]. Nur auf diese Weise läßt sich ein annäherndes Bild von dem gewinnen, was wirklich „positives Recht" ist[6].

---

[3] Vgl. *Esser*, Grundsatz und Norm 157—158.

[4] So z. B. *Guldener*, Beweiswürdigung 59—60.

[5] Vgl. dazu *Guldener*, a. a. O. 60 (zitiert unten § 3 III B 4).

[6] Vgl. *Esser*, a. a. O. 157.

Erster Teil: Französisches Recht

§ 1. Der Grundsatz der Unteilbarkeit des Geständnisses und seine Entwicklung bis zum Code civil

I. BEGRIFF

Das französische Recht bestimmt in

Art. 1356 C. c:

„L'aveu judiciaire est la déclaration que fait en justice la partie ou son fondé de pouvoir spécial.

Il fait pleine foi contre celui qui l'a fait.

Il ne peut être divisé contre lui.

. . ."

Der dritte Absatz dieser Vorschrift enthält den Grundsatz der Unteilbarkeit des Geständnisses (indivisibilité de l'aveu). Der Inhalt dieses nicht leicht verständlichen Satzes[1] wird am besten erklärt durch ein Beispiel von *Pothier,* das sich noch heute wörtlich oder sinngemäß in französischen Lehrbüchern findet[2]:

„Observez que lorsque je n'ai d'autre preuve que votre confession, je ne peux la diviser. Supposons, par exemple, que j'aie donné une demande contre vous, pour une somme de deux cents livres que je soutiens vous avoir prêtée, dont je vous demande le paiement; si sur cette demande, vous êtes convenu en justice du prêt, en ajoutant que vous m'avez rendu cette somme; je ne peux tirer de votre confession une preuve du prêt, qu'elle ne fasse en même temps foi du paiement; car je ne peux m'en servir contre vous qu'en la prenant telle qu'elle est, en son entier . . ."[3]

Geständnis (aveu, früher auch: confession) im Sinne des Art. 1356 Abs. 3 C. c. ist demnach eine Erklärung, mit der nicht nur die Wahrheit einer vom Gegner behaupteten Tatsache eingeräumt, son-

---

[1] Vgl. *Stölzel,* Schulung I, 141.

[2] Siehe *Ripert-Boulanger,* Traité I, 342; *Colin-Capitant,* Traité I, 313; *Julliot de la Morandière,* Droit civil I, 157.

[3] *Pothier,* Obligations II, 333.

dern gleichzeitig noch eine eigene Behauptung aufgestellt wird. Dieses Geständnis ist also aus *zwei Bestandteilen* zusammengesetzt. Der erste Teil besteht in der Einräumung einer dem Gestehenden *ungünstigen* Tatsache (eigentliches Zugeständnis, „contra se declaratio")[4], während der zweite Teil dem Erklärenden *günstig* ist und darauf abzielt, die Tragweite der eigentlichen Geständniserklärung einzuschränken oder ganz zu beseitigen (Zusatzbehauptung, „pro se declaratio"). Dem Gesamtinhalte nach soll die Erklärung zugunsten des Gestehenden wirken.

Ein solches Geständnis, das in der Prozeßpraxis weit häufiger vorkommt als ein einfaches Zugeständnis ohne jeden einschränkenden Zusatz[5], kann gemäß Art. 1356 Abs. 3 C. c. nicht „gegen den Gestehenden geteilt werden". Das bedeutet, daß der Gegner des Gestehenden den ihm günstigen Teil des Geständnisses nicht für sich verwerten kann, ohne gleichzeitig auch die dazu erklärten Einschränkungen gegen sich gelten zu lassen. Er kann sich in bezug auf die eingeräumten Tatsachen nicht kraft Geständniswirkung als vom Beweise befreit ansehen und die abschwächenden Zusätze zur Beweislast der anderen Partei zurückschieben[6]. Der Gegner des Gestehenden hat die Möglichkeit, auf die Benutzung des Geständnisses ganz zu verzichten und seine Behauptung anderweitig zu beweisen. Will er das Geständnis aber verwerten, so muß er es nehmen, *wie es ist*, einschließlich aller Zusätze. In diesem Falle kann er die Zusätze nur dadurch entkräften, daß er insoweit einen Gegenbeweis führt. Unteilbarkeit des Geständnisses bedeutet, daß es dem Gegner der gestehenden Partei verwehrt ist, sich den ihm günstigen Teil des Geständnisses anzueignen und den ihm nicht genehmen Rest zurückzuweisen[7]. In einem Falle, in dem der Hergang des Verkehrsunfalls nur durch die Schilderung des Beklagten bekannt war, und dieser den Sachverhalt so darstellte, als sei der Unfall für ihn unvermeidbar gewesen, hat ein französisches Gericht den Unteilbarkeitsgrundsatz wie folgt angewendet:

> „Attendue que l'aveu judiciaire est, aux termes de l'art. 1356 C. c., indivisible; que l'on ne saurait donc retenir la matérialité de l'accident et rejeter les circonstances précisées par le défendeur . . ."[8].

[4] Vgl. *Cappelletti*, Testimonianza I, 8; *Micheli*, Onere della prova 409.

[5] Vgl. *Mazeaud-Mazeaud*, Leçons I, 446.

[6] *Ripert-Boulanger*, Traité I, 342.

[7] Allgemeine Meinung in Frankreich, s. *Ripert-Boulanger*, a. a. O.; *Perrot*, Preuve Nr. 1071; Aveu B, Nr. 51; *Planiol-Ripert*, Traité VII, 1044; *Marty-Raynaud*, Droit civil I, 386; *Weill*, Droit civil I, 276; *Savatier*, Cours II, 288.

[8] Trib. gr. inst. *Aix-en-Provence*, 14. Dez. 1962, Gaz. Pal. 1963. 1. 198 (199).

Da der Kläger keinerlei Beweis antrat, wurde er deshalb mit der Klage abgewiesen[9].

II. DIE ENTWICKLUNG DES UNTEILBARKEITSGRUNDSATZES BIS ZUM CODE CIVIL

A. Römisches und gemeines Recht

Gleich anderen Rechtsprinzipien, die ausgetragene Abwägungsfragen in die „suggestive Formel einer Denknotwendigkeit"[10] kleiden, findet sich auch der Unteilbarkeitsgrundsatz ausgedrückt in apodiktischen lateinischen Wendungen wie „Confessio qualificata non est dividenda, sed vel tota accipienda vel tota reicienda"[11]. Wie bei vielen in der Jurisprudenz gebräuchlichen lateinischen Schlagworten ist auch die Herkunft dieses Satzes aus dem römischen Recht kaum nachzuweisen. Zwar hat das ältere französische Schrifttum versucht, seine Geltung im römischen Recht an Hand einiger Stellen im Corpus Iuris zu belegen[12]. Bei den meisten dieser Vorschriften[13] ist jedoch

---

[9] Das Urteil ist in Frankreich auf Kritik gestoßen (vgl. die Anmerkung Gaz. Pal. a. a. O.), weil das Gericht mit Hilfe des Unteilbarkeitsgrundsatzes zu Unrecht den Bereich der Gefährdungshaftung beschnitten habe.

Ein anderes Gericht hat in einem ähnlichen Fall umgekehrt die Unteilbarkeit des Geständnisses aus dem Gesichtspunkt der Gefährdungshaftung eingeschränkt, vgl. Trib inst. *Saint-Jean-d'Angély*, 4. Mai 1966, Gaz. Pal. 1966. 2. 98:

„Lorsque l'aveu formulé est en opposition avec une règle légale en l' espèce l'art. 1384 § 1er C. c. qui établit une présomption de responsabilité à l'encontre du gardien de la chose incriminée qui a occasionné le dommage, la règle de l'indivisibilité ne peut jouer au profit du gardien; le tribunal est en effet fondé à ne retenir de l'aveu du gardien que le seul fait qu'il y a bien eu choc et que, dans ces conditions, conformément aux préscriptions de l'art. 1384 C. c., il appartient à ce gardien, pour se dégager, de rapporter la preuve d'un cas fortuit ou de force majeure."

Siehe dazu auch die Anmerkungen Gaz. Pal. 1966. 2. 99; R.M.D. 12 (1960) 100—102 (für das ähnliche marokkanische Recht) und unten § 3 III B 2.

[10] *Esser*, Grundsatz und Norm 112.

[11] Vgl. z. B. *Zum Bach*, Geständnis 33; *Zachariae-Crome*, Handbuch I, 440; *Lipari*, Indivisibilità, Riv. dir. proc. civ. 1925 I, 132; *Betzinger*, Beweislast 100; *Kitz*, Qualifiziertes Geständnis 11; *Goldschmidt*, Zivilprozeßrecht 106.

[12] Vgl. die Zusammenstellung des französischen Schrifttums bei *Merlin*, Confession, § II, 505 ff. Ähnliche Begründungsversuche auch bei deutschen Autoren, vgl. *Gönner*, Handbuch II, 224—240; *Wetzell*, System 173—174, Anm. 9—11.

[13] D 16, 3, 26; D 34, 3, 28; D 38, 1, 39; D 44, 1, 9; D 45, 1, 1; D 50, 17, 43; C 8, 35, 9.

unklar, ob sie für die Unteilbarkeit überhaupt etwas ergeben[14]. Selbst scheinbar eindeutige Textstellen lassen einen sicheren Schluß nicht zu[15]. Eine sorgfältige Analyse ergibt, daß ein *allgemeiner* Unteilbarkeitsgrundsatz, wie der des Art. 1356 C. c., in den römischen Quellen nicht begründet ist[16]. Die Unteilbarkeit scheint vielmehr eine Frage des *richterlichen Ermessens* gewesen zu sein: . . . „iudicem aestimaturum“[17].

Die wirklichen Anfänge der Unteilbarkeitsdoktrin sind vielmehr im gemeinen Recht des Mittelalters zu suchen[18]. Die Glosse des *Accursius* knüpft an eine der vorgeblichen römischen Belegstellen[19] zwei erläuternde Beispiele. In dem ersten finden sich u. a. folgende Wendungen:

> „. . . quaeritur an reus videatur confessus pure . . . Item si diceremus duo, scilicet purum et conditionalem . . .“[20]

Wortlaut und Gegenüberstellung der beiden Beispiele ergeben, daß hier lediglich das reine, uneingeschränkte Geständnis vom schlichten Leugnen abgegrenzt werden sollte. Zwei verschiedenartige, rechtlich unterschiedlich zu behandelnde Gattungen von *Geständnissen* wollten die Glossatoren nicht feststellen. Dennoch muß dieser Text der Glosse der Ursprung der gemeinrechtlichen Theorie von der „confessio *qualificata*“ (zunächst conditionalis)[21] gewesen sein, die der „confessio *pura*“ gegenübergestellt wurde[22]. Unter den Begriff des qualifizierten Geständnisses faßte man in der Folge alle die Fälle, in denen eine Partei die Behauptung des Gegners zwar einräumte, aber nur mit Einschränkungen und Zusätzen[23].

---

[14] So z. B. die vielzitierte Konstitution C 8, 35, 9, vgl. dazu die Untersuchung bei *Zum Bach*, Geständnis 36.

[15] So auch D 44, 1, 9, der Ursprung des Satzes „Qui excipit non fatetur“. Hier ist der Begriff der exceptio unklar, vgl. *Kaser*, Römisches Zivilprozeßrecht, 472 ff. (474); *Wenger*, Institutionen 280—281; schon *Bartolus* meinte: „Positur nomen exceptionis pro qualibet defensione“ (zitiert nach *Zum Bach*, Geständnis 51).

[16] *Zum Bach*, a. a. O. 38; *Betzinger*, Beweislast 100, Anm. 1; *Diana*, Confessione qualificata, Foro it. 1903 I, 284; *Lessona*, Teoria I, 545—549; *Lomonaco*, Obbligazioni III, 446.

[17] D 16, 3, 26; vgl. auch *Furno*, Confessione 908.

[18] *Diana*, a. a. O.

[19] C 8, 35, 9.

[20] Vollständiger Text bei *Lipari*, Indivisibilità, Riv. dir. proc. civ. 1925 I, 133, Anm. 1; s. auch *Diana*, Confessione qualificata, Foro it. 1903 I, 284.

[21] Weil es in dem Beispiel der Glosse um eine Suspensivbedingung ging, vgl. *Bolgiano*, Qualifiziertes Geständnis, Zeitschr. f. Zivilr. u. Proz. 16 (1859) 72; *Micheli*, Onere della prova 419.

[22] *Diana*, a. a. O.; *Weber*, Beweisführung, 173—174.

[23] *Bolgiano*, a. a. O.; vgl. auch *Furno*, Appunti, Foro it. 1938 I, 1046.

Die Lehre findet sich schon bei den Kommentatoren. *Bartolus* und *Baldus* arbeiteten die noch lange gebräuchlichen Kriterien für die Teilbarkeit bzw. Unteilbarkeit der confessio qualificata heraus. Danach war entscheidend der sachliche Zusammenhang (Konnexität) zwischen den einzelnen Fakten des qualifizierten Geständnisses. *Bartolus*[24] unterschied innerhalb der confessio qualificata zwischen „capitula connexa" und „capitula diversa, diversis temporibus facta" auch „capitula separata" genannt. Im Falle der ersteren war das Geständnis wegen des inneren Zusammenhangs seines Inhalts unteilbar. Anders im zweiten Falle. Ähnlich sah *Baldus* eine confessio qualificata als teilbar an, wenn sie eine „confessio *duplex*" enthielt, während ihm eine „confessio *simplex*" als unteilbar galt[25].

Die Lehre der Kommentatoren wurde verfeinert von dem holländischen Pandektisten Johannes *Voet*[26], der maßgeblichen Einfluß auf das französische „droit écrit" vor dem Code civil gehabt hat[27]. Im Falle von „capita connexa", so lehrte er, könne der Gegner des Gestehenden sich nicht den ihm genehmen Teil des Geständnisses aneignen, ohne dem ihm nachteiligen Zusammenhang Rechnung zu tragen, in dem dieser stehe. Eine Teilung des qualifizierten Geständnisses war *Voet* zufolge möglich, wenn seine Fakten nicht in dem erforderlichen *Sachzusammenhang* standen, oder trotz solchen Zusammenhangs *verschiedenen Zeitabschnitten* angehörten („capita separata"). Nach seiner Lehre gehörten die Geständnisfakten dann verschiedenen Zeitabschnitten an, wenn sie sich nicht als eine *fortlaufende Handlung* (in der französischen Literatur: „acte continu") darstellten.

Eine ähnliche Auffassung findet sich bei *Zoezius*[28]. Er wollte Teilbarkeit der von ihm sogenannten „confessio informata" auch dann annehmen, wenn die Zusätze durch eine *entgegenstehende rechtliche Vermutung* unwahrscheinlich gemacht wurden. *Voet* hatte diesen Gesichtspunkt ebenfalls erwähnt. Andere Autoren[29] leiteten daraus den Grundsatz ab, daß der Gegner das Geständnis immer dann teilen könne, wenn die ihm ungünstigen Zusätze außerordentlich *unwahr-*

---

[24] Auszug aus seinen Kommentaren bei *Lipari,* Indivisibilità, Riv. dir. proc. civ. 1925 I, 133, Anm. 1.

[25] Text bei *Lipari,* a. a. O.; vgl. auch *Merlin,* Confession, § II, 508; *Diana,* Confessione qualificata, Foro it. 1903 I, 284, Anm. 8.

[26] *Voet,* Comm. ad D 42, 2, Nr. 5.

[27] Vgl. *Merlin,* a. a. O. 507; *Bonnier,* Traité 262.

[28] *Zoezius,* Comm. ad D 42, 2, Nr. 9, zitiert nach *Merlin,* a. a. O. 508; *Demolombe,* Cours XXX, 455—456; *Dalloz,* Obligations Nr. 5122; *Toullier,* Droit civil X, 443.

[29] Zitiert nach *Dalloz, Merlin, Toullier,* a. a. O.

scheinlich seien. Das gelte besonders dann, wenn sie als *falsch bewiesen* wären. Der französische Rechtsgelehrte *Henrys* wollte die Teilung des Geständnisses sogar dann zulassen, wenn der Gegner seine Behauptung zwar nicht mit einem Beweis, aber doch mit einem *Anfangsbeweis* (commencement de preuve) bekräftigen konnte[30]. Darunter verstand er einen Beweis, der allein zur Stützung des Vorbringens nicht ausreichte, dieses aber im Zusammenhang mit dem Geständnis als begründet erscheinen ließ[31]. Schließlich fand sich im französischen Schrifttum noch die Meinung von *Berroyer*, der die Unteilbarkeitsregel überhaupt ablehnte[32].

Demgegenüber hatte sich im gemeinen Recht aber auch die Meinung gebildet, daß die confessio qualificata *schlechthin*, ohne jede Einschränkung, unteilbar sei[33]. In Frankreich hatte sich offenbar der große Jurist *Pothier*, einer der Wegbereiter des Code civil, diese Auffassung zu eigen gemacht. Seine eingangs zitierte Stellungnahme läßt jedenfalls für irgendwelche Einschränkungen des Unteilbarkeitsprinzips nichts erkennen[34].

Aufs Ganze gesehen hatte jedoch die Unteilbarkeitsregel in Frankreich vor dem Code civil keineswegs den absoluten Inhalt des Art. 1356 C. c.[35]. Nach den im Schrifttum vertretenen Ansichten war das Geständnis in vier bis sechs Fällen grundsätzlich teilbar[36]. Jede dieser Ausnahmen und ihre Voraussetzungen waren stark umstritten. *Voet* schrieb, daß die Frage der Unteilbarkeit des Geständnisses unter den Juristen nicht ausreichend geklärt sei[37]. Der französische Kassationshof stellte später fest, unter der Herrschaft des „droit écrit" sei die Anwendung der Unteilbarkeitsregel überhaupt dem Ermessen des Richters überlassen gewesen[38].

---

[30] *Henrys*, Oeuvres posthumes III, 18, zitiert nach *Merlin*, a. a. O. 507; *Dalloz*, a. a. O.

[31] Vgl. *Merlin*, *Dalloz*, a. a. O.

[32] Zitiert nach *Merlin*, a. a. O. 505—506; *Demolombe*, Cours XXX, 448.

[33] Nachweise bei *Lessona*, Teoria I, 552—553; *Lipari*, Indivisibilità, Riv. dir. proc. civ. 1925 I, 133, Anm. 1 a. E. Vgl. auch das Zitat des deutschen Pandektisten *Brunnemann* bei *Pothier*, Obligations II, 333.

[34] *Pothier*, a. a. O. und oben I, vgl. auch *Toullier*, Droit civil X, 444.

[35] *Fuzier-Herman*, Aveu Nr. 182; *Toullier*, a. a. O.

[36] Vgl. *Toullier*, a. a. O.; *Merlin*, Confession, § II, 509; *Dalloz*, Obligations Nr. 5121 ff.

[37] *Voet*, Comm. ad. D 42, 2, Nr. 5.

[38] *Req.* 10. März 1806, *Dalloz*, Obligations Nr. 5105; s. auch *Fuzier-Herman*, Aveu Nr. 183; *Demolombe*, Cours XXX, 449; *Toullier*, a. a. O. 444.

B. Die Entstehungsgeschichte des Art. 1356 Abs. 3 Code civil

In den beiden ersten Entwürfen des *Cambacérès* für einen Code civil (von 1793 und 1794) war eine die Unteilbarkeit betreffende Bestimmung noch gar nicht enthalten[39]. Erst in seinem dritten Entwurf (1796) hieß es dann :

> „Les aveux judiciaires sont indivisibles. Celui qui veut se servir de la déclaration de son adversaire ne peut pas employer ce qui est à son avantage et rejeter ce qui lui est contraire"[40].

In dem Entwurf der Regierungskommission aus dem Jahre 1800[41] wurde der zweite Satz gestrichen. Art. 250 dieses Entwurfs lautete:

> „La confession ne peut être divisé contre celui qui l'a fait"[42].

Als die Regierungskommission ihr Projekt den Gerichten zur Begutachtung vorlegte, ließ der Kassationshof den genannten Artikel ohne jede Bemerkung passieren. Von den 25 Appellationsgerichten äußerten nur zwei Bedenken und forderten eine Einschränkung des Unteilbarkeitsprinzips. Eines der Gerichte berief sich dabei ausdrücklich auf die Lehre von *Henrys*[43]. Im Staatsrat, dem der Entwurf dann zugeleitet wurde, erhielt der betreffende Artikel durch einige redaktionelle Änderungen seine heutige Fassung. In der Sache selbst fand das Kollegium nichts zu beanstanden. Daraufhin trug *Bigot de Préameneu*, einer der Väter des Gesetzes, die Materie in der gesetzgebenden Versammlung vor. Die Unteilbarkeitsmaxime begründete er dabei nur mit dem einen Satz, den *Cambacérès* noch in den Gesetzestext selbst aufgenommen hatte:

> „Il ne serait pas juste que l'adversaire de celui qui fait l'aveu profitât de la déclaration en ce qu'elle lui est favorable, sans accorder la même foi à ce qui serait défavorable. L'aveu ne peut pas être divisé contre celui qui le fait"[44].

Die gesetzgebende Versammlung verwies die Vorlage sodann der Verfassung gemäß an das Tribunat, das den Tribunen *Jaubert* zum Berichterstatter bestimmte. Dieser nahm in seinem Vortrag zur Unteilbarkeit des Geständnisses wie folgt Stellung:

---

[39] *Zum Bach*, Geständnis 40.

[40] *Fenet*, Travaux préparatoires I, 73.

[41] Zur Entstehungsgeschichte des Code civil, s. *Zachariae-Crome*, Handbuch I, 41—46; *Wieacker*, Privatrechtsgeschichte 341 ff.; *Josśerand*, Cours I, 26—27; *Ripert-Boulanger*, Traité I, 47.

[42] *Fenet*, a. a. O.

[43] *Fenet*, a. a. O. IV, 239, V, 2.

[44] *Recueil complet* I, 459.

„Mais s'il est juste et régulier que l'aveu judiciaire fasse pleine foi contre celui qui l'a fait, il est également juste et régulier (en toutes matières civiles) que l'aveu ne puisse être divisé contre lui.

Paul me demande 1000 F.; il n'a aucun titre contre moi: je déclare en jugement qu'à la vérité Paul m'a prêté 1000 F, mais que je lui ai rendu les 1000 F. Paul ne peut tirer de ma confession une preuve du prêt, sans que cette confession ne fasse en même temps foi du payement. Il ne peut se servir de ma confession contre moi qu'en la prenant telle qu'elle est dans son entier"[45].

Nach Zustimmung des Tribunats zu der Vorlage wurde die Sache von dem Tribunen *Mouricault* wieder der gesetzgebenden Versammlung unterbreitet. Dabei faßte er sich in bezug auf unser Thema wieder wesentlich kürzer als sein Vorgänger:

„Quant à l'aveu fait en justice, il fait pleine foi contre la personne qui l'a fait . . .

Mais aussi l'on ne peut le diviser contre elle: dès qu'on s'en fait un titre, il faut le prendre précisément tel qu'il est"[46].

Die gesetzgebende Versammlung ließ die Materie dann nicht weiter beraten, und der Art. 1356 wurde schließlich in seiner heutigen Form Gesetz[47].

Es fällt auf, daß die Gesetzesverfasser ungeachtet des in dieser Frage bestehenden heftigen Meinungsstreits den Unteilbarkeitsgrundsatz von Anfang an ganz absolut formulierten. Ausnahmefälle wurden nie erwähnt. Eine nähere Erläuterung und Begründung dieser Stellungnahme vermißt man. Von den am Gesetzgebungsverfahren Beteiligten äußerte sich als einziger der Tribun *Jaubert* etwas ausführlicher. Gerade in seinem Beispiel ist aber die Entscheidung nach dem damals geltenden Recht mehr als zweifelhaft. *Voet* und die meisten französischen Autoren des gemeinen Rechts hätten in einem solchen Fall eher Teilbarkeit des Geständnisses angenommen[48], weil Erhalt und Rückzahlung des Geldes dem Geständnis zufolge keine *fortlaufende Handlung* (acte continu) bildeten. Diese Tatsache hat zu der Vermutung geführt, daß *Jaubert* die Tragweite des von ihm interpretierten Artikels verkannt haben könnte[49]. Entscheidend gegen eine solche Annahme spricht jedoch die Ähnlichkeit von *Jaubert's* Beispiel mit dem von *Pothier*[50].

---

[45] *Recueil complet* I, 496.
[46] *Recueil complet* I, 512.
[47] *Fenet*, a. a. O., XIII, 44, 120, 169, 170, 217.
[48] So auch *Zum Bach*, Geständnis 43.
[49] *Zum Bach*, a. a. O.
[50] Vgl. oben I.

Der Grundsatz der Unteilbarkeit des Geständnisses in seiner absoluten Form ist von den Gesetzesverfassern wahrscheinlich aus dem „Traité des obligations" des großen Rechtsgelehrten übernommen worden. Da das gesamte Beweisrecht des Code civil letztlich auf die Arbeiten von *Pothier* zurückgeht[51], ist seine Stellungnahme wohl auch in dieser Einzelfrage die entscheidende gewesen. *Pothiers* Autorität könnte auch eine Erklärung dafür liefern, daß eine Auseinandersetzung mit abweichenden Lehrmeinungen völlig unterblieb. Letzteres führte später zu Unklarheiten in der Frage, ob entgegen dem Wortlaut des Art. 1356 Abs. 3 C. c. Ausnahmen vom Unteilbarkeitsprinzip anzuerkennen seien. Soweit die Entstehungsgeschichte überhaupt etwas ergibt, bestätigt sie jedoch den klaren Wortlaut der Vorschrift. Die Väter des Code civil hielten das gerichtliche Geständnis *ohne Einschränkung* für unteilbar[52].

§ 2. Der Beweis durch Parteizeugnis im französischen Zivilprozeß

I. VORBEMERKUNG: DAS PRINZIP DES „NEMO TESTIS IN RE SUA AUDITUR"

Die Unteilbarkeit des Geständnisses kann nicht losgelöst vom Beweisrecht als Ganzes betrachtet werden. Sowohl der Begriff des qualifizierten Geständnisses als auch der seiner Unteilbarkeit beruhen auf einer ganz bestimmten Auffassung vom Beweis, die den gesamten europäischen Zivilprozeß bis in das 19. Jahrhundert hinein beherrschte. Gemeint ist die legale Beweistheorie[1]. Unter diesem System war die freie Würdigung des Richters ausgeschaltet. Das Gesetz bestimmte, welche Beweise zugelassen waren und welchen Wert das Gericht ihnen beizumessen hatte. Die wohl bekannteste unter diesen Beweisregeln ist diejenige, nach der das Zeugnis eines einzigen Zeugen niemals als Beweis ausreichte („testis unus, testis nullus")[2]. Voller Beweis („plena probatio") konnte vielmehr nur durch die Aussagen zweier sog. „klassischer" Zeugen erbracht werden. *Ein* klassischer Zeuge machte bloß halben Beweis („probatio semiplena"), ein „verdächtiger" Zeuge noch weniger. So konstruierte man ein

---

[51] *Merlin*, Confession, § II, 509.

[52] Vgl. *Ripert-Boulanger*, Traité I, 342; *Colin-Capitant*, Traité I, 313.

[1] Zum Folgenden, vgl. *Engelmann*, History 39—49; *Cappelletti-Merryman-Perillo*, Italian Legal System 139—141; *Hamson-Plucknett*, English Trial 40—42.

[2] So noch heute Art. 1942 des holländischen BWB. Vgl. auch *Pothier*, Obligations II, 317 ff.

„arithmetisches" System der Beweise, in dem der Wert des Zeugenbeweises nach Stand, Alter und Geschlecht des Zeugen, der des Urkundenbeweises nach der Art der Urkunde genau vorausbestimmt war. Der schriftliche Beweis wurde außerdem allgemein höher eingeschätzt als der mündliche.

Dieses System hat seine Wurzeln in dem Mißtrauen des absoluten Staates gegen seine Richter[3], deren prozeßleitende Befugnisse im übrigen auf das unumgängliche Mindestmaß beschränkt waren[4]. Daneben spiegelt die legale Beweistheorie die abstrakte, deduktive Denkweise der Scholastik, die glaubte, alle Lebenserscheinungen im vornhinein in Begriffe und Formeln fassen zu können[5].

Das unteilbare Geständnis ist eine aus zwei Komponenten zusammengesetzte Parteierklärung, von denen die eine der Partei ungünstig ist, während die andere ihr zum Vorteil gereicht. Für das Parteizeugnis galt nach der legalen Beweistheorie eine besonders einschneidende Regel, nach der die Partei nie Zeuge sein konnte („nemo testis in re sua auditur")[6]. Ihrer Aussage wurde vielmehr nur dann Beweiswert beigemessen, wenn sie entweder etwas zu ihrem *Ungunsten* erklärte (Geständnis) oder aber ihre Aussage in besonders feierlicher *Form* bekräftigte (Eid). Der Eid begegnet dabei in zweierlei Gestalt[7]. Der *streitentscheidende* Eid wird einer Partei von der anderen zugeschoben, um damit über den Ausgang des Rechtsstreits zu entscheiden. Der *ergänzende* Eid dagegen wird einer Partei vom Richter auferlegt, um ein nach den o. a. Regeln unvollständiges Beweisergebnis zur „plena probatio" zu ergänzen.

Von allen Beweisregeln hat sich die letztere im europäischen Zivilprozeß am hartnäckigsten gehalten. Gänzlich überwunden ist sie in England, wo seit der Mitte des vorigen Jahrhunderts jede Partei selbst als Zeuge aussagen und den Gegner in den Zeugenstand rufen kann. Die amerikanischen Bundesstaaten folgten diesem Vorbild[8],

---

[3] Es entstammt dem spätrömischen Zivilprozeß, der im Gegensatz zum „klassischen" Verfahren die Freiheit der Beweiswürdigung stark beschränkte, vgl. *Kaser,* Römisches Zivilprozeßrecht 484—495; *Cappelletti,* Testimonianza I, 211.

[4] *Engelmann,* History 447.

[5] *Denti,* Evoluzione, Riv. dir. proc. 1965, 33; *Cappelletti-Merryman-Perillo,* Italian Legal System 140; *Cappelletti,* Zivilprozeß, RabelsZ 30 (1966) 276; Ideologie, Riv. trim. dir. proc. civ. 1962, 196.

[6] Vgl. *Cappelletti,* Testimonianza I, 232 ff. (233).

[7] *Engelmann,* History 43—44.

[8] Einzelheiten bei *Cappelletti,* a. a. O. II, 431—470 und *Wigmore,* Treatise II, 693—695, der darauf hinweist, daß der Umschwung vor allem auf die Schriften von Jeremy *Bentham* zurückging. Vgl. auch *Bacon,* Preuve, Bull. Soc. Leg. Comp. 68 (1938/39) 152—153.

wenn auch zum Teil mit Einschränkungen in Gestalt der „dead man statutes"[9]. Auf dem europäischen Kontinent dagegen gilt noch heute mehr oder minder abgeschwächt der Satz, daß man ebensowenig Zeuge in eigener Sache sein kann, wie man Richter in eigener Sache sein kann[10]. Unterschiede zeigen sich dabei vor allem im Verhältnis des „romanischen" zum „germanischen" Rechtstypus[11].

Es leuchtet ein — und die Darstellung wird immer wieder darauf zurückkommen — daß die Geltung des Teilbarkeits- und Unteilbarkeitssatzes entscheidend vom Beweiswert des Parteizeugnisses in der jeweiligen Rechtsordnung abhängt. Dieser Beweiswert ist daher zunächst deutlich zu machen. Dabei ergeben sich Schwierigkeiten vor allen Dingen daraus, daß das geschriebene Recht oftmals von der Rechtsentwicklung längst überholt ist.

II. PARTEIZEUGNIS UND FORMALBEWEIS

A. Rechtsquellen

Weniger auf Grund von systematischen Überlegungen als infolge historischen Zufalls ist das zivilprozessuale Beweisrecht in Frankreich teils im Code civil, teils im Code de procédure civile geregelt. Der erste enthält die Vorschriften über Beweislast und Beweismittel, der zweite die Bestimmungen über die Beweisführung[12]. Auch innerhalb des Code civil ist das Beweisrecht nicht sehr glücklich behandelt[13]. Gemäß seiner Überschrift betrifft es nur den Beweis von Obligationen[14], während es nach allgemeiner Meinung für das gesamte Privatrecht gilt[15]. Im französischen Schrifttum räumt man ein, daß

[9] Vgl. *McCormick*, Evidence 142—144.

[10] Vgl. *Pekelis*, Legal Techniques, Mich. L. Rev. 41 (1943) 678—679.

[11] Vgl. *Pekelis*, a. a. O. 666.

[12] *Colin-Capitant*, Traité I, 265—266; *Ripert-Boulanger*, Traité I, 309; *Hémard*, Preuve 19. Diese Systematik stimmt nicht ganz, da auch im Code de procédure civile einige der wichtigsten Beweismittel geregelt sind, so der Beweis durch Augenschein (Art. 295—301) und Sachverständige (Art. 302—323). Die Anordnung geht auf *Pothier* zurück, der in seinem Traité des obligations diese Beweismittel nicht erwähnt hatte, vgl. Obligations II, 244 ff., und *Legeais*, Règles 11; *Fragistas*, Grundzüge 50, Anm. 1.

[13] *Legeais*, a. a. O.; *Planiol-Ripert*, Traité VII, 826; *Vincent*, Procédure civile 695—696.

[14] Vgl. Buch III, Titel III, Kapitel VI: „De la preuve des obligations et de celle du payement."

[15] *Perrot*, Preuve Nr. 5; *Planiol-Ripert*, a. a. O.; *Marty-Raynaud*, Droit civil I, 340; *Ripert-Boulanger*, Traité I, 308.

Auch hier sind die Gesetzesverfasser *Pothier* „allzu sklavisch" (und irrigerweise) gefolgt, vgl. *Legeais*, Règles 11; *Lepointe*, Preuve 142; *Ripert-Boulanger*, a. a. O. 308, Anm. 1.

der Gesetzgeber die einheitliche Materie unnötigerweise zersplittert hat, und das Beweisrecht als Ganzes deshalb auch von der Lehre vernachlässigt worden ist: „There is no French law of evidence"[16].

B. Klassifizierung der Beweismittel

Art. 1316 C. c. nennt als Beweismittel die Urkunde, das Zeugnis, die Vermutungen, das Geständnis und den Eid. Diese Beweismittel haben grundsätzlich nicht alle den gleichen Beweiswert. Vielmehr sind zwei Gattungen des Beweises zu unterscheiden[17]. Die erste Gruppe kann man als die der „vollkommenen" Beweismittel („procédés de preuve parfaits"[18]) bezeichnen. Dazu zählen die Urkunde (Art. 1317—1340 C. c.), das Geständnis (Art. 1354—1356 C. c.) und der Schiedseid (Art. 1358—1365 C. c.). Von diesen Beweismitteln sagt das Gesetz zum Teil, daß sie „vollen Beweis" („pleine foi") erbringen (vgl. Art. 1319 Abs. 1 (1322), 1356 Abs. 2 C. c., anders Art. 1352, 1361 C. c.). Das bedeutet, daß sie der freien Wertung des Richters entzogen und von ihm ohne Prüfung dem Urteil zugrunde zu legen sind[19]. Hier spricht man auch von gesetzlichem Beweis („preuve légale").

Die zweite Gruppe ist die der „unvollkommenen" Beweismittel. Über ihren Beweiswert sagt das Gesetz nichts; sie sind vom Richter frei zu würdigen[20]. Man spricht hier vom System der freien Überzeugung („intime conviction") oder vom freien Beweis („preuve morale"). Ohne an das Gesetz gebunden zu sein, entscheidet der Richter so über den Beweiswert der Zeugenaussage (Art. 1341—1348 C. c.), einer tatsächlichen Vermutung (Art. 1349, 1353 C. c.) und des Ergänzungseides (Art. 1366—1369 C. c.). Er muß nicht einmal seine Gründe im Urteil angeben[21].

Außerdem sind die unvollkommenen Beweise nur beschränkt zugelassen. Art. 1341 C. c. bestimmt, daß in allen Sachen, deren Summe oder Wert 50 Francs übersteigt, der Beweis nur durch *Urkunden* geführt werden kann. Die Zeugenaussage ist als Beweismittel auch unterhalb dieser Wertgrenze ausgeschlossen, wenn damit der Beweis

[16] *David-de Vries,* French Legal System 74; auch *David,* Droit français I, 131; *Mazeaud-Mazeaud,* Leçons I, 398; *Planiol-Ripert,* a. a. O.; *Herzog,* Civil Procedure 306.

[17] Vgl. *Herzog,* a. a. O. 307—308; *Perrot,* Preuve Nr. 46; *Colin-Capitant,* Traité I, 265; *Nagel,* Grundzüge 72—74.

[18] *Mazeaud-Mazeaud,* a. a. O. 416.

[19] *Perrot,* a. a. O. Nr. 46; *Colin-Capitant, Mazeaud-Mazeaud,* a. a. O.

[20] *Colin-Capitant, Mazeaud-Mazeaud,* a. a. O.; *Perrot,* a. a. O. Nr. 52; *Aubry-Rau-Esmein,* Droit civil XII, 240—241.

[21] *Perrot,* a. a. O. Nr. 941, 944.

gegen den Inhalt einer Urkunde oder darüber hinaus erbracht werden soll[22]. Diese Beschränkung gilt auch für die anderen unvollkommenen Beweismittel, die einfachen (tatsächlichen) Vermutungen (Art. 1353 C. c.) und den Ergänzungseid (Art. 1367 Abs. 1 Nr. 2, 1347, 1341 C. c.). Nur andere „vollkommene" Beweismittel, Geständnis oder Eid, machen den Urkundenbeweis entbehrlich. Dadurch wird ein indirekter Zwang zur Beurkundung auch geringfügiger Rechtsgeschäfte ausgeübt[23]. Nach überkommener Ansicht soll damit der als unzuverlässig geltende Zeugenbeweis ausgeschaltet und die Zahl der Prozesse verringert werden[24]. In Wirklichkeit hat die Privilegierung des Urkundenbeweises wohl mehr historische Gründe[25] .

C. Das gesetzliche Beweissystem

Die Tatsache, daß das Gesetz den Wert einiger Beweismittel fixiert, ist von der älteren französischen Lehre überbewertet worden. Ihrer Ansicht nach etablierte der Code civil eine formale Hierarchie der Beweise, indem er sowohl ihre Zahl als auch ihren Beweiswert und ihre Zulässigkeit abschließend regelte. Beweisführung wurde angesehen als die „démonstration légale de la vérité d'un fait"[26]. Eng verbunden mit dieser Theorie von der „légalité des preuves" ist eine andere, die der „neutralité du juge"[27]. Sie besagt, daß das Gericht den Sachverhalt nicht von Amts wegen erforschen darf, und Beweise nur durch die Parteien beigebracht werden. Letzteres führt zur Verallgemeinerung der in Art. 1315 C. c. auf den Beweis der Obligation und der Zahlung beschränkten Beweislastgrundsätze[28]. Der Richter ist

---

[22] Zu Art. 1341 C. c., s. *Ripert-Boulanger*, Traité I, 323; *Aubry-Rau-Esmein*, a. a. O. 243 ff., 261 ff.; *Julliot de la Morandière*, Droit civil I, 150—151.

[23] Sog. „Préconstitution des preuves". Auch soweit der Zeugenbeweis zulässig ist, kann er nur mittels eines besonderen Verfahrens (enquête) geführt werden, vgl. Art. 252—280 C. p. c. und *Planiol-Ripert*, Traité VII, 960—962; *Vincent*, Procédure civile, 704—716.

[24] Vgl. *Aubry-Rau-Bartin*, Cours XII, 307, Anm. 3 bis; *Ripert-Boulanger*, Traité I, 323; *Planiol-Ripert*, a. a. O. 966—967.

[25] Die Vorschrift des Art. 1341 C. c. geht auf eine ähnliche Bestimmung der Ordonnanz von Moulins (1566) zurück, vgl. *Legeais*, Règles 39; *Engelmann*, History 52, 720—722; *Rabel*, Statute of Frauds, L. Q. Rev. 63 (1947) 174—178. Nach *Chiovenda*, Principii 828—829 waren der eigentliche Grund für diese Regelung die Schwierigkeiten, die der Zeugenbeweis im Verfahren vor dem Pariser Parlament verursachte.

[26] *Laurent*, Principes XIX, 79, ähnlich *Duranton*, Cours XIII, 7; *Demolombe*, Cours XXX, 195.

[27] Vgl. *Legeais*, Règles 12—17.

[28] *Legeais*, a. a. O. 16, 101; *Boulanger*, Réflexions, Rev. trim. 1966, 736—737.

nur Schiedsrichter in einem „combat judiciaire"[29], in dem keine der Parteien gezwungen werden kann, Beweise gegen sich selbst zu liefern („nemo tenetur edere contra se"[30]).

Auf der Basis dieser Theorie läßt sich jedoch kaum erklären, wie die französische Gesetzgebung den Ruhm erlangen konnte, den Grundsatz der freien Beweiswürdigung in den europäischen Zivilprozeß eingeführt zu haben[31]. Wenn auch noch manche Stellen im heutigen französischen Schrifttum das Gegenteil zu besagen scheinen[32], so wurde die legale Beweistheorie doch im Prinzip aufgegeben. Auf der anderen Seite ist jedoch die freie Beweiswürdigung nur mit Einschränkungen verwirklicht[33]. Allerdings kann sie wohl nie unbedingt durchgeführt werden[34]. Für den Urkundenbeweis zum Beispiel hat wohl jede moderne Gesetzgebung Beweisregeln aufgestellt[35].

In Wirklichkeit stellt das Beweisrecht des Code civil ein gemischtes System dar[36], das für einige Beweismittel Regeln aufstellt und andere der Wertung des Richters überläßt. Die Reste des Legalsystems bestehen wesentlich in einer gesetzlichen Regelung des *mündlichen* Beweises. Die Mündlichkeit ist eine unerläßliche Voraussetzung der freien Beweiswürdigung[37]. Der Zeugenbeweis „im weiteren Sinne"[38] ist jedoch nach dem Code civil in dreifacher Weise gesetzlich bestimmt[39] durch

1. weitgehende Einschränkung des *Zeugenbeweises* „im engeren Sinne" (Art. 1341 C. c.),

---

[29] *Legeais,* a. a. O. 12, 15; *Ripert-Boulanger,* Traité I, 309.

[30] Vgl. *Decugis, Evolution,* Bull. Soc. Leg. Comp. 68 (1938/39) 80; *Legeais,* a. a. O., 198.

[31] Vgl. *Nagel,* Grundzüge 72—74; *Engelmann,* History 45—46.

[32] Vgl. *Perrot,* Preuve Nr. 46, 55; *Ripert-Boulanger,* Traité I, 309—310, 321; *Planiol-Ripert,* Traité VII, 852—853.

[33] *Cappelletti,* Processo civile, Riv. dir. civ. 1963 I, 50.

[34] *Carnelutti,* Grundlinien, RabelsZ 3 (1929) 25.

[35] *Schönke,* Bemerkungen, ZZP 61 (1939) 21; *Cappelletti,* Oralità, Giur. it. 1960 IV, 91. Deshalb ist es wohl nicht richtig, wenn *David-de Vries,* French Legal System 76, meinen, daß „The principle of intime conviction as applied in France is clearly inconsistent with a system of rules of evidence binding upon the tribunal itself", vgl. *Cappelletti-Merryman-Perillo,* Italian Legal System 143, Anm. 141.

[36] *Colin-Capitant,* Traité I, 265; *Mazeaud-Mazeaud,* Leçons I, 416.

[37] Vgl. *Chiovenda,* Oralità, Riv. dir. proc. civ. 1924 I, 16; *Cappelletti,* Testimonianza I, 130; *Nagel,* Grundzüge 58.

[38] *Carnelutti,* Sistema I, 754; *Cappelletti,* Testimonianza I, 240—243; Oralità, Giur. it. 1960 IV, 92.

[39] Vgl. *Cappelletti,* Oralità, a. a. O.; Testimonianza I, 278. Man spricht hier auch von einer „negativ-formalen" Beweistheorie, vgl. *Hedemann,* Vermutung 64, Anm. 1.

2. bindende Wirkung des *Geständnisses* der Partei (Art. 1356 Abs. 2 C. c.),

3. bindende Wirkung des *Parteieides* (Art. 1361 C. c.).

D. Das Parteizeugnis insbesondere

Hieraus ergeben sich die grundlegenden Schlußfolgerungen für das Parteizeugnis.

1. Das Geständnis der Partei

Das Parteizeugnis ist Formalbeweis, wenn es ein Geständnis darstellt. Das Geständnis ist nach einer alten Definition von *Aubry-Rau* „la déclaration par laquelle une personne reconnaît pour vrai, et comme devant être tenu pour avéré à son égard, un fait de nature à produire contre elle des conséquences juridiques“[40]. Die Erklärung kann eine mündliche oder schriftliche sein[41]. Sie erbringt *vollen Beweis* der gestandenen Tatsachen („probatio probatissima“[42]) und bindet dadurch den Richter, Art. 1356 Abs. 2 C. c. Das Geständnis bindet aber auch die gestehende Partei, denn es kann grundsätzlich nicht widerrufen werden, Art. 1356 Abs. 4 C. c. Es ist nur insoweit als Beweismittel nicht zugelassen, als das Gesetz dies bestimmt, z. B. im Ehescheidungsprozeß[43]. Der Code civil legt dem Geständnis die Kraft einer gesetzlichen Vermutung bei, die denjenigen, zu dessen Gunsten sie besteht, von jedem Beweise befreit, Art. 1350 Nr. 4, 1352 C. c. Wegen dieser weittragenden Rechtswirkung nimmt man allgemein an, daß nur eine Partei wirksam gestehen kann, die fähig ist, über den Streitgegenstand rechtlich zu verfügen[44]. Aus dem gleichen Grunde benötigt ein Vertreter für das Geständnis eine besondere Vollmacht, Art. 1356 Abs. 1 C. c.

Dies alles gilt jedoch nur für das *gerichtliche* Geständnis. Über die Beweiskraft des außergerichtlichen Geständnisses sagt der Code civil nichts. Ist es nur mündlich abgegeben, so unterliegt es allerdings gemäß Art. 1355 C. c. den gleichen Beschränkungen wie der Zeugenbeweis. Daraus schließt man, daß das außergerichtliche Geständnis

[40] *Aubry-Rau-Esmein,* Droit civil XII, 91; *Aubry-Rau-Bartin,* Cours XII, 107; *Mazeaud-Mazeaud,* Leçons I, 445.

[41] *Herzog,* Civil Procedure 343; *Colin-Capitant,* Traité I, 313.

[42] *Beudant,* Cours IX, 400; *Planiol-Ripert,* Traité VII, 1042.

Vgl. aber *Legeais,* Règles 94—96; *Ripert-Boulanger,* Traité I, 341: Geständnis ist kein Beweismittel, sondern „rend la preuve inutile“.

[43] *Herzog,* a. a. O.; *Colin-Capitant,* a. a. O. 311; *Planiol-Ripert,* a. a. O. 1044.

[44] *Herzog,* a. a. O.; *Planiol-Ripert,* a. a. O. 1040; *Colin-Capitant,* a. a. O., 311—312.

zu den einfachen Vermutungen gehört, die der freien Würdigung des Richters überlassen sind[45].

2. *Der Parteieid*

Das Parteizeugnis ist ferner Formalbeweis, wenn es einen Schiedseid (serment décisoire) darstellt. Dieser Eid wird einer Partei von der anderen zugeschoben, um davon die Entscheidung des Rechtsstreits abhängig zu machen. Leistung wie Verweigerung des Eides haben volle Beweiskraft, Art. 1361 C. c. Jeder Gegenbeweis ist unzulässig, Art. 1363 C. c. Auch der Eid ist da nicht möglich, wo öffentliche Interessen berührt sind[46] und kann nur solchen Personen zugeschoben werden, die fähig sind, über ihre Rechte zu verfügen[47]. Außerdem ist die Eideszuschiebung nur über ein „fait personnel" des Delaten zugelassen, Art. 1359 C. c. Der Eid gilt in Frankreich nicht als Beweismittel, sondern als ein vergleichsähnlicher Vertrag[48]. Er ist eine „ressource désespérée" und kommt in der Praxis kaum vor[49].

Hiervon zu unterscheiden ist der Ergänzungseid (serment supplétoire) der einer Partei vom Richter auferlegt wird, um das Beweisergebnis zu vervollständigen[50]. Seine Leistung oder Verweigerung binden den Richter nicht[51]. Der Ergänzungseid kann nur da auferlegt werden, wo schon ein Anfangsbeweis vorhanden ist, Art. 1367 C. c. Damit unterliegt er den Beschränkungen des Zeugenbeweises, vgl. Art. 1347, 1341 C. c.

3. *Sonstige Parteierklärung*

Ist eine Parteierklärung weder dem Inhalt nach Geständnis, noch der Form nach Schiedseid, so gilt der Grundsatz, daß eine Partei kein Vertrauen verdient[52]. Eine Erklärung der Partei zu ihrem eigenen Gunsten ist verdächtig, es kann eine Lüge sein, und nichts bürgt für ihre Richtigkeit. Solche Behauptungen stehen darüber hin-

---

[45] *Aubry-Rau-Esmein,* Droit civil XII, 107; *Planiol-Ripert,* a. a. O. 1043.

[46] *Aubry-Rau-Bartin,* Cours XII, 141; *Herzog,* Civil Procedure 358, *Delpech,* Serment Nr. 20.

[47] *Aubry-Rau-Bartin,* a. a. O. 140; *Herzog,* a. a. O. 359; *Delpech,* Serment Nr. 16.

[48] *Herzog,* a. a. O. 358; *Planiol-Ripert,* Traité VII, 1049; *Perrot,* Serment A, Nr. 25.

[49] *Glasson-Tissier,* Traité II, 841; *Mazeaud-Mazeaud,* Leçons I, 448; *Decugis,* Evolution, Bull. Soc. Leg. Comp. 68 (1938/39) 81.

[50] Der Code civil nennt ihn den „serment déféré d'office".

[51] *Colin-Capitant,* Traité I, 320; *Perrot,* Preuve Nr. 1325.

[52] *Planiol-Ripert,* Traité VII, 1048; *Delpech,* Serment, Nr. 4; *Cappelletti,* Oralità, Giur. it. 1960 IV, 92.

aus meist im Widerspruch zu denen der anderen Partei. Es sind Behauptungen, nicht Beweise.

Das beste Anwendungsbeispiel dafür lieferte früher die Einrichtung des „interrogatoire sur faits et articles". Sie war bis 1942 im Code de procédure civile geregelt[53]. Dieses Verfahren zur Befragung der Parteien ging zurück auf ein Institut des römisch-kanonischen Prozesses[54], von dem es sich nicht wesentlich unterschied[55].

Es handelte sich keineswegs um ein Beweismittel, sondern um ein Mittel, einen Beweis zu erhalten, nämlich das *Geständnis* der Gegenpartei[56]. Zu diesem Zweck konnte eine Partei dem Gericht schriftlich Fragen einreichen, deren Beantwortung durch den Gegner sie wünschte. Die Befragung fand dann vor einem beauftragten Richter statt. Das Prozeßgericht selbst konnte das Ergebnis des Verhörs nur an Hand des Protokolls beurteilen. Auch die Partei, die die Fragen aufgesetzt hatte, war bei der Vernehmung nicht anwesend, und der beauftragte Richter durfte über diese Fragen nicht hinausgehen. Im Gegensatz zu dem mittelalterlichen Verfahren wurde die befragte Partei nach dem Code de procédure civile nicht vereidigt[57]. Falsche Antworten bargen daher kein Risiko, und Erklärungen der Partei zu eigenem Nutzen waren ohne Beweiskraft. Ganz entscheidend wirkte sich die Tatsache aus, daß der vernommenen Partei die Fragen im voraus bekannt waren[58]. Sie konnte daher ihre Antworten präparieren, und so kam es nur sehr selten zum Geständnis. Deshalb wurde diese Art der Parteibefragung im Laufe der Zeit in der Ge-

[53] Art. 324—336 a. F. C. p. c.

[54] „Interrogatio per positiones", vgl. *Engelmann,* History 471—474; *Cappelletti,* Testimonianza I, 195, 197; II, 551, 774.

[55] Zu Geschichte, Prozedur und praktischem Erfolg des „interrogatoire", vgl. *Engelmann,* History 760—761, 718—719; *Millar,* Fact Discovery, Ill. L. Rev. 32 (1937) 261, 282; *Herzog,* Civil Procedure 344; *Glasson- Tissier,* Traité II, 826—833; *Vincent,* Procédure civile 716; *Garsonnet-Cezar-Bru,* Traité II, 469—484; *Storme,* Influence 254—256; *de la Grasserie,* Preuve testimoniale, Rev. crit. 1905, 550; *Solus,* Réformes 200; *Papon,* Comparution Nr. 2.

[56] *Solus, Glasson-Tissier, Garsonnet-Cézar-Bru, Vincent,* a. a. O.

[57] *Glasson-Tissier,* a. a. O. Vgl. auch *Millar,* Fact Discovery, Ill. L. Rev. 32 (1937) 282, der dazu auf die Abneigung der Revolutionsgesetzgebung gegen den Eid hinweist.

[58] *Glasson-Tissier, Solus,* a. a. O.; *Garsonnet-Cézar-Bru,* a. a. O., 484.

[59] Über den praktischen Mißerfolg des „interrogatoire", der schließlich zu seiner Abschaffung führte, war man sich in Frankreich einig, vgl. *Glasson-Tissier,* a. a. O. 832—833; *Garsonnet-Cézar-Bru,* a. a. O. 483—484;

richtspraxis immer seltener[59]. Das „interrogatoire" ist einmal als das beste Mittel bezeichnet worden, die Wahrheit *nicht* herauszufinden[60].

III. VOM FORMALBEWEIS ZUR FREIEN BEWEISWÜRDIGUNG

A. Die Entwicklung der „comparution personelle"

In England und den USA wurde die Vernehmung der Partei als Zeuge erst möglich, nachdem zunächst die Disqualifikation der sog. „verdächtigen" oder „interessierten" Zeugen „im engeren Sinne" abgeschafft worden war[61]. In Frankreich ist die Entwicklung ähnlich verlaufen. Sie vollzog sich allerdings nicht in der Legislative, sondern in der Gerichtspraxis. Das Bemühen der Gerichte, die Fesseln des Zeugenbeweises abzustreifen, führte zu einem grundlegenden Wandel in der Auffassung vom Parteizeugnis.

Auf zwei Wegen hat die französische Rechtsprechung versucht, die Beschränkung des Zeugenbeweises durch den Code civil zu umgehen[62]. Das erste Mittel dazu bestand darin, die einschränkenden Vorschriften eng auszulegen. So hat die Rechtsprechung vor allem ihre Meinung durchgesetzt, daß die Vorschriften des Beweisrechts, und insbesondere Art. 1341 C. c., kein zwingendes Recht sind, und durch ausdrückliche oder stillschweigende Vereinbarung abbedungen werden können[63]. Der Art. 1341 C. c. selbst verliert durch eine Differenzierung zwischen „actes juridiques" und „faits juridiques" viel von seinem Gewicht[64].

Für unser Thema wichtiger ist das zweite Mittel der Rechtsprechung, die formalen Schranken des Zeugenbeweises zu überwinden, die extensive Auslegung der Vorschriften, die den Zeugenbeweis entgegen Art. 1341 C. c. ausnahmsweise zulassen. Von größter praktischer Bedeutung ist Art. 1347 C. c., der den Zeugenbeweis erlaubt, wenn der *„Anfang eines schriftlichen Beweises"* (commencement de

---

de la Grasserie, Preuve testimoniale, Rev. crit. 1905, 550; *Roger*, Comparution, Bull. Soc. Leg. Comp. 68 (1938/39) 197—198; *Solus*, Réformes 200.

[60] Vgl. *Glasson-Tissier*, a. a. O., 833, Anm. 2; *Roger*, a. a. O. 198.

[61] Vgl. *Wigmore*, Treatise II, 693—695.

[62] Vgl. *Normand*, Juge 360; *Meurisse*, Déclin, Gaz. Pal. 1951 II, 50; *Legeais*, Règles 112—128.

[63] Vgl. statt aller *Aubry-Rau-Esmein*, Droit civil XII, 81 ff.; *Planiol-Ripert*, Traité VII, 974; *Herzog*, Civil Procedure 306—307, alle mit Nachweisen. Erörterung der Frage bei *Cappelletti*, Efficacia, Riv. dir. civ. 1961 I, 560—562.

[64] *Legeais*, Règles 40, 113; *Mazeaud-Mazeaud*, Leçons I, 417, 428.

preuve par écrit) vorliegt. Obgleich das Gesetz eine genaue Definition dieses Begriffes gibt[65], hat man es mehr als liberal interpretiert[66].

Ob das vorgelegte Schriftstück gemäß Art. 1347 Abs. 2 C. c. „die Behauptung wahrscheinlich macht", ist eine Tatfrage, die der Kontrolle des Kassationshofs entzogen ist. Hier entscheidet allein die freie Würdigung der Instanzgerichte[67], die fast jedes als Urkundenbeweis unzureichende Papier als Anfang eines solchen Beweises gelten lassen[68].

So wurde es der Rechtsprechung schließlich möglich, das bloße Resultat einer Parteibefragung als Anfangsbeweis zu qualifizieren. Unter Berufung auf das Protokoll eines „interrogatoire" konnte einer Partei gemäß Art. 1347 der Zeugenbeweis gestattet werden, wenn das Verhör des Gegners Anhaltspunkte für die Wahrscheinlichkeit ihrer Behauptung erbracht hatte[69]. Ein solches Resultat wurde jedoch durch die formalistische Ausgestaltung des „interrogatoire" genau so wenig begünstigt wie ein Geständnis. Deshalb nahmen die Gerichte im Laufe der Zeit immer mehr Zuflucht zu der *formlosen* Parteibefragung, der „comparution personelle" der Parteien[70].

Auch diese Art des Parteiverhörs hat eine alte Tradition[71]. Im Code de procédure civile, der das „interrogatoire" detailliert regelte, war die „comparution" früher nur in zwei Artikeln kurz erwähnt[72]. Die historische Bestimmung der Einrichtung bestand darin, durch das persönliche Erscheinen der Parteien ihre Behauptungen und die Streit-

---

65 *Art. 1347 C. c.:* „Les règles ci-dessus reçoivent exception lorsqu'il existe un commencement de preuve par écrit.

On appelle ainsi tout acte par écrit, qui est émané de celui contre lequel la demande est formée, ou de celui qu'il représente, et qui rend vraisemblable le fait allégué."

66 Vgl. *Perrot,* Commencement Nr. 4—60; *Meurisse,* Déclin, Gaz. Pal. 1951 II, 50.

67 *Aubry-Rau-Esmein,* Droit civil XII, 288; *Ripert-Boulanger,* Traité I, 338; *Colin-Capitant,* Traité I, 304.

68 *Aubry-Rau-Esmein,* a. a. O., 272; *Planiol-Ripert,* Traité VII, 986; *Mazeaud-Mazeaud,* Leçons I, 420—421.

69 *de la Grasserie,* Preuve testimoniale, Rev. crit. 1905, 548—549, *Garsonnet-Cézar-Bru,* Traité II, 480; *Glasson-Tissier,* Traité II, 831; *Sicard,* Preuve 239.

70 *Glasson-Tissier,* a. a. O. 833; *Garsonnet-Cézar-Bru,* a. a. O. 486; *Vincent,* Procédure civile 716; *Papon,* Comparution Nr. 2; *Hébraud,* Commentaire, D. C. 1943, 10; *Sicard,* a. a. O. 199.

71 Vgl. *Cappelletti,* Testimonianza II, 547—568; *Millar,* Fact Discovery, Ill. L. Rev. 32 (1937) 282.

72 Art. 119, 428 a. F. C. p. c.

punkte klarzustellen. Die französischen Gerichte begannen jedoch bald, die „comparution" an Stelle des „interrogatoire" zu Beweiszwecken zu nutzen. Die lückenhafte gesetzliche Regelung erwies sich dabei als Vorteil. Sie wurde von der Rechtsprechung in der Weise ergänzt, daß man die brauchbaren Vorschriften zum „interrogatoire" übernahm, sich gleichzeitig aber des unbrauchbaren Formalismus entledigte[73]. Das Resultat war eine der Zeugenvernehmung ähnliche, neue Art der Parteibefragung. Sie kann von Amts wegen anberaumt werden und ist in jeder Lage des Verfahrens zulässig. Das Verhör findet statt vor dem Prozeßgericht in Anwesenheit beider Parteien. Die Fragen des Richters sind nicht im voraus festgelegt, sondern er vernimmt die Partei soweit ihm das nötig erscheint. Die Gegenpartei kann später die eine oder andere Frage stellen. Zum Schluß wird der Partei das Protokoll vorgelesen und der Richter fragt, ob sie die Wahrheit gesagt und ob sie noch etwas hinzuzufügen habe. Eine Vereidigung findet nicht statt. Auch die Aufnahme eines Protokolls ist nicht zwingend vorgeschrieben.

Dieser im Vergleich zum „interrogatoire" kontradiktorische Charakter der „comparution"[74] begünstigt nicht nur die Geständnisse in weit höherem Maße. Der Richter sieht und hört die Partei. Er kann Schlüsse aus ihrem Verhalten ziehen; ihr Zögern, ihre Verlegenheit oder ihr Freimut sind wichtige Indizien[75], die die Behauptung des Gegners oder aber ihre eigene wahrscheinlich machen können. Gerade darin liegt der Zweck dieser Art der Parteibefragung. Sie soll Unklarheiten und Widersprüche in den Erklärungen einer Partei aufdecken, die dem Gericht gestatten, unter Berufung auf Art. 1347 C. c. den Zeugenbeweis zuzulassen. Als Anfang des „schriftlichen" Beweises dient dabei das Protokoll der Vernehmung[76]. Oft ist sogar dieser Rest der Schriftlichkeit entbehrlich. Nicht nur die Unsicherheit oder Verlegenheit einer Partei bei der Beantwortung einer Frage gilt als Anfangsbeweis, sondern schon ihre Weigerung zu erscheinen oder zu

---

[73] *Garsonnet-Cézar-Bru,* Traité II, 484-486.

[74] Vgl. die Gegenüberstellung von „interrogatoire" und „comparution personelle" bei *Papon,* Comparution Nr. 2; *Glasson-Tissier,* Traité II, 833; *Garsonnet-Cézar-Bru,* a. a. O. 483—486; *Hébraud,* Commentaire, D. C. 1943, 10; *Storme,* Influence 255; *Vincent,* Procedure civile 716; *Perrot,* Comparizione, Riv. dir. proc. 1961, 182—183.

[75] *Papon, Glasson-Tissier,* a. a. O., *Solus,* Réformes, 200; *de la Grasserie,* Preuve testimoniale, Rev. crit. 1905, 550—551; *Mazeaud-Mazeaud,* Leçons I, 421.

[76] *Glasson-Tissier,* a. a. O. 834; *Mazeaud-Mazeaud,* a. a. O. 420—421; *Sicard,* Preuve 239.

antworten[77]. „L'écrit n'est pas un élément du commencement de preuve par écrit"[78].

Diese „équité prétorienne"[79] der Gerichte verfolgt ganz offen das Ziel, einen schutzwürdigen Gläubiger, der sich keinen irgendwie gearteten Urkundenbeweis im voraus gesichert hat, einen solchen noch nachträglich zu verschaffen[80]. Da sowohl die Anordnung der Vernehmung als auch ihr Resultat nur von der freien Würdigung des Richters abhängt[81], steht es in seinem Ermessen, die Beschränkungen des Zeugenbeweises in Art. 1341 C. c. zu umgehen[82].

Im Jahre 1942 wurde diese Rechtsprechung sanktioniert durch ein Gesetz, das das „interrogatoire" abschaffte und an seine Stelle eine eingehende Regelung der „comparution personelle" setzte[83] (Art. 324-336 C. p. c.). Die Gesetzgebung bestätigte im wesentlichen die von der Rechtsprechung entwickelten Grundsätze[84]. Gemäß Art. 336 C.p.c. kann das Gericht u. a. die Weigerung einer Partei, zu erscheinen oder zu antworten, als Anfang eines schriftlichen Beweises ansehen: „Singulier écrit qu'une absence ou silence!"[85]. Eine solche Weigerung mag unter Umständen sogar als volles Geständnis gewertet werden[86]. Außerdem ist allseitig anerkannt, daß der Richter nach wie vor einen

---

[77] *de la Grasserie,* a. a. O. 550; *Mazeaud-Mazeaud,* a. a. O. 421.

[78] *Mazeaud,* Conception 88; *Perrot,* Commencement Nr. 17; *Foyer,* Evolution 200; *Legeais,* Règles 120.

[79] *de la Grasserie,* a. a. O. 548; *Normand,* Juge 364.

[80] *Sicard,* Preuve 239. Dem Wortlaut nach läßt Art. 1347 C. c. eine Ausnahme von Art. 1341 C. c. nur dann zu, wenn ein „behelfsmäßiger" Urkundenbeweis *schon vorliegt* („lorsqu'il existe un commencement de preuve par écrit"). Vgl. auch *Herzog,* Civil Procedure 347; *Mazeaud-Mazeaud,* Leçons I, 421; *Legeais,* Règles 119—120.

[81] Auch wenn die Vernehmung durch eine Partei beantragt ist, kann das Gericht dem Antrag nach seinem Ermessen stattgeben oder ihn ablehnen, vgl. *Perrot,* Comparizione, Riv. dir. proc. 1961, 185; *Sicard,* Preuve 200; *Papon,* Comparution Nr. 11.

[82] *Perrot,* a. a. O. 191; *de la Grasserie,* Preuve testimoniale, Rev, crit. 1905, 551; *Mazeaud-Mazeaud,* Leçons I, 422.

[83] Gesetz vom 23. 5. 1942, in Kraft getreten am 9. 10. 1945; vgl. *Hébraud,* Commentaire, D. C. 1943, 10; *Raynaud,* Réforme, J. C. P. 1943 I, 374; *Solus,* Réformes 200; *Roger,* Comparution, Bull. Soc. Leg. Comp. 68 (1938/39) 197.

[84] Vgl. *Hébraud, Raynaud, Roger* a. a. O.; *Papon,* Comparution Nr. 3.

[85] *Foyer,* Evolution 201; *Hémard,* Preuve 25; *Sicard,* Preuve 206. *Ripert-Boulanger,* Traité I, 339 meinen, daß man hier besser ein *Geständnis* fingiert hätte, vgl. dazu sogleich unter B 1.

[86] Vgl. *Perrot,* Comparizione, Riv. dir. proc. 1961, 189—190; *Papon,* Comparution Nr. 34; *Sicard,* a. a. O.

Anfangsbeweis auch aus anderen Tatsachen (als den in Art. 336 C. p. c. genannten) herleiten kann[87].

B. Auswirkungen auf das Parteizeugnis

1. Geständnis

Oben ist gezeigt worden, daß nach dem Code civil das Geständnis ein gesetzliches Beweismittel mit bindender Beweiskraft ist. Die geschilderte Entwicklung der „comparution personelle" hat demgegenüber einen neuen, andersartigen Geständnisbegriff geschaffen.

Die Rechtsprechung argumentierte, jeder schriftliche Anfangsbeweis enthalte zwar kein vollwertiges, aber doch ein teilweises, unvollständiges Geständnis, ein *„demi-aveu"*. Dieses „demi-aveu" sei — ganz unabhängig von der Existenz eines Schriftstücks — die Ursache dafür, daß nach Art. 1347 C. c. der Zeugenbeweis zugelassen werde[88]: „Le seul rôle de l'écrit est de prouver la réalité du commencement de preuve qui existe sans lui et en dehors de lui"[89]. Von hier aus war es nur ein kleiner Schritt bis zu der Annahme, daß der Zeugenbeweis auch dann zulässig sein müsse, wenn zwar die Voraussetzungen des Art. 1347 C. c. nicht gegeben seien, aber sonst ein „demi-aveu" vorliege[90].

Die ganze Konstruktion soll dem Richter ermöglichen, ein „demi-aveu" aus dem Resultat einer „comparution personelle" herzuleiten. Die Erklärungen, die eine Partei bei ihrer Befragung abgibt, können ein reines Geständnis enthalten, das „vollen" Beweis erbringt. Es kann aber auch sein, daß sie der Partei beweismäßig auf keine Art von Nachteil sind. Irgendwo auf der Mitte zwischen diesen Extremen liegt das „demi-aveu", das dem Anfang eines Urkundenbeweises gleichsteht[91]. Wo genau ist die Grenze? Man könnte meinen, daß eine geständnisähnliche Erklärung, ein etwas eingeschränktes oder undeutliches Zugeständnis nötig ist. Aber wir haben bereits gesehen, daß die Rechtsprechung hier viel weiter geht. Schon Unklarheiten und Widersprüche in der Aussage der Partei, ihr bloßes Verhalten, Verlegenheit usw., können einen ausreichenden Anfangsbeweis bilden[92], der ihrem Gegner gestattet, den Zeugenbeweis zu benutzen.

---

[87] *Sicard,* a. a. O., 239; *Perrot,* a. a. O. 188—191; *Herzog,* Civil Procedure 346—347.

[88] *de la Grasserie,* Preuve testimoniale, Rev. crit. 1905, 549.

[89] *Mazeaud,* Conception 88; *Perrot,* Commencement Nr. 17; *Planiol-Ripert,* Traité VII, 989.

[90] *de la Grasserie,* a. a. O., 549—550.

[91] *Hébraud,* Commentaire, D. C. 1943, 11.

[92] Vgl. *de la Grasserie,* a. a. O. 551: „Il suffirait presque qu'il rougit."

All das ist dem Code civil fremd. Ein Geständnis liefert „vollen" Beweis. Dieser Beweiswert ist von der Würdigung des Richters unabhängig. Ein außergerichtliches Geständnis mag frei gewürdigt werden, es ist aber nur beschränkt zugelassen. Ein „demi-aveu" jedoch wird nicht nur völlig frei gewürdigt, sondern ist darüber hinaus auch stets zulässig. Die „comparution personelle" kann nämlich sogar in den Fällen angeordnet werden, in denen ein Geständnis wegen des vorherrschenden öffentlichen Interesses seine gesetzliche Wirkung nicht haben kann, z. B. im Eheprozeß[93]. Auch ist die Vernehmung von Parteien möglich, die wegen mangelnder Handlungsfähigkeit ein wirksames Geständnis überhaupt nicht abgeben können[94].

Das „demi-aveu" hat mit dem „aveu" des Code civil nichts zu tun[95]. Wie ein Geständnis im Strafprozeß[96], so ist ein „demi-aveu" kein gesetzlicher Beweis, sondern bloß ein Indiz. Damit hat der Beweiswert der „probatio probatissima" eine beispiellose Abwertung erfahren[97].

2. *Parteieid*

Noch deutlicher ist die Tendenz zur Zurückdrängung des Schiedseides, der anderen Form des gesetzlichen Parteizeugnisses. Nach dem Wortlaut des Gesetzes ist die Zuschiebung des Eides in allen Streitpunkten uneingeschränkt zugelassen, vgl. Art. 1358 C. c. Dennoch nehmen die Gerichte mit einer fragwürdigen Begründung an, daß der Eid nicht über solche Tatsachen zugeschoben werden darf, die für die Entscheidung des Rechtsstreits unerheblich sind, weil der Richter insoweit bereits vom Gegenteil überzeugt ist[98]. So ist die Eideszuschiebung unzulässig, wenn die betreffenden Tatsachen als falsch bewiesen oder allgemein unwahrscheinlich sind[99]. Inwieweit das zutrifft, ist wie beim „demi-aveu" eine Tatfrage, über die die In-

---

[93] Vgl. Art. 324 C. p. c. und *Perrot,* Comparizione, Riv. dir. proc. 1961, 184—185; *Papon,* Comparution Nr. 4; *Vincent,* Procédure civile 717; *Herzog,* Civil Procédure 347.

Das ehemalige „interrogatoire" war gemäß Art. 324 C. p. c. a. F. ebenfalls „en toutes matières" möglich gewesen. Die Rechtsprechung machte seine Zulassung dennoch davon abhängig, daß es im Einzelfall zu einem wirksamen Geständnis führen konnte, vgl. *Cappelletti,* Efficacia, Riv. dir. civ. 1961 I, 574—575, der darin das Bestreben sieht, die Anwendung des „interrogatoire" zugunsten der „comparution personelle" einzuschränken.

[94] Art. 334 C. p. c.

[95] *Hébraud,* Commentaire, D. C. 1943, 11; *Herzog,* Civil Procédure 346.

[96] *Hébraud,* a. a. O.; *Raynaud,* Réforme, J. C. P. 1943 I, 374, Nr. 4.

[97] Vgl. *Legeais,* Règles 96, 98.

[98] *Perrot,* Preuve Nr. 1230—1233; *Delpech,* Serment Nr. 21.

[99] *Perrot,* a. a. O. Nr. 1231; *Delpech,* a. a. O. Nr. 22.

stanzgerichte frei entscheiden[100]. Kein Wunder daher, daß die Eideszuschiebung in der Praxis äußerst selten vorkommt, was übrigens in gleichem Maße für den vom Gericht auferlegten Ergänzungseid gilt[101]. Für beide Arten des Eides besteht auch kein Bedarf mehr, weil die „comparution personelle" die Aufgabe beider übernommen hat[102].

3. Die Parteibefragung als Beweismittel

Wenn der Richter dem Resultat einer Parteibefragung einen „schriftlichen" Anfangsbeweis entnimmt, ist noch kein Vollbeweis erbracht[103]. Die Wirkung des „demi-aveu" besteht gemäß Art. 1347 C. c. nur darin, daß nunmehr der Antritt des (frei gewürdigten) Zeugenbeweises zulässig ist, um die volle richterliche Überzeugung herzustellen. Dem Zeugenbeweis stehen dabei aber die anderen unvollkommenen Beweismittel, Ergänzungseid und tatsächliche Vermutung, gleich. Der Richter kann also das Beweisergebnis schon dadurch komplettieren, daß er der seiner Meinung nach glaubwürdigen Partei einfach den Ergänzungseid auferlegt[104].

Wenn dieser Weg in der Praxis selten gewählt wird, so deshalb, weil es noch einfacher ist, das Beweisergebnis durch die Annahme einer tatsächlichen Vermutung zu vervollständigen. Zwar müssen solche Vermutungen gemäß Art. 1353 C. c. „graves, précises et concordantes" sein. Auch hier aber handelt es sich wieder um eine Tatfrage, die sich der Kontrolle des Kassationshofs entzieht[105]. Das Resultat ist eine außerordentlich extensive Judikatur, die das legale Beweissystem jeder nennenswerten Bedeutung beraubt hat[106]. Eine tatsächliche Vermutung kann sich auch aus der „comparution personelle" ergeben, aus der schon der Anfangsbeweis hervorgegangen ist[107]. Die Parteibefragung führt so möglicherweise zu einem „ensemble de présomptions suffisants pour entraîner la conviction du juge"[108].

Der Code civil kennt die Parteien nur als Urheber von Geständnissen, nicht als Zeugen[109]. Aber es stimmt heute nicht mehr, daß eine

---

100 *Perrot*, a. a. O. Nr. 1232; *Delpech*, a. a. O. Nr. 22.

101 Vgl. *Cappelletti*, Testimonianza II, 791.

102 *Cappelletti*, a. a. O.; vgl. schon *v. Bar*, Recht und Beweis 142, *Zink*, Sachverhaltsermittlung I, 541.

103 Vgl. *Mazeaud-Mazeaud*, Leçons I, 422; *Planiol-Ripert*, Traité VII, 855.

104 *Perrot*, Preuve Nr. 1317; *Delpech*, Serment Nr. 35; *Colin-Capitant*, Traité I, 320; *Herzog*, Civil Procédure 361.

105 *Perrot*, a. a. O. Nr. 976—982; *Planiol-Ripert*, Traité VII, 1008—1010.

106 *Herzog*, Civil Procedure 316—317; *Mazeaud-Mazeaud*, Leçons I, 450.

107 *Mazeaud-Mazeaud*, a. a. O. 422.

108 *Glasson-Tissier*, Traité II, 834.

109 *Herzog*, Civil Procédure 346.

Parteibefragung nur dem Beweise durch Geständnis und Eid dient[110]. Die Parteibefragung ist zu einem eigenständigen Beweismittel, zur Partei*vernehmung*, geworden[111], wenn sie auch noch heute als solches nicht anerkannt ist. Der Beweiswert des Parteizeugnisses hängt ganz von der freien Würdigung des Richters ab[112]. Erscheint ihm eine Partei glaubwürdig, so kann er nach seinem Ermessen eine Parteibefragung anordnen, ihr Resultat als Anfang eines schriftlichen Beweises werten und den Anfangsbeweis durch eine tatsächliche Vermutung komplettieren, je nach Stärke seiner Überzeugung[113].

Das Verfahren der Parteivernehmung ist dabei einfacher als das der Zeugenvernehmung. Es war ja das Ziel der Rechtsprechung, mit der „comparution personelle" die Schranken des Zeugenbeweises zu überwinden[114].

IV. ERGEBNIS

Im Gegensatz zu der Regelung des Code civil wird das Parteizeugnis von den französischen Gerichten im Endergebnis heute frei gewürdigt. Nicht mehr eine bestimmte Form oder ein bestimmter Inhalt entscheidet über den Beweiswert der Parteierklärung, sondern die *Wahrscheinlichkeit*, die sich mangels anderer Anhaltspunkte am Verhalten der Partei orientiert.

Die „comparution personelle" ist in Frankreich der Motor der Entwicklung hin zur freien Beweiswürdigung gewesen[115]. Die Tendenz wurzelt in dem Bestreben der Rechtsprechung, nicht nur eine legale, formale, sondern die materielle Wahrheit festzustellen. Begünstigt wird dieses Bestreben durch eine fortschreitende gesetzliche Stärkung der Richtermacht, die den Gerichten immer mehr das Recht einräumt, Beweise auch von Amts wegen zu erheben[116]. Das hat u. a. zu einer Aufweichung der starren Beweislastgrundsätze geführt[117]. Fragte man früher, ob sich die Wahrheit im Zivilprozeß von der im

---

[110] So aber wörtlich noch *Giverdon*, Problem of Proof, Tul. L. Rev. 31 (1956) 33.

[111] *Cappelletti*, Testimonianza II, 784—785; *Nagel*, Grundzüge 314—317.

[112] *Cappelletti*, a. a. O.

[113] *Mazeaud-Mazeaud*, Leçons I, 421—422.

[114] Vgl. *Nagel*, Grundzüge 317.

[115] *Perrot*, Comparizione, Riv. dir. proc. 1961, 191; *Cappelletti*, Testimonianza II, 785.

[116] *Perrot*, a. a. O. 192. Die Reform des Jahres 1958 erkannte z. B. dem Richter das Recht zu, auch Zeugen von Amts wegen zu laden, wenn ihm deren Aussage zur *Wahrheitsermittlung* nützlich erscheint, vgl. Art. 264 Abs. 2 C. p. c. und *Foyer*, Evolution 198; *Denti*, Evoluzione, Riv. dir. proc. 1965, 43—45.

[117] *Legeais*, Règles 176—183; *Boulanger*, Réflexions, Rev. trim. 1966, 737, 753-754; vgl. auch *Colin-Capitant*, Traité I, 268—269.

Strafprozeß unterscheiden dürfe[118], so geht man heute zum Teil schon von einer Einheit des zivil- und strafprozessualen Beweisrechts aus[119].

Hinter der Abschwächung der Grundsätze von der „légalité des preuves" und der „neutralité du juge" steht ein grundsätzlicher Wandel der Auffassung vom Zivilprozeß, der Niedergang der individualistischen Idee vom „combat judiciaire"[120]. Man hat von einer Tendenz zur „Ver-öffentlichung" des Zivilprozesses gesprochen, die sich nicht nur im französischen Recht abzeichne[121].

§ 3. Die Unteilbarkeit des Geständnisses nach Art. 1356 Abs. 3 C. c.

I. DER UNTEILBARKEITSGRUNDSATZ ALS GESETZLICHE BEWEISREGEL

Die Unteilbarkeitsregel ist ein besonderes Phänomen des Legalsystems. Art. 1356 Abs. 3 C. c. ist im Zusammenhang mit Abs. 2 zu lesen. Das Geständnis erbringt vollen Beweis gegen seinen Urheber nur so, *wie es ist,* in seiner Gesamtheit. Unteilbarkeit des Geständnisses bedeutet Unteilbarkeit seiner *gesetzlichen Beweiskraft*[1]. Die in dem Geständnis enthaltene „contra se declaratio" (Zugeständnis) erbringt vollen Beweis nach Art. 1356 Abs. 2 C. c. nur insoweit, als auch die „pro se declaratio" (einschränkende Zusatzbehauptung) an dieser Beweiskraft teilnimmt. Weist der Gegner die Zusätze zurück, so verliert mit diesen auch das Zugeständnis seine Beweiskraft. Der Richter darf den gesetzlichen Beweiswert des Geständnisses nicht allein der „contra se declaratio" beilegen[2].

Der Unteilbarkeitsgrundsatz ist danach eine *gesetzliche Beweisregel*[3], die dem Richter die Beweiskraft einer bestimmten Art der Parteiaussage bindend vorschreibt. Gleichzeitig stellt sie jedoch auch eine Durchbrechung des sonst für den Beweiswert der Parteiaussage

---

118 *Bolaffi*, Preuve, Bull. Soc. Leg. Comp. 68 (1938/39) 166.

119 *Sicard*, Preuve 7; vgl. aber *Foyer*, Evolution 190.

120 Vgl. oben II C und *Foyer*, a. a. O. 196—197; *Storme*, Influence 215; *Perrot*, Comparizione, Riv. dir. proc. 1961, 193; *Denti*, Evoluzione, Riv. dir. proc. 1965, 39—50; *Decugis*, Evolution, Bull. Soc. Leg. Comp. 68 (1938/39) 81; *Legeais*, Règles 25.

121 *Denti*, a. a. O. 49; *Cappelletti*, Principi, Giur. it. 1968 IV, 15—29.

1 Das französische Schrifttum bringt dies meist dadurch zum Ausdruck, daß die Unteilbarkeit in dem Kapitel über die Beweiskraft des Geständnisses behandelt wird, vgl. z. B. *Perrot*, Preuve Nr. 1057, 1071; Aveu B, Nr. 34, 48; *Aubry-Rau-Esmein*, Droit civil XII, 98, 100.

2 *Carnelutti*, Sistema I, 760.

3 *Furno*, Appunti, Foro it. 1938 I, 1048; Contributo 101 (Anm. 2); *Micheli*, Onere della prova 411; vgl. auch *Fragistas*, Grundzüge 58.

geltenden Legalsystems[4] dar. Dies deshalb, weil nach der Unteilbarkeitsregel ausnahmsweise einmal eine einfache „pro se declaratio" der Partei eine gesetzliche Beweiswirkung erhalten kann[5].

Es liegt im Wesen jedes gesetzlichen Beweises, daß der Richter einen Beweis auch dann als erbracht, bzw. nicht erbracht ansehen muß, wenn er innerlich vom Gegenteil überzeugt ist. Solche Unzuträglichkeiten müssen bei der Anwendung der Unteilbarkeitsregel zwangsläufig in besonderem Maße auftreten. Der Gegner des Gestehenden wird die ihm nicht genehmen Zusätze fast immer zurückweisen. Damit können dann auch die mit der „contra se declaratio" eingeräumten Tatsachen nicht mehr als feststehend behandelt werden. Der Gegner muß deshalb insoweit den Beweis führen. Mißlingt dieser ,so darf der Richter die betreffenden Tatsachen nicht als erwiesen ansehen, obwohl sie doch, wenn auch mit Einschränkungen, bereits zugestanden waren[6].

Eine ähnliche Ungereimtheit kann sich ergeben, wenn der Gegner des Gestehenden das Geständnis in seiner Gesamtheit akzeptiert, um die ihm ungünstigen Zusätze sodann mit einem Gegenbeweis zu bekämpfen[7]. Er muß dann möglicherweise Tatsachen beweisen, deren Gegenteil nach den allgemeinen Regeln über die Beweislast[8] normalerweise zur Beweislast des Gestehenden stünde[9].

II. DIE BEGRÜNDUNG DER UNTEILBARKEITSREGEL IN DER FRANZÖSISCHEN LEHRE

Die geschilderten mißlichen Konsequenzen des Unteilbarkeitsprinzips sind schon immer Wasser auf die Mühlen der Gegner einer solchen Regelung gewesen[10]. Demgegenüber fällt auf, daß sich das fran-

[4] Vgl. oben § 2 II D.

[5] *Furno*, Contributo 102. Vgl. auch *Cappelletti*, Testimonianza I, 240, 253—255.

[6] *Guldener*, Beweiswürdigung 59 meint, es werde „zwar eine Teilung des Geständnisses vermieden, dafür aber eine Teilung des richterlichen Wissens bewirkt: Was der Richter aus dem Zugeständnis des Beklagten weiß, fällt nicht in Betracht, sondern nur das, was durch das Beweisverfahren ermittelt wird."

[7] Über diese Möglichkeit des Gegners, s. oben § 1 I.

[8] Vgl. *Art. 1315 C. c.:* „Celui qui réclame l'exécution d'une obligation doit la prouver.

Réciproquement, celui qui se prétend libéré, doit justifier le payement ou le fait qui a produit l'extinction de son obligation."

[9] In den Beispielen von *Pothier* und *Jaubert* (oben § 1 I u. II B) müßte die Zahlung nach Art. 1315 Abs. 2 C. c. vom Beklagten bewiesen werden.

[10] Neuestens *Umar*, Divisibilité, Schweiz JZ 1966, 152; s. auch *Storme*, Influence 246; *Fragistas*, Grundzüge 58; *Betzinger*, Beweislast 100, Anm. 2.

zösische Schrifttum mit der juristischen Rechtfertigung der Unteilbarkeitsregel bemerkenswert wenig Mühe gemacht hat[11].

Selten einmal wird der Unteilbarkeitsgrundsatz überhaupt als problematisch erkannt[12]. Zumeist hält man ihn für logisch[13], natürlich[14], völlig gerecht[15]. Was die Begründung der Regel angeht, so ist man zum Teil bis heute über Hinweise auf ihre alte Tradition im allgemeinen sowie auf *Pothier* insbesondere nicht hinausgekommen[16]. Die geschichtliche Tradition des Unteilbarkeitsprinzips ist jedoch unklar[17] und auch *Pothier* hatte die Unteilbarkeit des Geständnisses nicht näher begründet, sondern nur durch ein Beispiel erläutert[18]. Im übrigen sollte selbst eine einheitliche geschichtliche Tradition nicht von einer kritischen Prüfung abhalten.

Anstelle einer solchen Prüfung findet sich immer wieder die Beteuerung, der Gegner des Gestehenden dürfe das Geständnis nicht willkürlich zerreißen[19], um sich so von der Beweislast zu befreien[20]. Man dürfe dem Gestehenden nicht etwas in den Mund legen, was er so nie gesagt habe[21]. Gestehe jemand zu, 1000 F entliehen, davon aber 500 F zurückgezahlt zu haben, so gestehe er, *500 F zu schulden,* aber er gestehe *nur* das[22]. Art. 1924 C. c.[23] sei nur ein Anwendungsfall

---

[11] Das ist wohl eine Folge der Vernachlässigung des Beweisrechts überhaupt, vgl. oben § 2 II A.

[12] Vgl. aber *Baudry-Lacantinerie-Barde,* Obligations IV, 385: „ . . . l'une des difficultés les plus ardues que présente la science du droit."

[13] *Mazeaud-Mazeaud,* Leçons I, 453 („ . . . paraît d'une évidente logique"); *Mimin,* Note, D. 1946, 183 („principe de logique et d'équité"); *Demolombe,* Cours XXX, 447 („logique et équitable"); *Baudry-Lacantinerie,* Précis II, 339 („ . . . conforme à l'équité et à la raison").

[14] *Aubry-Rau-Bartin,* Cours XII, 123, Anm. 26 („nature même des choses"); auch *Planiol-Ripert,* Traité VII, 1045; vgl. schon *Zink,* Sachverhaltvermittlung I, 40.

[15] *Bonnier,* Traité 260 („de toute justice"); auch *Fuzier-Herman,* Aveu Nr. 181; *Demante,* Cours V, 624 („a paru juste").

[16] *Colin-Capitant,* Traité I, 313; *Ripert-Boulanger,* Traité I, 342; *Beudant,* Cours IX, 410, Anm. 4.

[17] Vgl. oben § 1 II.

[18] Vgl. oben § 1 I.

[19] *Bonnier,* Traité 260; *Demante,* Cours V, 624.

[20] *Ripert-Boulanger,* Traité I, 342.

[21] *Demolombe,* Cours XXX, 448; *Laurent,* Principes XX, 212.

[22] *Mazeaud-Mazeaud,* Leçons I, 453; *Demante,* Cours V, 624.

[23] *Art. 1924 C. c.:* „Lorsque le dépôt, étant au-dessus de 50 F, n'est point prouvé par écrit, celui qui est attaqué comme dépositaire, en est cru sur sa déclaration, soit pour le fait même du dépôt, soit pour la chose qui en faisait l'objet, soit pour le fait de sa restitution."

dieser Grundregel[24]. Wer seinen Beweis allein aus einer Erklärung des Gegners ableite, müsse diesen Beweis so nehmen, wie er sei[25]. All diese Begründungsversuche sind mehr oder weniger eine petitio principii[26]. Das gilt unabhängig davon, ob man sie im logischen oder praktischen Sinne interpretiert.

A. Der Einheitsgedanke (logisches Argument)

Sollten die französischen Autoren der Ansicht sein, die Unteilbarkeit des Geständnisses sei ein Postulat der Logik, so müßte doch gerade diese Tatsache und ihre rechtliche Erheblichkeit erst einmal bewiesen werden[27]. Schlechthin unzulässig erscheint es, wenn statt dessen von der vermeintlichen Logik der Regel sogar auf ihre Billigkeit geschlossen wird, ohne daß man sich zuvor mit ihren unbilligen Konsequenzen[28] auseinandergesetzt hat[29].

Eine Variante dieser „Einheitstheorie"[30] stellt die Ansicht dar, die das Geständnis mit einem Dokument vergleicht[31]. Diese Meinung findet eine Stütze in Art. 1330 C. c.[32]. Wie das in der Urkunde enthaltene Geständnis[33], so verdient danach auch die Parteiaussage in allen

---

[24] *Colin-Capitant,* Traité I, 314; *Perrot,* Preuve Nr. 1084; Aveu B. Nr. 65; *Baudry-Lacantinerie-Barde,* Obligations IV, 388; *Fuzier-Herman,* Code civil IV, Art. 1356, Nr. 30; *Bonnier,* Traité 261; *Glasson-Tissier,* Traité II, 825.

[25] *Mazeaud-Mazeaud,* Leçons I, 453; *Demolombe,* Cours XXX, 447—448; *Demante,* Cours V, 624; *Fuzier-Herman,* Aveu Nr. 181; schon der Tribun *Mouricault* im Gesetzgebungsverfahren, s. oben § 1 II B.

[26] Der zuletzt zitierte Satz, wer seinen Beweis einzig aus einem Geständnis des Gegners ableite, müsse es in seiner Gesamtheit anerkennen, findet sich in einigen kantonalen Zivilprozeßordnungen der Schweiz als Formulierung des Unteilbarkeitsprinzips; vgl. unten § 4 II.

[27] Das wurde, soweit ersichtlich, nur außerhalb Frankreichs versucht. Die Autoren, die das Problem berührt haben, sind über die logische Begründbarkeit des Unteilbarkeitssatzes verschiedener Meinung, vgl. *Carnelutti,* Abrogazione, Riv. dir. proc. civ. 1935 II, 97; *Furno,* Appunti, Foro it. 1938 I, 1041; *Lipari,* Indivisibilità, Riv. dir. proc. civ. 1925 I, 137; *Micheli,* Onere della prova 416; *Bierling,* Prinzipienlehre IV, 71.

[28] Vgl. oben I.

[29] So besonders die ältere französische Lehre, vgl. *Demolombe,* Cours XXX, 448; aber auch *Mimin,* Note, D. 1946, 183.

[30] Vgl. *Glasson-Tissier,* Traité II, 824: „La déclaration est une . . .".

[31] *Mazeaud-Mazeaud,* Leçons I, 453; *Demante,* Cours V, 624; *Demolombe,* a. a. O. 452; *Laurent,* Principes XX, 216.

[32] *Art. 1330 C. c.:* „Les livres des marchands font preuve contre eux; mais celui qui en veut tirer avantage, ne peut les diviser en ce qu'ils contiennent de contraire à sa prétention."

[33] *Planiol-Ripert,* Traité VII, 935; *Mazeaud-Mazeaud,* a. a. O. 448.

ihren Bestandteilen den gleichen Glauben[34]. Damit wird postuliert, was erst zu beweisen wäre, daß nämlich die Voraussetzungen für eine gesetzliche Gesamtbeweiskraft bei der Parteiaussage in gleichem Maße gegeben sind wie bei einer Urkunde.

Der Urkundenbeweis ist schon allgemein einer gesetzlichen Fixierung des Beweiswerts eher zugänglich als der mündliche Beweis[35]. Die Beweiskraft einer Zeugenaussage hängt entscheidend von den Umständen des Einzelfalles und deren richtiger Abwägung durch den Richter ab. Erscheint z. B. ein Zeuge in einem bestimmten Punkte befangen, weil er insoweit dem Rechtsstreit nicht unbeteiligt gegenüber steht, so wird der Richter diesem Teil seiner Aussage im Regelfall einen entsprechend geringeren Beweiswert beilegen. Wohl aus diesem Grunde verlangt auch niemand, daß eine Zeugenaussage entweder als Ganzes hingenommen oder als Ganzes abgelehnt werden müsse[36]. Das muß erst recht gelten, wenn eine *Partei* als „Zeuge im weiteren Sinne"[37] mit einem Teil ihrer Aussage offen eigene Interessen wahrnimmt[38]. Der Richter wird dem „*Selbst*zeugnis" (pro se declaratio) der Partei in der Regel einen geringeren Beweiswert beimessen als dem Zeugnis (contra se declaratio)[39]. Es trifft daher nicht zu, daß die Gesamtaussage einer Partei in allen Punkten notwendig den gleichen Glauben verdient[40].

Der gleiche Einwand läßt sich auch gegen die Begründung erheben, die *Bartin* dem Unteilbarkeitsprinzip gibt[41]. Er geht davon aus, daß das Geständnis eine Vermutung enthalte, kraft derer das Gesetz von der Tatsache des Geständnisses auf die Wahrheit der gestandenen Tatsache schließe[42]. Sei das Geständnis durch Zusätze eingeschränkt, so könne logischerweise auch die Vermutung nicht weiter reichen, als

---

[34] Vgl. *Guldener*, Beweiswürdigung 59; *Heusler*, Zivilprozeß 128; *Umar*, Divisibilité, Schweiz JZ 1966, 153.

[35] Deshalb ist er auch fast überall gesetzlich geregelt, vgl. oben § 2 II C. *Couture*, Las reglas de la sana critica en la apreciación de la prueba testimonial 219, bemerkt treffend: „La prueba instrumental es por si misma una prueba legal y no de sana critica". (zitiert nach *Cappelletti*, Testimonianza I, 115, Anm. 12).

[36] *Guldener*, Beweiswürdigung 60.

[37] Vgl. oben § 2 II C.

[38] *Planck*, Bemerkungen, Krit. Viertelj. Schr. 4 (1862) 256—257.

[39] Vgl. *Carnelutti*, Sistema I, 748.

[40] *Planck*, a. a. O. 257; *Guldener*, Beweiswürdigung 59; *Radouant*, Observations, J. C. P. 1941 II, 1659; *Manresa y Navarro*, Código civil, Art. 1233, Anm. I, S. 147; *Praktika Anatheoritikis* 114—115.

[41] *Aubry-Rau-Bartin*, Cours XII, 120, Anm. 25 bis.

[42] *Aubry-Rau-Bartin*, a. a. O. 116, Anm. 18 bis. Vgl. dazu Art. 1350 Nr. 4 C. c. und oben § 2 II D 1.

es sich aus diesen Zusätzen ergebe. Wie die Tatsache des Geständnisses selbst, so sei auch die gestandene Tatsache unteilbar[43].

Diese Begründung ist nicht schon deshalb unrichtig, weil sie voraussetzt, daß das Geständnis Vermutungscharakter habe. Zwar geht die Einreihung des Geständnisses unter die Vermutungen auf einen Irrtum der Verfasser des Code civil zurück[44] und wird auch in Frankreich kritisiert[45]. Dennoch beruht die gesetzliche Beweiswirkung des Geständnisses wesentlich auf einem Schluß von der Tatsache des Geständnisses auf die Wahrheit der gestandenen Tatsache. Das wird im deutschen Recht meist verkannt[46]. In der Regel ist die zugestandene Tatsache wahr[47], denn normalerweise wird niemand sich selbst grundlos Schaden zufügen[48]. Dieser Erfahrungssatz gilt jedoch nur, solange die Partei mit dem Geständnis lediglich etwas sich selbst *Nachteiliges* erklärt. Das Geständnis im Sinne des Art. 1356 Abs. 3 C. c. enthält aber nicht nur ein Zugeständnis (contra se declaratio), sondern auch einen der Partei selbst vorteilhaften Zusatz (pro se declaratio), der überdies bewirkt, daß die Erklärung insgesamt der Partei günstig ist[49]. Wenn *Bartin* die Beweiskraft des Geständnisses auf die Gesamterklärung ausdehnen will, so stellt er damit nur die schon zurückgewiesene These von der einheitlichen Beweiskraft der Parteiaussage auf[50].

B. Der Beweislastgedanke (praktisches Argument)

Man kann die französischen Autoren auch so verstehen, daß die Unteilbarkeit eine Verletzung der *Beweislastregeln* verhindern soll[51]. Der Gegner des Gestehenden soll nicht von seiner Verpflichtung zum Beweis ("obligation de prouver"[52]) entbunden werden und die Be-

---

[43] *Aubry-Rau-Bartin*, a. a. O. 121, Anm. 25 bis; auch *Perrot*, Preuve Nr. 1072; *Beudant*, Cours IX, 410; *Planiol-Ripert*, Traité VII, 1045.

[44] *Pothier* (Obligations II, 245) hatte geschrieben: „ . . . la confession et certaines présomptions tiennent aussi lieu de preuves . . .“. Das haben die Gesetzesverfasser mißverstanden, vgl. *Furno*, Confessione 873, Anm. 8.

[45] *Colin-Capitant*, Traité I, 309 („évidente confusion“); auch *Julliot de la Morandière*, Droit civil I, 132.

[46] Näher dazu unten § 8 II B.

[47] Vgl. *Cappelletti*, Testimonianza I, 278.

[48] Vgl. *Planck*, Lehrbuch I, 348.

[49] Vgl. oben § 1 I.

[50] Deshalb ist es unrichtig, wenn *Perrot* (Preuve Nr. 1072) schreibt: „La règle de l'indivisibilité de l'aveu se justifie aisément par cette idée que l'aveu tire toute son autorité de ce que le fait avoué est légalement présumé correspondre au fait de l'aveu“; (so auch Beudant, Cours IX, 410). Inzwischen hat *Perrot* diese Ansicht aufgegeben, vgl. Aveu B, Nr. 51.

[51] Vgl. *Umar*, Divisibilité, Schweiz JZ 1966, 152.

[52] *Aubry-Rau-Bartin*, Cours XII, 129, Anm. 36; 123, Anm. 26.

weislast für die Zusatzbehauptung deshalb nicht auf den Gestehenden fallen[53]. War vor dem Geständnis der Gegner beweispflichtig, so darf das Geständnis daran nichts ändern, damit dem Gestehenden der Vorteil seiner Stellung als Beklagter erhalten bleibt[54]. Akzeptiert der Kläger das Zugeständnis und ist damit insoweit des Beweises enthoben, so muß er deshalb nunmehr die Beweislast des Gegenteils der Zusatzbehauptung übernehmen.

In der Tat — das wurde schon angedeutet — hat die Lehre von der Unteilbarkeit ihren Schwerpunkt in der Beweislast[55]. Die Beweisregel wirkt den Beweislastregeln entgegen, indem sie ausnahmsweise eine Parteierklärung als Beweis genügen läßt[56]. Man könnte daher auch von einer besonderen Beweislastvorschrift sprechen, die dazu führt, daß der Gegner des Gestehenden stets mit dem Hauptbeweis belastet bleibt, gleich ob er die Existenz der zugestandenen oder die Nichtexistenz der hinzugefügten Tatsachen geltend macht.

Mit dem Hinweis auf diese Zusammenhänge ist aber noch keine Begründung der Unteilbarkeitsregel gegeben. Die Frage lautet, *warum* im Falle eines unteilbaren Geständnisses dem Gestehenden seine Stellung im Prozeß erhalten bleiben soll, *warum* die Beweislast so und nicht anders zu verteilen ist. Die „contra se declaratio" hat normalerweise die gesetzliche Wirkung, den Gegner des Gestehenden vom Beweise zu befreien[57]. Die Stellung der Parteien zum Beweise wird damit zwangsläufig verändert. Zu begründen wäre, weshalb die „contra se declaratio" diese Wirkung dann nicht haben soll, wenn sie sich nicht isoliert, sondern im Verein mit einer „pro se declaratio" vorfindet. Eine Prüfung dieser Frage müßte beim Begriff des Geständnisses ansetzen.

Den obigen Stellungnahmen liegt offenbar die Ansicht zugrunde, das Geständnis stelle einen *Verzicht* auf die *Beweisverpflichtung*[58] des Gegners dar. Wer sein Zugeständnis durch eine Zusatzbehauptung einschränke, wolle insoweit nicht verzichten[59]. Deshalb dürfe sich die Beweislast nicht ändern.

Dazu ist zu sagen, daß es eine „Verpflichtung" der Parteien zum Beweis nach heutiger Auffassung nicht gibt. Andernfalls wäre jede

[53] *Ripert- Boulanger,* Traité I, 342: „Ce résultat a paru choquant a nos anciens auteurs."

[54] *Aubry-Rau-Bartin,* a. a. O. 129, Anm. 36; vgl. auch *Baudry-Lacantinerie-Barde,* Obligations IV, 387.

[55] *Fragistas,* Grundzüge 58.

[56] Vgl. *Calamandrei,* Verità, Riv. dir. proc. 1955 I, 180, 187.

[57] Vgl. oben § 2 II D 1.

[58] *Aubry-Rau-Bartin,* Cours XII, 129, Anm. 36.

[59] *Aubry-Rau-Bartin,* a. a. O. 123, Anm. 26.

Partei zum Prozeßsieg „verpflichtet"[60]. Nur das eigene Interesse „verpflichtet" die Partei zur Beibringung von Beweisen[61]. Deshalb spricht man nicht mehr von einer Beweispflicht, sondern einer Beweis*last*[62]. Somit ist nichts vorhanden, worauf mit einem Geständnis verzichtet werden könnte[63].

Im übrigen ist für den heutigen Stand der Unteilbarkeitslehre bezeichnend die Tendenz des modernen französischen Schrifttums, auf allgemeine Begründungen des Unteilbarkeitssatzes überhaupt zu verzichten[64]. Er wird als geltendes Recht registriert und erläutert, über seinen Geltungsgrund aber herrscht offenbar Unklarheit. Auch von der französischen Rechtsprechung ist gesagt worden, daß sie den Unteilbarkeitsgrundsatz nicht für hinreichend begründet halte[65].

III. DER GELTUNGSBEREICH DER UNTEILBARKEITSREGEL

Die bisherige Darstellung hat die Faktoren aufgezeigt, die die heutige Ausformung der französischen Unteilbarkeitslehre bestimmt haben: die unklare geschichtliche Tradition der Regel, ihre mangelnde Überprüfung durch den Gesetzgeber, die Unsicherheit über ihren Geltungsgrund und vor allem die Tendenz der Rechtsprechung zur Überwindung des legalen Beweischarakters der Parteiaussage[66].

Nach allem ist nicht zu erwarten, daß die Unteilbarkeitslehre heute ein einheitliches, geschlossenes Bild bietet. Die Rechtsprechung ist mit einiger Berechtigung einer „chaotischen Prinzipienlosigkeit"[67] bezichtigt worden: „Autant d'arrêts, autant de principes différents"[68]. Es

---

[60] *Rosenberg*, Beweislast 55.

[61] *Rosenberg*, a. a. O.; *Umar*, Divisibilité, Schweiz JZ 1966, 153.

[62] *Rosenberg*, a. a. O. 54—60; vgl. auch *Schmidt*, Obliegenheiten 89—97.

[63] *Umar*, a. a. O. 153, Anm. 51; *Aubry-Rau-Bartin*, Cours XII, 120, Anm. 25 bis. Die Ansicht, das Geständnis stelle einen (indirekten) Verzicht auf das streitige Recht dar, wird, soweit ersichtlich, in diesem Zusammenhang in Frankreich nicht vertreten. Sie soll deshalb bei der Darstellung des deutschen Rechts besprochen werden, vgl. § 8 II B, § 9 III C 2 b.

[64] Vgl. z. B. *Aubry-Rau-Esmein*, Droit civil XII, wo die scharfsinnigen Deduktionen von *Bartin* aus der Vorauflage sämtlich weggelassen sind, und sich eine Begründung der Unteilbarkeit nur in einem Nebensatz findet (104): „D'ailleurs, l'indivisibilité ayant pour fondement la circonstance que le fait principal et le fait accessoire ne sont connus que par la déclaration de la partie . . .". Die Theorie von der einheitlichen Glaubwürdigkeit der Gesamterklärung wird hier offenbar nur noch halbherzig vertreten.

[65] *Mazeaud-Mazeaud*, Leçons I, 446.

[66] Vgl. *Mazeaud-Mazeaud*, a. a. O. 453.

[67] *Betzinger*, Beweislast 100, Anm. 2.

[68] *Laurent*, Principes XX, 224.

fragt sich allerdings, ob hier überhaupt nach Prinzipien geurteilt wird, oder nicht vielmehr nach der Beschaffenheit des Einzelfalles[69]. Wegen der gedrängten Kürze der französischen Entscheidungen[70], die meist den Tatbestand nur unvollständig wiedergeben, läßt sich das immer nur indirekt feststellen. Ein wichtiges Kriterium ist z. B. die Rolle, die die Parteibefragung für die Entscheidung gespielt hat.

Das Schrifttum vertritt heute überwiegend gar keine eigene Meinung, sondern beschränkt sich darauf, die Judikatur zum Unteilbarkeitsprinzip unter bestimmte Begriffe zu bringen und nach gewissen Gesichtspunkten einzuordnen. Diese Einteilungen des Stoffes werden im folgenden teilweise übernommen. Sie sollen allerdings nur die Darstellung der Materie ermöglichen. Ob hier wirklich mit Begriffen und Kategorien gearbeitet wird und gearbeitet werden kann, ist eine ganz andere Frage.

A. Grundsätzlicher Anwendungsbereich der Unteilbarkeitsregel

Der Code civil postuliert den Grundsatz der Unteilbarkeit in einer ganz absoluten Form. Für irgendwelche Einschränkungen ergibt auch die Entstehungsgeschichte des Art. 1356 C. c. nichts[71]. Gerade die umfassende Formulierung des Gesetzes gab jedoch bald Anlaß zu der Frage, ob und inwieweit Ausnahmen von der Regel anzuerkennen seien[72]. Dabei wirkte sich aus, daß der Unteilbarkeitssatz seit alters her untrennbar mit der gemeinrechtlichen Theorie von der *„confessio qualificata"* verbunden war. Obwohl der Code civil diesen Begriff nicht kennt, wurde er bald der Interpretation des Art. 1356 Abs. 3 C. c. zugrunde gelegt. Die „confessio qualificata" war im gemeinen Recht grundsätzlich nur dann unteilbar gewesen, wenn zwischen den einzelnen Fakten des qualifizierten Geständnisses reale *Konnexität* bestand[73]. Auch im französischen Recht wurde dieses Erfordernis bald zu einer allgemeinen Voraussetzung der Unteilbarkeit des Ge-

---

[69] Vgl. *Laurent,* a. a. O. 225 und *de Page,* Traité III, 1100. Letzterer meint von der (im wesentlichen ähnlichen) belgischen Rechtsprechung zum gleichlautenden Art. 1356 Abs. 3 C. c., sie sei „confuse et incertaine" und bringt deshalb keine Nachweise: „Des citations nous obligeraient à rectifier chaque fois les confusions commises, ce qui nous entraînerait trop loin." Zur Ansicht von *de Page,* vgl. unten § 4 I.

[70] Zum Stil der französischen Judikatur, vgl. *David,* Grands systèmes 138.

[71] Siehe oben § 1 II B.

[72] Vgl. *Duranton,* Cours XIII, 595: „ . . . la question est infiniment douteuse, car l'article 1356 ne fait aucune exception . . ."; *Merlin,* Confession § II, 509—511; *Dalloz,* Obligations Nr. 5121—5142; *Laurent,* Principes XX, 212; *Toullier,* Droit civil X, 444—450.

[73] Siehe oben § 1 II A.

ständnisses[74]. Die Auslegung des Gesetzes vom Erfordernis der Konnexität her wird ergänzt durch eine unter ähnlichen Gesichtspunkten erfolgende Interpretation der konkreten Geständniserklärung.

1. Einheitliche Erklärung

Zunächst muß ein unteilbares Geständnis eine einheitliche Erklärung sein. Das aus mehreren verschiedenartigen Einzelerklärungen zusammengesetzte Geständnis ist zu unterscheiden von einer Mehrheit von selbständigen Aussagen. Die ältere Lehre drückte dies dahin aus, daß Art. 1356 C. c. nur *das Geständnis* für unteilbar erkläre. Das Gesetz gelte mithin nicht für eine *Mehrheit* von Geständnissen[75]. Die Rechtsprechung ist grundsätzlich der gleichen Auffassung. Gibt demnach eine Partei im Verlaufe einer Verhandlung mehrere Erklärungen ab, die sich gegenseitig widersprechen, so kann sich der Gegner auf die ihm günstige Aussage berufen und spätere, ihm nachteilige Zusätze zurückweisen[76]. Präzisiert hat die Rechtsprechung ihren Standpunkt für die Aussagen einer Partei während einer förmlichen Parteibefragung (interrogatoire sur faits et articles)[77]. Hier hatte der Kassationshof zunächst entschieden, daß insoweit der Unteilbarkeitsgrundsatz generell keine Anwendung finden könne. Es sei daher möglich, auch die in einer Einzelantwort enthaltenen Teilerklärungen ohne Verstoß gegen Art. 1356 C. c. voneinander zu trennen[78]. Später schränkte das Gericht seine Stellungnahme ein. Teilbar sei lediglich die *Gesamtheit* aller während des „interrogatoire" gemachten Aussagen. Jede einzelne *Antwort* dagegen stelle ein unteilbares Ganzes dar[79]. Die Unterscheidung wird heute mit der Erwägung gerechtfer-

---

[74] Vgl. *Connelly,* Rapport, D. 1873. 1. 136.

[75] *Boileux,* Commentaire IV, 729; *Duranton,* Cours XIII, 591; im neueren Schrifttum *Beudant,* Cours IX, 412; *Planiol-Ripert,* Traité VII, 1046.

[76] *Civ.* 30. Juni 1857, D. 1857. 1. 308; *Req.* 30. März 1874, D. 1876. 5. 50; *Req.* 24. Juli 1929, S. 1930. 1. 207.

[77] Zum „interrogatoire" vgl. oben § 2 II D 3. Durch die Abschaffung der förmlichen Parteibefragung ist das behandelte Problem nicht gegenstandslos geworden, da die Frage auch sonst im Verlaufe eines Prozesses aktuell werden kann, *Beudant,* Cours IX, 412, Anm. 1.

[78] *Req.* 6. April 1836, S. 1836. 1. 747.

[79] *Req.* 19. Juni 1839, S. 1839. 1. 462; vgl. auch *Rau,* Rapport, D. 1872. 1. 120. und *Req.* 30. April 1807, S. 1807. 2. 799; *Caen* 25. April 1842, S. 1842. 2. 374; *Paris,* 4. Juni 1829, *Dalloz,* Obligations Nr. 5141.
Diese Ansicht ist auch im Schrifttum die herrschende, vgl. *Boileux,* Commentaire IV, 730; *Laurent,* Principes XX, 226; *Aubry-Rau-Bartin,* Cours XII, 127; *Aubry-Rau-Esmein,* Droit civil XII, 103—104; *Planiol-Ripert,* Traité VII, 1046.

tigt, daß der Zusammenhang der Antworten in ihrer Gesamtheit nicht von der antwortenden Partei, sondern vielmehr von dem sie befragenden Richter bestimmt wird[80].

Das Abgrenzungsmerkmal der Rechtsprechung ist formal und unsicher. Verlangt man für die Unteilbarkeit mehrerer Erklärungen einen inneren Zusammenhang, so erscheint es richtiger, nicht rein äußerlich auf die Antworten, sondern auf die ihnen jeweils zugrunde liegenden *Tatsachen* abzustellen. Bezieht sich z. B. das „interrogatoire“ insgesamt auf eine einzige Tatsache, so ist damit ein Zusammenhang gegeben, der auch die Gesamtheit *aller* Aussagen als unteilbar erscheinen läßt[81]. Darüber hinaus läßt sich kein allgemeines Kriterium dafür angeben, wie eine einheitliche, aber aus mehreren Teilen zusammengesetzte Erklärung von einer Mehrheit von selbständigen Erklärungen abzugrenzen ist[82]. Die Unteilbarkeit wird damit letztlich zu einer Frage der Interpretation[83]. Das wirkliche Entscheidungskriterium scheint denn auch ein anderes zu sein. *Bonnier* deutet es an, wenn er darauf hinweist, daß bei einer anderen Auslegung das Ziel des „interrogatoire“ völlig verfehlt werde[84]. Die Rechtsprechung neigt dazu, immer da eine Mehrheit von Erklärungen anzunehmen, wo die Partei sich bei ihrer Aussage in Widersprüche verwickelt[85]. Diese Widersprüche begründen meist gleichzeitig den Anfang eines gegen die Partei geführten schriftlichen Beweises[86] (commencement de preuve par écrit). Ob ein solcher Anfangsbeweis vorliegt, entscheidet aber der Richter souverän unter dem Gesichtspunkt der *Wahrscheinlichkeit*, die sich am *Verhalten* der Partei orientiert[87]. Das läßt den Schluß zu, daß vorzugsweise da eine Mehrheit von Erklärungen und damit Teilbarkeit des Geständnisses angenommen wird, wo der Rich-

---

[80] *Aubry-Rau-Esmein*, a. a. O. 106, Anm. 64.

[81] *Laurent*, Principes XX, 226; auch *Duranton*, Cours XIII, 591—595; *Huc*, Commentaire VIII, 460.

[82] *Perrot*, Preuve Nr. 1075; Aveu B, Nr. 59.

[83] *Aubry-Rau-Esmein*, Droit civil XII, 106. Nach *Planiol-Ripert*, Traité VII, 1046, neigt die Rechtsprechung dazu, in Zweifelsfällen eine Mehrheit von Geständnissen anzunehmen und so die Unteilbarkeit auszuschalten; so auch *Beudant*, Cours IX, 412; *Perrot*, a. a. O.

[84] *Bonnier*, Traité 263.

[85] So auch *Perrot*, Preuve Nr. 1075.

[86] Vgl. *Req*. 6. April 1836, S. 1836. 1. 747; *Req*. 19. Juni 1839, S. 1839. 1. 462; *Angers*, 13. März 1865; S. 1865. 2. 293; auch *Req*. 2. Jan. 1872, S. 1872. 1. 129.

[87] Siehe oben § 2 III B 3.

ter das Vorbringen einer Partei im konkreten Fall für unwahrscheinlich hält[88].

2. *Konnexität der Zusätze*

Art. 1356 Abs. 3 C. c. geht davon aus, daß das unteilbare Geständnis aus Einzelerklärungen zusammengesetzt ist[89]. Für ein Geständnis, das einzig und allein in der Einräumung einer vom Gegner behaupteten Tatsache besteht, brauchte keine Unteilbarkeit angeordnet zu werden[90]. Ein schlichtes „Ja" ist von Natur aus unteilbar. Anders ein „Ja, aber . . .". Seine Unteilbarkeit versteht sich nicht von selbst. Erst hier stellt sich daher die Frage, ob und inwieweit Zugeständnis und Zusatz voneinander getrennt werden können. Die französische Lehre drückt dies meist unklar dahin aus, daß im Falle eines *„aveu pur* et *simple"* die Anwendung der Unteilbarkeitsregel keine Schwierigkeiten biete[91]. Die Frage der Unteilbarkeit stelle sich dagegen bei einem *„aveu qualifié"* und einem *„aveu complexe"*[92].

a) Aveu qualifié

Setzt Art. 1356 Abs. 3 C. c. ein durch Zusätze modifiziertes, „qualifiziertes" Geständnis voraus, so lag es nahe, der Bestimmung den gemeinrechtlichen Begriff der „confessio qualificata" zugrunde zu legen. So entstand der Begriff des „aveu qualifié". Ein solches Geständnis ist stets unteilbar[93]. Es liegt vor, wenn eine behauptete Tatsache

---

[88] Vgl. *Bonnier,* Traité 263: „ . . . puisqu'il ne me serait pas permis de me prévaloir des déclarations vraies de mon adversaire sur certains points, sans me trouver obligé d'accepter sur d'autres points ses déclarations mensongères." Ähnlich *Mazeaud-Mazeaud,* Leçons I, 453.

[89] Siehe oben § 1 I. Im französischen Schrifttum kommt das nicht klar zum Ausdruck. „Aveu" bezeichnet sowohl die Gesamterklärung als auch die „contra se declaratio" allein. Zum Teil wird das Wort sogar für die isolierte „pro se declaratio" gebraucht; nur so ist das Wort von der „pluralité d'aveux" zu erklären, vgl. oben 1.

[90] *Furno,* Contributo 95; *Carnelutti,* Abrogazione, Riv. dir. proc. civ. 1935 II, 97.

[91] *Sicard,* Preuve 195; *Aubry-Rau-Esmein,* Droit civil XII, 101; *Aubry-Rau-Bartin,* Cours XII, 122; *Demolombe,* Cours XXX, 450; richtig dagegen *Marty-Raynaud,* Droit civil I, 386; *Weill,* Droit civil I, 277; und vor allem *Huc,* Commentaire VIII, 453: „ . . . la question de divisibilité ou d'indivisibilité ne peut pas même se poser."

[92] *Planiol-Ripert,* Traité VII, 1044.

[93] *Perrot,* Preuve Nr. 1077, Aveu B, Nr. 54; *Aubry-Rau-Bartin,* Cours XII, 122; *Aubry-Rau-Esmein,* Droit civil XII, 101; *Planiol-Ripert,* Traité VII, 1045; *Marty-Raynaud,* Droit civil I, 387; *Julliot de la Morandière,* Droit civil I, 157; *Colin-Capitant,* Traité I, 313; *Glasson-Tissier,* Traité II, 824.

zwar zugestanden wird, aber nur mit Einschränkungen und Zusätzen, die diese Tatsache in ihrem Wesen, ihrer Rechtsnatur oder ihren Rechtsfolgen verändern[94]. Der Beklagte gibt eine Tatsache zu, die der Kläger zur Stützung seiner Klage behauptet, stellt sie aber so dar, daß die Klage trotz des Zugeständnisses nicht begründet erscheint[95]. Die Fakten der Zusatzbehauptung betreffen die *Entstehung* des streitigen Rechts[96]. Sie sind dem Zeitraum seiner Entstehung zuzuordnen[97]. Ein „aveu qualifié" liegt beispielsweise vor, wenn jemand zugibt, die eingeklagte Summe erhalten zu haben, aber nicht als Darlehen, sondern als Geschenk[98], wenn er einräumt, die Summe zu schulden, aber ohne Zinsen[99]; wenn er einwendet, seine Verpflichtung sei eine bedingte[100].

Die Rechtsprechung kommt in verwandten Fällen zu gleichen Ergebnissen. Dabei sind besonders in älteren Urteilen Formulierungen zu finden, die deutlich zeigen, welchen Einfluß die gemeinrechtliche Konnexitätsdoktrin schon früh auf die Interpretation des Art. 1356 Abs. 3 C. c. gewonnen hatte[101]. Nach der Rechtsprechung ist insbesondere unteilbar das Geständnis, man habe eine Summe nicht als Darlehen erhalten, bzw. eine Sache nicht gekauft, sondern als Ge-

---

[94] *Aubry-Rau-Esmein,* a. a. O. 100; *Marty-Raynaud,* a. a. O. 387; *Julliot de la Morandière,* a. a. O. 157; *Colin-Capitant,* a. a. O. 313; *Sicard,* a. a. O. 195; *Beudant,* Cours IX, 410.

[95] *Aubry-Rau-Esmein,* a. a. O. 102, Anm. 44.

[96] *Beudant,* a. a. O., 410; *Perrot,* Preuve Nr. 1076.

[97] *Planiol-Ripert,* Traité VII, 1044; *Sicard,* Preuve 195; *Aubry-Rau-Bartin,* Cours XII, 121, Anm. 25 ter.

[98] *Aubry-Rau-Esmein,* Droit civil XII, 101; *Colin-Capitant,* Traité I, 313.

[99] *Ripert-Boulanger,* Traité I, 342; *Julliot de la Morandière,* Droit civil I, 157; *Sicard,* a. a. O. 195.

[100] *Planiol-Ripert,* Traité VII, 1044; *Beudant,* Cours IX, 410.

[101] *Civ.* 6. Febr. 1838, S. 1838. 1. 108 (110): „Attendu que le principe de l'indivisibilité de l'aveu ne reçoit application qu'au cas ou l'aveu porte sur un même fait passé dans une circonstance unique . . .".
Civ. 14. April 1852, S. 1852. 1. 453 (454): „Attendu que les termes généraux et absolus de l'article 1356, „L'aveu judiciaire ne peut être divisé contre celui, qui l'a fait," ne permettent aucune espèce de division entre les différentes parties d'un aveu, lorsque, comme dans l'espèce, elles forment un tout continu, unique et complet . . .".
Letzteres erscheint wie eine Übersetzung der Wendung bei *Voet,* Comm. ad D 42, 2, Nr. 5: „ . . . unius quasi actus continui". Vgl. auch *Req.* 5. Juni 1946 in *Bruzin-Nectoux,* Jurisprudence Française, Preuve Nr. 186. Das Erfordernis der *Gleichzeitigkeit* der Geständnisfakten betont *Civ.* 3. Dez. 1817, S. 1818. 1. 175.

schenk bekommen[102]. Ein Käufer, der den Kaufabschluß zugesteht, muß auch mit der Erklärung gehört werden, es sei ein Kauf auf Probe gewesen[103]; man habe einen anderen als den verlangten Kaufpreis vereinbart[104]; man sei übereingekommen, daß der Verkäufer bis zur Lieferung die Gefahr trage[105]. Unteilbar ist auch die Aussage eines Notars, anläßlich einer Verhandlung Geld bekommen zu haben, jedoch als Unkostenvorschuß[106]; desgleichen die Erklärung eines Darlehensgebers, Geld als Zinsen erhalten[107], und die eines Mieters, dem Hauswirt seine Wohnung nur bis zum Ende der Streitigkeiten zur Verfügung gestellt zu haben[108]. Sind Einnahmen und Ausgaben des beklagten Beauftragten nur durch dessen eigene Rechnungsführung bekannt, so sind diese Aufstellungen insgesamt als richtig hinzunehmen[109].

Mit dem „aveu qualifié" wird die Unteilbarkeit von Voraussetzungen abhängig gemacht, die das gemeine Recht unter dem Begriff des „acte continu" zusammenfaßte[110]. Dem Code civil sind solche Beschränkungen völlig fremd[111]. Die gemeinrechtliche Konnexitätsdoktrin hat sich jedoch gegenüber den Intentionen des Gesetzgebers durchgesetzt[112]. Das zeigt insbesondere die Behauptung, der Gesetzgeber habe bei der Abfassung des Art. 1356 Abs. 3 C. c. gerade den Begriff des „aveu qualifié" vor Augen gehabt[113]. Besonders in den Fällen des „aveu qualifié" soll sich die Unteilbarkeit aus der Natur der Sache ergeben[114].

---

[102] *Civ.* 23. Jan. 1922, S. 1922. 1. 229, D. 1925. 1. 72; *Civ.* 24. April 1907, S. 1907. 1. 436; *Req.* 10. Nov. 1879, S. 1881. 1. 146; *Paris,* 23. Nov. 1861, D. 1862, 2. 206; *Agen,* 11. Febr. 1896, D. 1897. 2. 513; vgl. auch *Caen,* 28. Nov. 1861, D. 1862. 2. 103—104; *Orléans,* 6. März 1895, D. 1896. 2. 213.

[103] *Civ.* 26. Nov. 1849, D. 1850. 1. 28.

[104] *Civ.* 13. Dez. 1948, D. 1949. 72.

[105] *Req.* 8. Jan. 1906, S. 1906. 1. 176, D. 1906. 1. 262.

[106] *Req.* 29. Mai 1861, S. 1861. 1. 606, D. 1861. 1. 389.

[107] *Req.* 10. Dez. 1902, D. 1903. 1. 202.

[108] *Soc.* 30. Juli 1948, Bull. Cass. 1948, 841.

[109] *Req.* 8. Juni 1842, S. 1842. 1. 844.

[110] Siehe oben § 1 II A.

[111] *Connelly,* Rapport, D. 1873. 1. 136.

[112] Vgl. *Connelly,* a. a. O. 136. Für die Gesetzesverfasser war die Unteilbarkeit offenbar unabhängig vom Vorliegen eines „acte continu", oben § 1 II B.

[113] *Perrot,* Preuve Nr. 1077; Aveu B, Nr. 54; *Baudry-Lacantinerie-Barde,* Obligations IV, 386—387.

[114] *Aubry-Rau-Bartin,* Cours XII, 123, Anm. 26; *Planiol-Ripert,* Traité VII, 1045.

Paradoxerweise wird damit die Unteilbarkeit ausgerechnet da als natürlich empfunden, wo sie für das Ergebnis keine Rolle spielt. Die Unteilbarkeit hat nur da praktische Bedeutung, wo die zugestandene Tatsache eine solche ist, die normalerweise, d. h. gemäß Art. 1315 C. c.[115], zur Beweislast des Gestehenden steht. Ist das betreffende Rechtsfaktum ohnehin von seinem Gegner zu beweisen, so bewirkt die Unteilbarkeit keine Verschiebung der Beweislast[116]. Das aber ist bei einem „aveu qualifié" immer der Fall. Wenn das Geständnis des Beklagten nur eine vom Kläger behauptete Tatsache in ihrem Wesen oder ihrer Rechtsnatur anders qualifiziert, wenn die Zusätze die Entstehung des Rechts betreffen, trägt der Gegner des Gestehenden nach Art. 1315 Abs. 1 C. c. ohnehin die Beweislast für die Zusätze. Sie gehören zu seinem Klagegrund. Ein „aveu qualifié" ist daher gar kein Geständnis, sondern Klageleugnen[117]. Die Verteilung der Beweislast ist dabei mit und ohne Unteilbarkeit dieselbe.

Ein Unterschied kann sich nur insofern ergeben, als eine Anwendung der Beweislastvorschriften nicht ohne weiteres zu der Unteilbarkeitsfolge des alles oder nichts führt. Im Schenkungsbeispiel (Fall a der Einleitung) wäre bei bloßer Anwendung der Beweislastregeln der Empfang des Geldes als zugestanden anzusehen[118]. Da das dem Kläger aber nichts nützt, solange er nicht den Beweis der Darlehensvereinbarung führt[119], wirkt sich der Unterschied in der Praxis kaum aus.

Insoweit ist es deshalb berechtigt, wenn das französische Schrifttum annimmt, der Unteilbarkeitssatz solle die Verletzung der in Art. 1315 C. c. enthaltenen Beweislastgrundsätze verhindern[120]. Man fragt sich nur, warum es dazu eigens des Unteilbarkeitsgrundsatzes bedarf[121]. Er ist hier bloß „une manière obscure et pédantesque d'expliquer certaines conséquences des principes ordinaires sur la preuve"[122]. Das Geständnis ist nicht deshalb unteilbar, weil es ein „aveu qualifié" ist, sondern man nennt „aveu qualifié" was (nach

---

[115] Text oben I.

[116] Vgl. *Fragistas,* Grundzüge 59; Preuve 371; *Micheli,* Onere della prova 411, Anm. 90.

[117] Vgl. *Huc,* Commentaire VIII, 453: „En réalité il n'y a pas eu aveu." Siehe auch *de Page,* Traité III, 1092, 1096—1097 und *Zachariae-Crome,* Handbuch I, 434.

[118] Vgl. dazu unten § 7 II B; § 9 I B 1.

[119] Vgl. *Siegrist,* Grundfragen 295.

[120] Vgl. oben II B.

[121] *Baudry-Lacantinerie-Barde,* Obligations IV, 386—387 weisen ausdrücklich darauf hin, daß schon die allgemeinen Beweislastregeln zum gleichen Resultat führen.

[122] *Huc,* Commentaire VIII, 456. Vgl. auch *Lipari,* Indivisibilità, Riv. dir. proc. civ. 1925 I, 135, Anm. 1; *Micheli,* Onere della prova 411—412.

Beweislastgrundsätzen) unteilbar ist. Die Unteilbarkeit des „aveu qualifié" ist eine petitio principii[123].

b) Aveu complexe

Das Geständnis ist ein „aveu complexe", wenn der Gestehende nicht die eingeräumte Tatsache modifiziert, sondern statt dessen eine weitere, davon verschiedene Tatsache anführt[124]. Diese Tatsache liegt zeitlich später als die Entstehung der Schuld[125]. Sie ist geeignet, die Grundlage einer Einrede zugunsten des Gestehenden zu bilden[126]. Ein „aveu complexe" ist zum Beispiel gegeben, wenn der Beklagte erklärt, die eingeklagte Summe zwar geschuldet, aber inzwischen bezahlt oder die Schuld anderweitig getilgt zu haben[127].

Das komplexe Geständnis ist dem Begriff und der Sache nach eine Neuerung des französischen Rechts. Wohl aus diesem Grunde ist man sich über das Maß seiner Unteilbarkeit weithin im Unklaren. Das gemeine Recht hatte solche Geständnisse wegen mangelnder Konnexität der Geständnisfakten als teilbar angesehen[128]. Die gemeinrechtliche Konnexitätsdoktrin war von der französischen Rechtsprechung und Lehre im Grundsatz übernommen worden[129]. Dabei konnte man allerdings nicht an der Tatsache vorübergehen, daß *Pothier* und ihm folgend die Gesetzesverfasser die Unteilbarkeit gerade mit einem Beispiel erläutert hatten, in dem die Konnexität nach gemeinem Recht eher abzulehnen war (Behauptung der Schuldzahlung)[130]. Auch erklärt der Code civil in Art. 1924 ausdrücklich das nicht konnexe Geständnis eines Verwahrers für unteilbar, den verwahrten Gegenstand zwar erhalten, aber zurückgegeben zu haben[131].

---

[123] Vgl. *de Page*, Traité III, 1092, bes. Anm. 1.

[124] *Colin-Capitant*, Traité I, 313; *Marty-Raynaud*, Droit civil I, 387; *Julliot de la Morandière*, Droit civil I, 157; *Beudant*, Cours IX, 410; *Ripert-Boulanger*, Traité I, 342; *Perrot*, Preuve Nr. 1079.

Zur Abgrenzung gegenüber dem „aveu qualifié" vgl. bes. die Anmerkung zu Trib. civ. *Thonon-les-Bains*, 26. Febr. 1932, J. C. P. 1932. 515.

[125] *Planiol-Ripert*, Traité VII, 1045; *Beudant*, a. a. O. 410; anders (auch Gleichzeitigkeit möglich), *Sicard*, Preuve 196.

[126] *Aubry-Rau-Esmein*, Droit civil XII, 101; *Perrot*, Preuve a. a. O.

[127] *Marty- Raynaud*, Droit civil I, 387; *Julliot de la Morandière*, Droit civil I, 157; *Colin-Capitant*, Traité I, 313; *Ripert-Boulanger*, Traité I, 342; *Planiol-Ripert*, Traité VII, 1045; *Perrot*, Preuve, a. a. O.; *Beudant*, Cours IX, 410; *Weill*, Droit civil I, 277.

[128] Siehe oben § 1 II und *Fuzier-Herman*, Aveu Nr. 227; *Demolombe*, Cours XXX, 454 ff.

[129] *Connelly*, Rapport D. 1873. 1. 136.

[130] Siehe oben § 1 II B und *Connelly*, a. a. O.

[131] Text der Vorschrift oben II.

Der Versuch der Lehre, derart widerspruchsvolle Voraussetzungen auf einen Nenner zu bringen, mußte zwangsläufig auch zu widerspruchsvollen Ergebnissen führen. Nach einer heute allgemein anerkannten[132] Formel ist ein „aveu complexe" unteilbar, wenn die zusätzlich behauptete Tatsache mit der zugestandenen Tatsache derart verbunden erscheint, daß sie sich als deren normale, gewöhnliche oder auch zufällige Folge darstellt[133]. Anders, wenn die beiden Fakten in jeder Hinsicht voneinander geschieden sind[134]. Hier steht es dem Richter frei, das Geständnis zu teilen. Er muß das jedoch nicht in jedem Falle tun. Ein nicht konnexes „aveu complexe" ist zwar nicht *kraft Gesetzes* unteilbar. Das *Gericht* kann jedoch im Einzelfall auch ein solches Geständnis als unteilbar behandeln. Es hängt alles von seiner *freien Würdigung* ab[135].

Aufgrund der genannten Kriterien hält man allgemein das Geständnis für unteilbar, wenn der Schuldner seine Verpflichtung eingesteht, aber deren Erfüllung durch *Zahlung* behauptet. Teilbar soll es dagegen sein, wenn der Schuldner vorträgt, durch *Aufrechnung* erfüllt zu haben[136]. Streitig sind die Fälle, in denen ein Erlöschen des Schuldverhältnisses durch *Erlaß, Vertragsaufhebung* oder *Schuldersetzung* geltend gemacht wird[137]. Hier ist die Ansicht im Vordringen, daß auch insoweit die Unteilbarkeit abzulehnen ist[138]. Der obigen Konnexitätsformel verbleibt damit nur noch die Aufgabe, den Fall der Zahlungsbehauptung zu decken, wie ihn schon *Pothier* und die Gesetzesverfasser angeführt hatten[139].

Diese Lehre kann sich auf die ähnlichen Ergebnisse der Rechtsprechung berufen. Die Judikatur verlangt für die Unteilbarkeit eine enge

---

132 *Perrot,* Preuve Nr. 1081.

133 „ . . . comme une suite ordinaire ou même simplement accidentelle . . .", vgl. *Aubry-Rau-Bartin,* Cours XII, 123; *Aubry-Rau-Esmein,* Droit civil XII, 103; *Ripert-Boulanger,* Traité I, 342; *Baudry-Lacantinerie-Barde,* Obligations IV, 388.

134 „ . . . un fait à tous égards distinct du fait principal, dont il ne suppose pas nécessairement l'existence . . ." vgl. *Aubry-Rau-Bartin,* a. a. O. 126; *Aubry-Rau-Esmein,* a. a. O.; *Planiol-Ripert,* Traité VII, 1045—1046.

135 *Perrot,* Aveu B, Nr. 61.

136 *Aubry-Rau-Bartin, Aubry-Rau-Esmein,* a. a. O.; *Perrot,* Preuve Nr. 1082, 1086; Aveu B, Nr. 63—68; *Planiol-Ripert,* Traité VII, 1045—1046; *Ripert-Boulanger,* Traité I, 342; *Marty-Raynaud,* Droit civil I, 387; *Beudant,* Cours IX, 411.

137 Vgl. die Anmerkung zu Trib. civ. *Thonon-les-Bains,* 26. Febr. 1932, J. C. P. 1932, 516; und *Huc,* Commentaire VIII, 459; *Beudant,* a. a. O. 411.

138 *Aubry-Rau-Bartin,* a. a. O. 121, Anm. 25 bis; 124, Anm. 26 bis; *Planiol-Ripert,* a. a. O. 1046; *Perrot,* Aveu B, Nr. 69.

139 Vgl. oben § 1 I, II B.

und notwendige Verbindung zwischen Zugeständnis und Zusatzbehauptung[140]. Danach ist ein Geständnis immer dann unteilbar, wenn der Schuldner Zahlung, Teilzahlung oder Rückgabe der geschuldeten Sache geltend macht[141]. In anderen Fällen des „aveu complexe" neigt die Rechtsprechung dazu, die Unteilbarkeit wegen mangelnder Konnexität abzulehnen[142].

Ob Lehre und Rechtsprechung ihre Ergebnisse wirklich mit Hilfe der angegebenen Kriterien erzielen, erscheint zweifelhaft. Der Begriff der Tatsache, die entweder Folge einer anderen Tatsache ist oder aber völlig von ihr geschieden werden muß, ist allzu ungenau[143]. Weshalb im Falle der Zahlung die Unteilbarkeit zu bejahen sein soll, im Falle der Aufrechnung dagegen nicht, läßt sich damit nicht einleuchtend begründen[144]. Der Gedanke der Konnexität mag nicht ganz vernachlässigt sein[145], er bildet jedoch kaum die Entscheidungsgrundlage. Dazu wäre er vielleicht nicht einmal geeignet[146]. Wenn Zahlung und anderweitige Erfüllung sich in etwas unterscheiden, dann durch die abstrakte statistische Wahrscheinlichkeit, daß mehr

[140] „ . . . une liaison intime et nécessaire entre le fait retenu contre celui qui a passé l'aveu et le fait allégué par lui dans son intérêt", vgl. *Connelly*, Rapport bei *Req.* 18. Febr. 1873, D. 1873. 1. 136.

[141] *Civ.* 25. April 1853, S. 1853. 1. 368; *Civ.* 24. Juni 1863, S. 1863. 1. 341; *Civ.* 21. Okt. 1890, S. 1890. 1. 504; *Req.* 1. Aug. 1899, S. 1902. 1. 21, D. 1899. 1. 534; *Civ.* 15. Jan. 1929, S. 1929. 1. 184, Gaz. Pal. 1929. 1. 506; *Civ.* 31. Mai 1932, D. H. 1932. 378; Trib. civ. *Seine*, 30. Juni 1932, Gaz. Pal. 1932. 2. 536; *Civ.* 30. April 1969, D. 1969, Somm. 114.

[142] *Für* weitergehende Unteilbarkeit: *Crim.* 28. Juni 1854, S. 1854. 1. 655; *Douai*, 6. Aug. 1856, D. 1857. 2. 202; *Req.* 11. Juni 1928, D. C. 1929. 1. 22; *dagegen: Req.* 6. Febr. 1838, S. 1838. 1. 108; *Req.* 8. Mai 1855, S. 1856. 1. 62; *Civ.* 30. Juni 1857, S. 1857. 1. 702; *Civ.* 14. April 1897, S. 1900. 1. 454; *Req.* 13. April 1899, S. 1902. 1. 185; *Req.* 14. Nov. 1899, S. 1900. 1. 455, D. 1900. 1. 146; *Req.* 28. Jan. 1925, D. H. 1925. 140. Die beiden letzten Entscheidungen betrafen Fälle, in denen der Schuldner behauptete, zunächst eine Anzahlung geleistet und später die Restforderung in aufeinanderfolgenden Raten beglichen zu haben. Die Teilung dieses Geständnisses wird damit gerechtfertigt, daß sich das Zugeständnis nicht auf das Bestehen der Schuld, sondern die Anzahlung beziehe, und die vorgetragene Zahlung der Raten die Zusatzbehauptung darstelle, vgl. *Perrot*, Aveu B, Nr. 66.

[143] *Radouant*, Observations, J. C. P. 1941 II, 1659; *Aubry-Rau-Esmein*, Droit civil XII, 103; *Umar*, Divisibilité, Schweiz JZ 1966, 149.

[144] Vgl. *de Page*, Note, Rev. crit. jur. b. 1950, 17; Traité III, 1095—1096.

[145] Zweifelnd *Aubry-Rau-Esmein*, a. a. O.: „ . . . c'est dans le sentiment d'une connexité entre les deux faits ou l'absence de connexité qu'on peut trouver une raison de décider", vgl. auch Anm. 53 ebda.

[146] Siehe unten § 6 I A 3 b bb und § 9 III C 3 b aa.

Schulden durch Zahlung getilgt werden, als beispielsweise durch Aufrechnung oder Erlaß. Aus diesem Grunde wird die Differenzierung innerhalb des „aveu complexe" offenbar als gerecht angesehen[147].

3. *Interpretation des Geständnisses*

Nicht nur Interpretation des Gesetzes, sondern auch Auslegung des konkreten Geständnisses bestimmt den Geltungsbereich der Unteilbarkeitsregel. Die Rechtsprechung nimmt für sich in Anspruch, das Geständnis wie jede andere Willenserklärung auslegen zu können. Diese Befugnis zur Auslegung wird durch den Unteilbarkeitssatz nicht berührt. Der Richter kann daher den dem Zugeständnis beigefügten Tatsachenbehauptungen eine andere rechtliche Bedeutung beimessen als der Gestehende selbst[148]. Unter dem Vorwand der Auslegung wird dabei leicht eine Teilung des Geständnisses bewirkt[149]. In einem Fall, in dem jemand gestanden hatte, eine Geldsumme als Ausgleich für ihm entstandene Unkosten erhalten zu haben, hat die Rechtsprechung den Erhalt des Geldes als feststehend betrachtet und entschieden, daß die Zahlung als Vorschuß für *künftige* Aufwendungen gedacht gewesen sei[150]. Damit wird das Geständnis nicht ausgelegt, sondern verfälscht[151] und die Anwendung der Unteilbarkeitsregel letztlich in das Ermessen des Richters gestellt.

4. *Zusammenfassung*

Mit Hilfe der gemeinrechtlichen Konnexitätskriterien haben Rechtsprechung und Lehre den Anwendungsbereich der Unteilbarkeitsregel grundsätzlich eng begrenzt. Die ausnahmslose Unteilbarkeit des „aveu qualifié" hat keine praktische Bedeutung, und die Unteilbarkeit des „aveu complexe" ist auf den bei *Pothier* und in den Gesetzesmate-

---

[147] Was die Behauptung der Aufrechnung angeht, so weist *Bonnier*, Traité 262 darauf hin, daß der Schuldner sich zum Gläubiger machen könne, wenn hier Unteilbarkeit anzunehmen wäre. Er brauchte nur eine seine Schuld übersteigende Gegenforderung geltend zu machen. Damit argumentiert er jedoch vom Ergebnis her, ohne sich auf den Gedanken der Konnexität zu stützen.
Huc, Commentaire VIII, 459—460 weist nach, daß zwischen Aufrechnung und sonstiger Erfüllung nach dem Code civil (anders als nach römischem Recht) ein materiell-rechtlicher Wirkungsunterschied nicht besteht.

[148] *Req.* 11. Aug. 1851, S. 1851. 1. 742; *Civ.* 26. Aug. 1863, S. 1863. 1. 502; *Civ.* 3. Juli 1889, S. 1892. 1. 379, D. 1890. 1. 249; *Req.* 29. Febr. 1904, D. 1904. 1. 263; *Req.* 17. Mai 1909, S. 1909. 1. 488, D. 1909. 1. 376; *Civ.* 1. Febr. 1955, D. 1955. Somm. 76.

[149] *Laurent*, Principes XX, 243.

[150] *Req.* 29. Febr. 1904, D. 1904. 1. 263.

[151] *Mazeaud-Mazeaud*, Leçons I, 454.

rialien überlieferten Fall beschränkt. Lehnt man auch hier die Unteilbarkeit noch ab, wie das deutsche Bearbeiter des französischen Rechts getan haben[152], so spielt Art. 1356 Abs. 3 C. c. keine Rolle mehr.

Diese angesichts des umfassenden Gesetzeswortlauts mehr als restriktive Auslegung hat in Frankreich nur wenig Kritik gefunden. Schärfster Gegner der herrschenden Meinung ist *Laurent*[153]. Er hält die gemachten Unterscheidungen für willkürlich und überflüssig. Nach der Regelung des Code civil sei jedes Geständnis unteilbar, soweit es sich nicht um ein „aveu pur et simple" handle. Der Richter habe nicht die Macht, Ausnahmen zu schaffen, die das Gesetz nicht vorsehe. Das führe zu einer prinzipienlosen Rechtsprechung und damit zur Rechtsunsicherheit.

Huc richtete seine Kritik nicht so sehr gegen die Differenzierung bei der Anwendung des Unteilbarkeitssatzes, als vielmehr gegen das Unteilbarkeitsprinzip überhaupt[154]. Die Rechtsfolgen, die die herrschende Meinung dem Unteilbarkeitssatz beilege, würden sich in gleicher Weise auch bei Anwendung der allgemeinen Auslegungs- und Beweislastregeln ergeben. Das sogenannte qualifizierte oder komplexe Geständnis sei kein Geständnis, sondern eine Form des Leugnens.

Was das Konnexitätserfordernis angeht, so vertreten auch *Mazeaud-Mazeaud* die Ansicht, daß die Rechtsprechung damit das Ziel verfolge, die Unteilbarkeitsregel willkürlich einzuschränken[155].

B. Die Ausnahmen von der Unteilbarkeitsregel

Auch ein nach den soeben entwickelten Grundsätzen unteilbares Geständnis kann im Einzelfall teilbar sein. Um eine mißbräuchliche Berufung auf Art. 1356 Abs. 3 C. c. auszuschließen[156] erklärt die Rechtsprechung die Unteilbarkeitsregel in all den Fällen für unanwendbar, in denen der Wahrheitswert der Zusatzbehauptung zweifelhaft oder gegenüber dem des Zugeständnisses herabgemindert erscheint. Bei solcher Lage soll die von Art. 1356 Abs. 3 C. c. vorausgesetzte gleiche Glaubwürdigkeit von „contra se declaratio" und „pro se declaratio" nicht gegeben sein[157]. Die so geschaffenen Ausnahme-

---

[152] *Zachariae-Crome,* Handbuch I, 441, Anm. 15: „Allein das prinziplose Hinausgehen über das qualifizierte Geständnis" erzeuge „eine schwankende Jurisprudenz". Vgl. auch a. a. O. 434, Anm. 11.

[153] *Laurent,* Principes XX, 212, 224—225.

[154] *Huc,* Commentaire VIII, 453—462.

[155] *Mazeaud-Mazeaud,* Leçons I, 453—454.

[156] *Perrot,* Preuve Nr. 1096; Aveu B, Nr. 71.

[157] So wohl *Aubry-Rau-Esmein,* Droit civil XII, 104 (wörtlich zitiert oben II B) und *Mazeaud-Mazeaud,* Leçons I, 455.

regelungen werden in Kategorien eingeteilt, die im wesentlichen bereits dem gemeinen Recht bekannt waren[158].

1. Anderweitiger Beweis

a) bezüglich der zugestandenen Tatsachen

Schon *Pothier* hatte die Anwendung der Unteilbarkeitsregel auf den Fall beschränkt, in dem der Gegner des Gestehenden den Beweis für seine Behauptung *allein* aus dem Geständnis ableitet[159]. Auch heute gilt es als selbstverständlich, daß eine Berufung auf die Unteilbarkeitsregel ausgeschlossen ist, wenn die mit der „contra se declaratio" zugestandenen Tatsachen anderweitig erwiesen sind. Der Gegner, der auf das Zugeständnis nicht zurückzugreifen braucht, weil er seine Behauptungen mit anderen Beweisen stützten kann, darf auch die ihm ungünstigen Zusätze zurückweisen[160]. Nach einer neueren Formel der Rechtsprechung ist die Unteilbarkeitsregel nur anwendbar auf Tatsachen, die einer Partei nicht bekannt und in Ermangelung jeden weiteren Beweises nur durch das Geständnis festgestellt sind. Handelt es sich dagegen um eine unbestrittene und als feststehend behandelte Tatsache, so kann eine Partei diese Tatsache nicht zugestehen, um sich sodann darauf zu berufen, daß ihre anschließende Aussage über einen anderen Punkt davon nicht getrennt werden könne[161]. Der Grund für diese Einschränkung liegt auf der Hand. Die gestehende Partei könnte sonst mit Hilfe des Unteilbarkeitssatzes jeden Beweiserfolg des Gegners zunichte machen. Sie brauchte eine bewiesene oder jedenfalls beweisbare Tatsache nur zuzugestehen und diesem Zugeständnis einen Zusatz beizufügen, der die Wirkung des Zugeständnisses völlig aufhebt[162]. Ein Schuldner, der befürchtet, dem Gläubiger könne der Beweis des gegebenen Darlehens gelingen, könnte diese Tatsache zugestehen und wahrheits-

---

[158] Vgl. oben § 1 II A.

[159] Wörtlich zitiert oben § 1 I.

[160] In diesem Falle weist er ja das gesamte Geständnis zurück, s. o. I und § 1 I. Vgl. *Aubry-Rau-Bartin,* Cours XII, 131; *Aubry-Rau-Esmein,* Droit civil XII, 104; *Beudant,* Cours IX, 413; *Baudry-Lacantinerie-Barde,* Obligations IV, 393.

[161] *Civ.* 20. Dez. 1899, D. 1900. 1. 133; *Civ.* 10. Dez. 1901, D. 1902. 1. 407, S. 1902. 1. 404; *Civ.* 29. Dez. 1902, D. 1904. 1. 401; *Req.* 28. März 1922, D. 1922. 1. 179; *Civ.* 15. Juli 1942, D. C. 1943. 104, Anm. *A. C.; Civ.* 13. Dez. 1948, D. 1949. 72; *Paris* 14. Febr. 1950, D. 1950. 244; *Civ.* 6. Dez. 1954, D. 1955. 256; *Civ.* 30. Mai 1956, D. 1956. Somm. 120; *Civ.* 8. Juli 1957, D. 1958. Somm. 23; Trib. civ. *Lille,* 17. Okt. 1957, D. 1958. Somm. 46; *Civ.* 20. Mai 1968, D. 1968. Somm. 110.

[162] Vgl. *Perrot,* Preuve Nr. 1107; *Beudant,* Cours IX, 413.

widrig Rückzahlung behaupten[163]. Dadurch würde der Beweis des Gläubigers entwertet. Um zu obsiegen, wäre er nunmehr gezwungen, den vielleicht unmöglichen Beweis der nicht erfolgten Rückzahlung zu führen[164].

Der anderweitige Beweis kann allerdings nicht dadurch erbracht werden, daß z. B. im Falle der Zahlungsbehauptung (Fall b der Einleitung) der Gegner dem Gestehenden den *Eid* bloß über das *Entstehen* der Schuld *zuschiebt.* Eine solche verkappte Teilung des Geständnisses hat der Kassationshof für unzulässig erklärt[165].

b) bezüglich der Zusätze

Der Gegner darf auf das Zugeständnis dann zurückgreifen, wenn es ihm gelingt, die *Zusätze* durch Beweise zu entkräften[166]. Zweifelhaft ist, welche Beweismittel ihm dafür zur Verfügung stehen, wenn für die *zugestandenen* Tatsachen wegen der Beschaffenheit der Sache der *Urkundenbeweis* vorgeschrieben[167] ist. Nach der früher herrschenden Meinung mußte in einem solchen Falle auch der Beweis gegen die Zusätze mit vollkommenen Beweismitteln[168] geführt werden[169]. Wie gegen eine Urkunde, so sei auch gegen das Geständnis ein Beweis durch Zeugenaussagen oder Indizien nicht zulässig. Demgegenüber wird heute die Ansicht vertreten, daß insoweit das Geständnis der Urkunde nicht gleichstehe[170]. Auch die Rechtsprechung hat sich nach einigem Zögern dafür entschieden, den Beweis durch *alle* Beweismittel zuzulassen[171].

---

[163] Vgl. *Mazeaud-Mazeaud,* Leçons I, 446, 455.

[164] Darüber sogleich unter b.

[165] *Civ.* 11. Febr. 1902, D. 1902. 1. 80.

[166] *Colin-Capitant,* Traité I, 314; *Planiol-Ripert,* Traité VII, 1047; *Marty-Raynaud,* Droit civil I, 387; *Aubry-Rau-Bartin,* Cours XII, 129—130; *Aubry-Rau-Esmein,* Droit civil XII, 104—105. Die Fälle werden oft nicht von den unter a) behandelten unterschieden. Aus der Rechtsprechung: *Req.* 8. Febr. 1864, D. 1864. 1. 486; *Req.* 17. April 1877, S. 1878. 1. 317; *Req.* 5. Dez. 1881, D. 1883. 1. 206; *Crim.* 4. Febr. 1941, Gaz. Pal. 1941. 1. 185; *Civ.* 31. Mai 1958, D. 1958, 585.

[167] Vgl. oben § 2 II B.

[168] Vgl. oben § 2 II B.

[169] *Demolombe,* Cours XXX, 473; *Laurent,* Principes XX, 242; *Aubry-Rau-Bartin,* Cours XII, 130; noch heute *Planiol-Ripert,* Traité VII, 1047.

[170] *Aubry-Rau-Esmein,* Droit civil XII, 105; *Beudant,* Cours IX, 412; *Mimin,* Note, D. 1946, 183.

[171] *Req.* 22. Juni 1926, S. 1926. 1. 253; vgl. dazu die Bemerkungen bei *Aubry-Rau-Esmein,* Droit civil XII, 105, Anm. 59; ferner *Civ.* 10. Juli 1945, D. 1946. 181 (dazu *Mimin,* Note, ebda, 183). Anders wohl *Req.* 10. Jan. 1832, S. 1832. 1. 91 (bezogen bei *Aubry-Rau-Bartin, Planiol-Ripert,* a. a. O.).

Gelingt der Beweis, so kann der Urheber des Geständnisses nicht verlangen, daß die Zusatzbehauptung noch auf seine bloße Erklärung hin für wahr erachtet werde[172]. Die „pro se declaratio" erbringt also „vollen" Beweis gemäß Art. 1356 Abs. 2 C. c. nur mehr bis zum Beweis des Gegenteils, und dieser Beweis kann mit Beweismitteln geführt werden, die ihrerseits vollen Beweis nicht erbringen können. Die Abwertung des Geständnisses als Beweismittel[173] wird hier besonders deutlich.

2. *Entgegenstehende rechtliche Vermutung*

Nach dem Vorbild des gemeinen Rechts[174] wollen besonders die ältere Lehre und Rechtsprechung die Teilung des Geständnisses auch für den Fall zulassen, daß der Zusatzbehauptung eine gesetzliche Vermutung entgegensteht[175]. In Frage kommen hier zum Beispiel die Vermutung der Rechtskraft gemäß Art. 1350 Nr. 3, 1351 C. c.[176] oder die des Eigenbesitzes nach Art. 2230 C. c.[177]. Fraglich ist, ob solche Vermutungen sich ausdrücklich aus dem Gesetz ergeben müssen[178], oder ob sie auch durch die Rechtsprechung entwickelt werden können[179]. Eine der wichtigsten Vermutungen, die aus Art. 1384 Abs. 1 C. c. abgeleitete vermutete Verantwortlichkeit für Schäden durch Sachen (responsabilité du fait des choses inanimées), ist ausschließlich eine Schöpfung der Rechtsprechung[180]. In einer neueren Entscheidung ist die Berufung auf die Unteilbarkeit des Geständnisses auf Grund dieser Vermutung zurückgewiesen worden[181].

---

[172] *Aubry-Rau-Esmein,* a. a. O. 105.

[173] Vgl. oben § 2 III B 1.

[174] Vgl. oben § 1 II A.

[175] Vgl. *Dalloz,* Obligations Nr. 5136 und im heutigen Schrifttum *Perrot,* Preuve Nr. 1099.

[176] *Dalloz,* a. a. O. Diese Einordnung der Rechtskraft unter die Vermutungen ist sachlich allerdings unrichtig, vgl. *Esser,* Grundsatz und Norm 87.

[177] Vgl. *Req.* 15. Nov. 1842, *Dalloz,* a. a. O. Nr. 5107, Anm. 7; *Req.* 24. Dez. 1835, *Dalloz,* a. a. O. Nr. 5137; *Colmar,* 16. Jan. 1846, *Dalloz,* a. a. O. Nr. 5136. Vgl. auch *Zink,* Sachverhaltsvermittlung I, 40.

[178] So *Laurent,* Principes XX, 237.

[179] Zur Entwicklung von Vermutungen in der Rechtsprechung vgl. *Hémard,* Preuve 26; *Foyer,* Evolution 194—195.

[180] Vgl. *Boulanger,* Rôle 65.

[181] Trib. inst. *Saint-Jean d'Angély,* 4. Mai 1966, Gaz. Pal. 1966. 2. 98, auszugsweise zitiert oben § 1 I.

3. *Entgegenstehende tatsächliche Vermutung*

Eine im einzelnen unübersehbare Rechtsprechung schließt die Berufung auf den Unteilbarkeitssatz überall da aus, wo sich die Zusatzbehauptung im konkreten Falle als unwahrscheinlich darstellt. Die vermutete Unrichtigkeit der „pro se declaratio“ kann sich dabei sowohl aus widersprüchlichen Aussagen des Gestehenden wie auch aus den Umständen des Einzelfalles ergeben[182]. So ist ein Geständnis teilbar, mit dem jemand erklärt, er habe seine Schuld dem Gläubiger noch nicht bezahlt, weil er verpflichtet sei, an einen Dritten zu leisten, wenn er zuvor angegeben hat, er habe längst bezahlt, oder später behauptet, es habe sich um einen Scheinkauf, eine verschleierte Schenkung, gehandelt[183]. Trägt eine Partei vor, ihre Schuld sei ihr von einem Bevollmächtigten erlassen worden, so kann das Geständnis geteilt werden, wenn sich herausstellt, daß die bezeichnete Person unter keinen Umständen zum Erlaß von Forderungen befugt sein konnte[184]. Wer angibt, er habe bestimmte Gegenstände in Besitz, weil sie ihm geschenkt worden seien, muß sich die Teilung seines Geständnisses gefallen lassen, wenn sich aus seinen sonstigen Äußerungen die Unmöglichkeit einer solchen Schenkung ergibt[185]. Führt jemand ganz außergewöhnliche, fast unmögliche Umstände an, um den Erhalt einer Geldsumme nicht als Empfang eines Darlehens, sondern als Erfüllung einer eigenen Forderung hinzustellen, so kann das Gericht nach seinem Ermessen bloß die Zahlung des Geldes als erwiesen behandeln[186].

Noch weitergehend hat die Rechtsprechung die Teilung des Geständnisses auch dann zugelassen, wenn von seinen beiden Teilerklärungen die erste genau und deutlich, die zweite aber unbestimmt und unklar war[187]. So ist in einem Falle, in dem jemand zugab, bestimmte Leistungen erhalten zu haben, aber Bezahlung derselben einwandte, sein Geständnis geteilt worden, weil die Höhe der Zahlung nicht den Vereinbarungen entsprach, und nicht gleichzeitig eine Be-

---

[182] *Agen*, 5. Mai 1823, *Bourges*, 23. Aug. 1825, *Dalloz*, Obligations Nr. 5138, 3; *Req.* 1. Dez. 1880, D. 1881. 1. 255; *Req.* 5. Dez. 1881, D. 1883. 1. 206; *Req.* 4. Jan. 1892, D. 1892. 1. 431; *Req.* 3. Nov. 1903, D. 1904. 1. 111; *Poitiers*, 16. Okt. 1934; S. 1935. 2. 71; *Crim.* 3. Juli 1936, D. H. 1936. 495; *Crim.* 4. Febr. 1941, D. A. 1941. 115; *Civ.* 15. März 1950, D. 1950, 379; Trib. paix *Sotteville-les-Rouen*, D. 1952, Somm. 40.

[183] *Req.* 22. Nov. 1869, D. 1870. 1. 273.

[184] *Civ.* 13. Jan. 1875, S. 1875. 1. 244.

[185] *Amiens*, 31. Juli 1895, D. 1896. 2. 419.

[186] Trib. paix *Sotteville-les-Rouen*, 21. Dez. 1951, D. 1952, Somm. 40.

[187] *Angers*, 15. März 1865, D. 1865. 2. 120.

gründung für die implizierte Herabsetzung der Forderung gegeben worden war[188].

Allerdings weist der Kassationshof darauf hin, daß die bloße Unwahrscheinlichkeit der Zusatzbehauptung zur Teilung des Geständnisses nicht ausreiche[189]. Die Unwahrscheinlichkeit müsse vielmehr einen besonders hohen Grad erreichen und einer wirklichen Unmöglichkeit gleichkommen[190]. In der Entscheidung eines anderen Gerichts findet sich der Satz, die Unwahrscheinlichkeiten müßten „graves, précises et concordantes" sein[191]. Gerade diese Wendung aber zeigt, mit welchen Maßstäben hier wirklich gemessen wird. Sie ist dem Art. 1353 C. c. entnommen, der den Beweis durch einfache (tatsächliche) Vermutungen an diese Voraussetzungen knüpft. Um die Unteilbarkeit auszuschalten, genügt also schon eine einfache, völlig der freien Würdigung des Tatrichters überlassene Vermutung[192].

4. Geständnis als Anfangsbeweis

Die wohl wichtigste Ausnahme vom Unteilbarkeitsgrundsatz hängt eng zusammen mit der Evolution des Parteizeugnisses überhaupt. Sie bringt mehr noch als die tatsächliche Vermutung den Durchbruch der Wahrscheinlichkeit durch die formale Unteilbarkeit. Rechtsprechung und Lehre sind sich darin einig, daß eine Berufung auf Art. 1356 Abs. 3 C. c. da ausgeschlossen ist, wo das Geständnis nicht als solches, d. h., als Vollbeweis, sondern als Anfangsbeweis (commencement de preuve par écrit) gewertet wird[193].

Art. 1356 Abs. 3 C. c. erweitert die gesetzliche Beweiskraft des Geständnisses[194]. Daraus hat man gefolgert, daß der Unteilbarkeitssatz nicht anwendbar ist, wenn das Geständnis nicht als gesetzlicher Beweis nach Art. 1356 Abs. 2, sondern lediglich als frei gewürdigter

---

[188] *Bordeaux,* 30. Aug. 1870, D. 1871. 2. 215.

[189] *Civ.* 19. April 1858, D. 1858. 1. 153.

[190] Vgl. *Huc,* Commentaire VIII, 461.

[191] Trib. paix *Sotteville-les-Rouen,* 21. Dez. 1951, D. 1952. Somm. 40.

[192] Vgl. oben § 2 II B und III B 3.

[193] *Crim.* 18. Aug. 1854, D. 1855. 1. 43; *Req.* 2. Jan. 1872, S. 1872. 1. 129, D. 1872. 1. 119; *Montpellier,* 8. Febr. 1876, S. 1876. 2. 295; *Rennes,* 26. Febr. 1879, S. 1880. 2. 214; *Req.* 1. Dez. 1880, S. 1881. 1. 357; *Limoges,* 26. Febr. 1885, S. 1886. 2. 43; *Req.* 21. Febr. 1912, S. 1912. 1. 256; *Amiens,* 25. Febr. 1948, D. 1948, Somm. 30. Im Schrifttum vgl. *Aubry-Rau-Esmein,* Droit civil XII, 105; *Aubry-Rau-Bartin,* Cours XII, 128; *Planiol-Ripert,* Traité VII, 1047; *Perrot,* Preuve Nr. 1108; Aveu B, Nr. 84.

[194] Vgl. oben I.

Beweis benutzt wird[195]. Wie einer Urkunde, so kann auch einem Geständnis im Einzelfall nur ein Anfangsbeweis, ein „demi-aveu"[196], zu entnehmen sein, das nicht „vollen Beweis" erbringt, sondern die Behauptung des Gegners lediglich wahrscheinlich macht[197]. Art. 1347 C. c. aber enthält kein Unteilbarkeitsgebot. Das „demi-aveu" wird nicht nur frei gewürdigt, sondern es kann eben deshalb auch geteilt werden[198].

Gerade solche Geständnisse, auf die Art. 1356 Abs. 3 unanwendbar ist, sollen mit der Parteibefragung herbeigeführt werden[199]. Die Rechtsprechung hat ein Geständnis immer da als Anfangsbeweis qualifiziert, wo es sich um ein „demi-aveu" auf Grund einer Parteibefragung handelte[200]. Der Anfangsbeweis wird von der Wahrscheinlichkeit beherrscht, die sich am Verhalten der Partei orientiert[201]. Der Richter kann im Einzelfall Zugeständnis und Zusatz die gleiche Glaubwürdigkeit beimessen und beide als unteilbare Einheit behandeln[202]. Er kann jedoch ebenso zu der Ansicht kommen, daß nur die „contra se declaratio" wahrscheinlich ist[203]. Zugestandene Tatsachen aber sind fast immer wahrscheinlich[204], auch wenn das Zugeständnis durch Zusätze eingeschränkt ist. Der aus dieser Wahrscheinlichkeit hergeleitete Anfangsbeweis kann leicht zum Vollbeweis ergänzt werden. Ausschlaggebend dafür ist wiederum der Gesichtspunkt der Wahrscheinlichkeit[205]. Der Anfangsbeweis löst so den gesetzlichen Unteilbarkeitssatz völlig in der Wahrscheinlichkeit des Einzelfalles auf[206].

Die Entwicklung der „comparution personelle" zu einem wirklichen Beweismittel hat damit nicht nur einen neuen Geständnisbegriff geschaffen, sondern gerade dadurch auch einen Kunstgriff ermöglicht,

---

[195] Ausführlich *Rau*, Rapport, D. 1872. 1. 120; *Bosch*, Conclusions, Pas. 1888. 1. 10.

[196] Vgl. oben § 2 III B 1.

[197] Vgl. *Perrot*, Preuve Nr. 1108.

[198] *de la Grasserie*, Preuve testimoniale, Rev. crit. 1905, 550.

[199] Vgl. oben § 2 III B 1 und 3.

[200] Vgl. die Nachweise oben S. 52 Anm. 193. In einem Fall, in dem das Geständnis nicht aus dem Ergebnis einer Parteibefragung bestand, hat der Kassationshof sich dagegen (folgerichtig?) geweigert, darin lediglich einen Anfangsbeweis zu sehen, vgl. *Req.* 1. Aug. 1899, S. 1902. 1. 21, s. aber *Req.* 12. Juni 1899, D. 1900. 1. 376.

[201] Vgl. oben § 2 III A, B 1 und 3.

[202] *Civ.* 9. Dez. 1884, D. 1885. 1. 365.

[203] *Perrot*, Preuve Nr. 1110; Aveu B, Nr. 84.

[204] Vgl. die Anm. *R. H.* zu *Cass. b.* 2. Juni 1949, Pas. 1949. 1. 418.

[205] Vgl. oben § 2 III B 3.

[206] *Perrot*, Preuve Nr. 1110; Aveu B, Nr. 85; vgl. auch *Diana*, Confessione qualificata, Foro it. 1903 I, 286—287.

das Unteilbarkeitsgebot als gesetzliche Beweisregel nach Belieben auszuschalten. Mit Recht ist gesagt worden, daß die Frage der Unteilbarkeit von keiner praktischen Bedeutung ist „für diejenigen Prozeßgesetze, welche das Beweismittel des Parteiverhörs kennen und den Richter ermächtigen, die Beweisaussage einer Partei nach freiem Ermessen zu würdigen"[207]. Das wird in Frankreich nur selten erkannt[208], wahrscheinlich deshalb, weil die „comparution personelle" de lege lata immer noch nicht als Beweismittel (Parteivernehmung) gilt. Der *belgische* Kassationshof dagegen hat deutlich gesehen, daß die freie Würdigung des Parteizeugnisses den Unteilbarkeitsgrundsatz de facto außer Kraft setzt. Er hat es daher abgelehnt, ein nach dem Gesetz[209] unteilbares Geständnis als (teilbaren) Anfangsbeweis zu qualifizieren[210], und ist damit von seiner früheren Rechtsprechung abgerückt[211].

5. *Außergerichtliches Geständnis*

Daß freie Würdigung des Parteizeugnisses das Ende der Unteilbarkeit bedeutet, zeigt sich auch am Beispiel des außergerichtlichen Geständnisses.

Wie über seine Beweiskraft, so enthält der Code civil auch über seine Unteilbarkeit nichts. In der älteren Literatur war daher die

---

207 *Guldener,* Beweiswürdigung 60.

208 Siehe aber *Perrot,* Preuve Nr. 1111; Aveu B, Nr. 85.

209 Art. 1356 C. c. hat in Belgien den gleichen Wortlaut wie in Frankreich, vgl. unten § 4 I.

210 *Cass. b.* 2. Juni 1949, Pas. 1949. 1. 418 (mit Anmerkung *R. H.),* Rev. crit. jur. b. 1950, 5 (mit Anmerkung *de Page,* 7—21):
„Attendu que si une partie se prévaut de l'aveu judiciaire fait par son adversaire, elle l'invoque nécessairement avec les caractères et les effets que la loi y attache;
Que dès lors, contrairement à la prétention du pourvoi, il n'appartenait pas au demandeur, pour éluder la règle de l'indivisibilité de l'aveu judiciaire, de reconnaître à celui-ci un caractère ou un effet différents de ceux que lui attribue la loi . . .";
Auch die Anmerkung *R. H.* (Pas. a. a. O.) führt aus, daß die Eigenschaften des gerichtlichen Geständnisses durch das Gesetz und nicht durch die Parteien festgelegt würden. Ausschlaggebend für die Stellungnahme der belgischen Rechtsprechung ist danach offenbar die Tatsache, daß man in Belgien (und Luxemburg) anders als in Frankreich das Beweisrecht als zwingendes Recht ansieht, vgl. oben § 2 III A und *Mazeaud-Mazeaud,* Leçons I, 410. Den gleichen Standpunkt wie die belgische Rechtsprechung vertrat schon früher die italienische Judikatur zu Art. 1360 des Codice civile von 1865 (Text unten § 6); vgl. *Cass. Torino,* 7. Aug. 1902, Foro it. 1903 I, 281 m. Anm. *Diana.*

211 *Cass. b.* 31. Okt. 1887, Pas. 1888. 1. 10. m. Conclusions *Bosch; Cass. b.* 17. Jan. 1910, Pas. 1910. 1. 67.

Unteilbarkeit des außergerichtlichen Geständnisses äußerst streitig[212]. Die Frage ist entschieden, seit man annimmt, daß der Beweiswert des außergerichtlichen Geständnisses vom Richter frei zu würdigen ist[213]. Damit hängt auch die Unteilbarkeit von seinem Ermessen ab[214]. Art. 1356 Abs. 3 C. c. gilt daher grundsätzlich nicht für das außergerichtliche Geständnis[215]; es steht jedoch nichts im Wege, daß der Richter die Bestimmung im Einzelfall analog anwendet[216].

6. *Zusammenfassung*

Neben den grundsätzlichen Beschränkungen des Unteilbarkeitsgrundsatzes aus dem Gesichtspunkt der Konnexität kennt die französische Rechtsprechung noch eine ganze Skala von Möglichkeiten, den Art. 1356 Abs. 3 C. c. nach Lage des Einzelfalles einzuschränken oder ganz auszuschalten. Während das Konnexitätserfordernis mehr einer abstrakten Wahrscheinlichkeit Rechnung trägt, berücksichtigen die zuletzt behandelten Ausnahmekategorien mehr die konkrete Wahrscheinlichkeit. Daraus ergibt sich schon, daß es irreführend ist, wenn die Ausnahmen dogmatisch in Gruppen eingeteilt werden, wie sie schon dem gemeinen Recht bekannt waren. Bezeichnenderweise können sich die Ausnahmekriterien im Einzelfall überschneiden, so daß man oft nicht sagen kann, welches die Entscheidungsgrundlage bildet[217]. Das gilt sogar im Verhältnis zum Konnexitätserfordernis[218].

---

[212] Vgl. *Toullier,* Droit civil X, 447—449; *Bonnier,* Traité 266 und die Anmerkung zu *Req.* 10. Dez. 1839, S. 1840. 1. 467.

[213] Vgl. oben § 2 II D 1.

[214] Daraus ergibt sich ein Argument gegen die Behauptung, die Unteilbarkeit sei ein Postulat der Logik, vgl. oben II A. Träfe das zu, so müßte sie in gleicher Weise für das außergerichtliche Geständnis gelten, vgl. *Toullier,* a. a. O. 448; *Umar,* Divisibilité, Schweiz JZ 1966, 153.

[215] *Rennes,* 7. Aug. 1813, *Bordeaux,* 28. Aug. 1826; *Req.* 10. Dez.1839; alle bei *Dalloz,* Obligations Nr. 5160; *Crim.* 16. Jan. 1937, Gaz. Pal. 1937. 1. 562; *Crim.* 4. Febr. 1941, D. A. 1941. 115; *Paris* 12. Dez. 1957, D. 1958, Somm. 59; *Civ.* 4. Juli 1962, D. 1963, Somm. 14; *Civ.* 22. Mai 1964, D. 1965, 705 m. Anm. *Azard* (706—708).

[216] *Grenoble,* 12. Juni 1901, D. 1903. 2. 259; *Civ.* 9. März 1954, Gaz. Pal. 1954. 1. 320 m. Anm. *Mazeaud* in Rev. trim. 1954, 506, Nr. 52; *Civ.* 20. April 1964, Gaz. Pal. 1964. 1. 56.

[217] Zu dem Fall Trib. inst. *Saint-Jean-d'Angély,* 4. Mai 1966, Gaz. Pal. 1966. 2. 98 (vgl. oben § 1 I) z. B. ist die Ansicht vertreten worden, daß das Gericht sich hier zu Unrecht auf eine entgegenstehende Vermutung (s. oben 2) berufen habe, vgl. die Anmerkung Gaz. Pal. a. a. O. 99. Nach den vom Kassationshof entwickelten Grundsätzen habe vielmehr ein anderweitiger Beweis des Zugestandenen (s. oben 1 a) angenommen werden müssen. Die Tatsache des Unfalls sei unstreitig gewesen. Der Beklagte habe diese deshalb nicht zugestehen können, um sodann zu verlangen, daß seine

Wie sich der Unteilbarkeitsgrundsatz als Regel nicht halten ließ, so hat es sich als unmöglich erwiesen, seine Ausnahmen in Regeln zu fassen. Die Wahrscheinlichkeit läßt sich nicht reglementieren.

IV. ERGEBNIS

Der Grundsatz der Unteilbarkeit des Geständnisses gemäß Art. 1356 Abs. 3 C. c. hat nicht im mindesten die absolute Geltung, wie sie durch die Fassung des Gesetzes nahegelegt wird. Vielmehr ergibt eine nähere Untersuchung, daß hier nur noch eine Beweisregel postuliert und mitgeschleppt wird, die der Sache nach längst aufgegeben ist. Der Unteilbarkeitsgrundsatz ist durch die freie Beweiswürdigung, insbesondere die freie Würdigung des Parteizeugnisses, überholt und gegenstandslos geworden. Wie sehr die gesetzliche Beweisregel in der frei gewürdigten Wahrscheinlichkeit des Einzelfalles aufgegangen ist, zeigt u. a. die Tatsache, daß man ihren Rechtsschutz in einzigartiger Weise verkürzt hat[219]. Auch soweit Art. 1356 Abs. 3 C. c. nach der Rechtsprechung anwendbar ist, kann die Verletzung der Vorschrift nicht zum ersten Mal vor der Cour de Cassation gerügt werden[220]. Die heimliche Aufhebung der Unteilbarkeitsregel stößt wohl deshalb kaum auf Kritik, weil solche Beweisregeln nach heutigem Rechtsempfinden nicht mehr tragbar sind — wenn sie es je waren. Nach dem Code civil gilt für die Unteilbarkeit des Geständnisses faktisch jedenfalls das gleiche wie schon nach römischem und gemeinem Recht[221]: iudicem aestimaturum[222].

Version des Unfallhergangs davon nicht getrennt werden könne. Ähnlich *Mazeaud-Mazeaud,* Leçons I, 447 (Anm. 3).

Zu dem Fall Trib. gr. inst. *Aix-en-Provence,* 14. Dez. 1962, Gaz. Pal. 1963. 1. 198 (ebenfalls oben § 1 I) ist bemerkt worden, daß hier die Zusatzbehauptung als widerlegt hätte gelten müssen (s. oben 1 b), weil der Verschuldensvermutung des Art. 1384 Abs. 1 C. c. insoweit ein Gegenbeweis zu entnehmen gewesen sei, vgl. die Anmerkung Gaz. Pal. a. a. O. 199.

[218] Bei einer Parteibefragung z. B. hat das Gericht alle Möglichkeiten, um zu einer Teilung des Geständnisses zu kommen. Es kann eine Mehrheit von Erklärungen (oben A 1) annehmen, die Konnexität (oben A 2) verneinen, das Geständnis interpretieren (oben A 3), oder den widersprüchlichen Aussagen mit verschiedenen Begründungen einen Gegenbeweis entnehmen (oben 1—5).

[219] *Beudant,* Cours IX, 413.

[220] *Req.* 28. Nov. 1900, S. 1903. 1. 79; *Req.* 4. Juli 1905, S. 1906. 1. 88. Die Tatsache hängt zusammen mit dem dispositiven Charakter des Beweisrechts im allgemeinen, vgl. *Perrot,* Aveu B, Nr. 52 und oben § 2 III A.

[221] Vgl. oben § 1 II A.

[222] So schon *Toullier,* Droit civil X, 450.

§ 4. Die Unteilbarkeit des Geständnisses in außerfranzösischen Rechtsordnungen

Mit der weltweiten Rezeption des Code civil[1] ist auch die Unteilbarkeitsregel in die Zivilprozeßgesetzgebung vieler Länder eingegangen[2] und dabei oft bezeichnenden Veränderungen unterworfen worden.

I. BELGIEN, LUXEMBURG, NIEDERLANDE

In Belgien und Luxemburg hat Art. 1356 C. c. den gleichen Wortlaut wie in Frankreich. Die Bestimmung wird auch in gleicher Weise interpretiert[3].

Bekämpft wird die herrschende Meinung von *de Page*[4] (auf der Basis der Lehren von *Huc*[5]). Er spricht von einer vorgeblichen Regel der Unteilbarkeit des Geständnisses, die eine Regel ohne Sinn sei[6]. Wenn sich die Frage der Unteilbarkeit stelle, so bedeute das lediglich, daß *kein* Geständnis vorliege[7]. Die Unteilbarkeit werde fälschlich als Eigenschaft des Geständnisses bezeichnet[8]. Der Richter habe allein festzustellen, ob ein Geständnis vorliege oder nicht[9]. Das sei keine Rechtsfrage, sondern eine Frage des gesunden Menschenverstandes. Die unsicheren und gekünstelten Unterscheidungen der „juristes purs" hätten dieses von Natur aus einfache Problem ganz unnötig kompliziert. Das Erfordernis der Konnexität sei eine „piperie des mots"[10]. Hierauf wird noch im Zusammenhang einzugehen sein[11].

In den Niederlanden ergibt sich die Unteilbarkeit des Geständnisses aus Art. 1961 Abs. 1 BWB. Nach Abs. 2 der Vorschrift steht es jedoch dem Richter frei, das Geständnis zu teilen, wenn die Unrichtigkeit der Zusätze erwiesen ist. Gemäß Art. 1964, 1965 BWB ist die Beweiskraft eines mündlichen außergerichtlichen Geständnisses und damit auch seine Unteilbarkeit in das Ermessen des Richters gestellt.

---

[1] Vgl. *Wieacker*, Privatrechtsgeschichte 346.

[2] Das italienische Recht wird in einem besonderen Teil behandelt und deshalb hier nicht erwähnt.

[3] *Dekkers*, Précis II, 438—440; *Gillissen*, Code civil, Anmerkungen zu Art. 1356.

[4] *de Page*, Traité III, 1089—1100.

[5] Vgl. oben § 3 III A 4.

[6] *de Page*, a. a. O. 1089, 1096.

[7] *de Page*, a. a. O 1090.

[8] *de Page*, a. a. O. 1083, 1089.

[9] *de Page*, a. a. O. 1090, 1096—1097.

[10] *de Page*, a. a. O. 1095.

[11] Vgl. unten § 6 I C, § 9 III C 3 b, § 10.

II. SCHWEIZ

Hier hat die Unteilbarkeitsregel in einige kantonale Zivilprozeßordnungen Eingang gefunden[12]. Art. 1356 Abs. 3 C. c. ist wörtlich übernommen in Art. 163 S. 3 C. p. c. Genève. Im Code de procédure civile von Neuchâtel ist eine gleichlautende Vorschrift bei einer Reform im Jahre 1925 weggelassen worden, vgl. Art. 210. Der Kassationshof von Neuchâtel hält das für ein bloßes Versehen des Gesetzgebers. Das Unteilbarkeitsprinzip habe an Berechtigung nichts verloren und gelte deshalb fort[13].

Präzisen Ausdruck findet der Unteilbarkeitssatz in

Art. 154 C. pr. civ. Ticino:
„Chi fonda la sua prova unicamente nella confessione della parte avversaria deve accettarla per vera nel totale suo complesso. Egli non puo far valere le circostanze che gli sono favorevoli e rigettare le contrarie"[14].

Sinngemäß ähnlich Art. 79 Abs. 1 ZPO Nidwalden. Die Vorschriften sind als Einschränkung der Unteilbarkeitsregel verstanden worden, weil deren Anwendung davon abhängig gemacht sei, daß der Gegner des Gestehenden jeden anderweitigen Beweises ermangele[15]. Diese Voraussetzung ist jedoch für den Unteilbarkeitssatz konstitutiv und kann nicht eigentlich als Einschränkung gelten[16].

Gemäß Art. 143 Abs. 3 ZPO Appenzell und Art. 217 Abs. 3 ZPO St. Gallen ist ein „beschränktes Zugeständnis" unteilbar, indem es „als Ganzes hinzunehmen ist". § 153 ZPO Aargau läßt die Teilung nur zu, wenn die Zusätze „die Bedeutung einer Schutzbehauptung haben".

III. SPANIEN, PORTUGAL

Eine interessante Abwandlung bringt im spanischen Recht

Art. 1233 Côdigo Civil:

„La confesión no puede dividirse contra el que la hace, salvo cuando se refiera a hechos diferentes o cuando una parte de la confesion esté probada por otros medios, o cuando en algûn extremo sea contraria a la naturaleza o a las Leyes."

---

[12] Vgl. *Heusler*, Zivilprozeß 125—128; *Siegrist*, Grundfragen 311—313.

[13] Vgl. *Umar*, Divisibilité, Schweiz JZ 1966, 150—151.

[14] Vgl. auch *Lessona*, Teoria I, 536.

[15] So *Heusler*, Zivilprozeß 128.

[16] *Guldener*, Beweiswürdigung 60, Anm. 87; vgl. schon *Pothier* (zitiert oben § 1 I). Treffend *Lessona*, a. a. O. 538, Anm. 4: Das Geständnis ist unteilbar, wenn keine anderweitigen Beweise vorliegen, dagegen teilbar, wenn andere Beweise beigebracht werden. Vgl. auch unten § 6 I A 3 c bb.

Diese Vorschrift — die übrigens im Widerspruch steht zu einigen Bestimmungen der (älteren) spanischen Zivilprozeßordnung[17] — versucht den Unteilbarkeitsgrundsatz unter Zulassung dreier grundlegender Ausnahmen aufrechtzuerhalten.

„Hechos diferentes" sind gekennzeichnet durch mangelnde *Konnexität*[18]. Teilbar ist auf dieser Basis (erwartungsgemäß?) das Zugeständnis der Schuld, verbunden mit dem Einwand der Aufrechnung, nicht dagegen der Zahlung[19] (confesión compleja)[20]. Das Geständnis wird erst recht für unteilbar gehalten, wenn es nicht verschiedene Tatsachen, sondern nur eine einzige Tatsache betrifft, die durch Zusätze modifiziert wird, z. B. der Abschluß eines Vertrages mit verschiedenen Klauseln[21] (confesión calificada)[22]. Auch konnexe Geständnisse sind teilbar, wenn anderweitige Beweise vorliegen[23].

„Contraria a la naturaleza" ist ein Teil der Geständniserklärung nicht nur dann, wenn die behaupteten Tatsachen völlig unmöglich sind, sondern schon dann, wenn sie als unwahrscheinlich gelten können[24]. Unter Widerspruch zu den Gesetzen faßt man den Fall der entgegenstehenden gesetzlichen Vermutung[25].

Damit sind im wesentlichen die im französischen Recht entwickelten Beschränkungen des Unteilbarkeitsprinzips gesetzlich festgelegt und die Unteilbarkeits-„Regel" in gleicher Weise zur Ausnahme gemacht worden. Die spanische Rechtsprechung ist (erwartungsgemäß) ebenso uneinheitlich wie die französische[26].

Art. 2417 des portugiesischen Código civil von 1867 erklärte das Geständnis in ähnlichen Wendungen für unteilbar wie Art. 154 C. pr. civ. Ticino[27]. Die Vorschrift nimmt jedoch den Fall aus, daß die behaupteten Tatsachen anderweitig als falsch bewiesen sind. Art.

---

[17] *Prieto-Castro,* Derecho procesal civil I, 426.

[18] *Manresa y Navarro,* Código civil VIII, Art. 1233, S. 148; *Santos Briz,* Código civil, Art. 1233.

[19] *Manresa y Navarro,* a. a. O.

[20] *Bonet Ramón,* Codigo civil, Art. 1233; *Silva Melero,* Prueba procesal I, 163. Nach *Guasp,* Derecho procesal civil 388, ist die „confesión compleja" schlechthin teilbar, vgl. dazu oben § 3 III A 4.

[21] *Manresa y Navarro,* a. a. O.

[22] *Bonet Ramón, Silva Melero,* a. a. O.

[23] *Manresa y Navarro,* a. a. O., S. 149.

[24] *Manresa y Navarro,* a. a. O., S. 149—150.

[25] *Manresa y Navarro,* a. a. O., Art. 1233, S. 149; Art. 1232, S. 144. Vgl. auch Art. 1232 Abs. 2 Código civil.

[26] Vgl. die Nachweise bei *Manresa y Navarro,* a. a. O., Art. 1233, S. 150—151.

[27] Siehe oben II.

360 des neuen Código Civil von 1966[28] spricht zwar nicht mehr von Unteilbarkeit und vermeidet auch die Bezeichnung der Gesamterklärung (Zugeständnis + Zusatz) als Geständnis[29], scheint jedoch in der Sache selbst nichts ändern zu wollen.

IV. GRIECHENLAND, RUMÄNIEN

§ 264 Abs. 2 der ehemaligen griechischen Zivilprozeßordnung ordnete die Unteilbarkeit des Geständnisses in gleicher Form an wie das französische Recht. Die Bestimmung wurde auch ähnlich ausgelegt wie ihr Vorbild[30]. Das neue griechische Zivilprozeßgesetzbuch von 1968 folgt dagegen einer mehr als 40 Jahre alten Anregung von *Fragistas*[31] und lehnt die Unteilbarkeit ab[32]. In den Materialien heißt es dazu, die Unteilbarkeitsregel sei innerlich nicht gerechtfertigt und deshalb eine Lösung analog § 289 ZPO[33] vorzuziehen[34]. Allerdings entspricht Art. 369 S. 2 des griechischen Gesetzbuches[35] wohl nicht ganz der Auslegung von § 289 Abs. 2 ZPO, da er die freie Würdigung des Gerichts anordnet[36].

In Rumänien war der Unteilbarkeitssatz enthalten in Art. 1206 Codul civil. Im Jahre 1950 wurde Abs. 2 dieser Bestimmung neu gefaßt und dabei das Unteilbarkeitsgebot weggelassen.

V. SÜDAMERIKA

Der Unteilbarkeitsgrundsatz findet sich in Art. 941 Código civil Bolivien (wörtliche Übersetzung von Art. 1356 C. c.); Art. 1404 S. 1 Código civil Venezuela (auch außergerichtliches Geständnis unteilbar); Art. 1608 Código civil Uruguay, Art. 729 Código civil Costa Rica (Fall des Gegenbeweises ausgenommen); Art. 1584 Abs. 3 Código

---

[28] In Kraft getreten am 1. 6. 1967. Text von Art. 360 bei *Rodrigues Bastos*, Código Civil 131—132 und *Projecto* 105.

[29] Vgl. dazu oben § 3 III A 2 und unten § 6 I A 3 a aa.

[30] Vgl. *Fragistas*, Grundzüge 56—58.

[31] Vgl. *Fragistas*, a. a. O. 58.

[32] Vgl. *Fragistas*, Preuve 372; *Hémard*, Preuve 31.

[33] Text unten § 7 III.

[34] Vgl. *Praktika Syntaktikis* VI, 82, 187; *Praktika Anatheoritikis*, 114—115.

[35] *Art. 369 ZPGB:* „Die Beweiskraft des Geständnisses wird nicht dadurch beeinflußt, daß außer der für die gestehende Partei nachteiligen Tatsache noch eine andere Tatsache enthalten ist, welche für sie günstig ist und eine selbständige Behauptung darstellt. Ist die günstige Tatsache nicht eine selbständige, so wird das Geständnis vom Gericht frei gewürdigt." (Übersetzung nach *Baumgärtel-Rammos*, Griechisches ZPGB 116).

[36] Vgl. dazu unten § 9 I B 1 u. II (Abgrenzung von § 289 ZPO und § 266 Abs. 2 ÖZPO).

civil El Salvador; Art. 1187 Código civil Puerto Rico (wörtliche Wiederholung von Art. 1233 des spanischen Código civil).

VI. NORDAMERIKA

Hier gilt die Unteilbarkeitsregel auf einigen „Inseln" des „Civil Law".

Wörtlich übersetzt ist Art. 1356 C. c. in Art. 2291 des Civil Code von Louisiana. Die Bestimmung ist aber offenbar durch Common Law Präjudizien überwuchert und bedeutungslos[37].

Eine recht bemerkenswerte Fassung bringt

Art. 1243 Code civil Québec:

„L'aveu est extrajudiciaire ou judiciaire. Il ne peut être divisé contre celui qui l'a fait.

Néanmoins, l'aveu peut être divisé dans les cas suivants d'après les circonstances et suivant la discrétion du tribunal:

1. lorsqu'il contient des faits étrangers à la contestation liée,
2. lorsque la partie contestée de l'aveu est invraisemblable ou combattu par des indices de mauvaise foi ou par une preuve contraire,
3. lorsqu'il n'y a pas de connexité ou de liaison entre les faits mentionnés dans l'aveu."

Mit dieser Bestimmung ist der aktuelle Rechtszustand in Frankreich geradezu perfekt umschrieben. In Québec wird auch angenommen, daß die französische Rechtsprechung zu entsprechenden Lösungen gelange[38]. Man fragt sich dabei nur, welchen Sinn es haben soll, eine gesetzliche Unteilbarkeitsregel aufzustellen, und sie gleichzeitig durch Anordnung der freien richterlichen Würdigung wieder aufzuheben. Der Widerspruch, der in Frankreich zwischen geschriebenem und geltendem Recht besteht, ist hier in das Gesetz selbst eingegangen.

VII. ERGEBNIS

Insgesamt zeigt sich auch außerhalb Frankreichs die Tendenz, die Unteilbarkeit des Geständnisses von der freien Würdigung des Richters abhängig zu machen. Zum Teil ist die Unteilbarkeitsregel auch ausdrücklich abgeschafft.

---

[37] Vgl. die Nachweise in Louisiana Statutes Annotated (LSA), Civil Code, Art. 2291, und bei *Dart*, Civil Code I, Art. 2291.

[38] Vgl. *Nadeau-Ducharme*, Traité IX, 530.

Zweiter Teil: Italienisches Recht

§ 5. Der Beweis durch Parteizeugnis im italienischen Zivilprozeß

I. RECHTSQUELLEN

Bald nach der Einigung Italiens im Jahre 1865 wurden ein Codice civile (C. civ.) und ein Codice di procedura civile (C. pr. civ.) verabschiedet[1]. Beide Gesetzgebungen lehnten sich mehr oder weniger eng an ihre französischen Vorbilder an[2]. Das galt vor allem für das Beweisrecht. Nach französischem Beispiel war es auf die beiden Kodifikationen aufgeteilt[3]. Die Beweisvorschriften im Codice civile bezogen sich nach dem Gesetzestext nur auf den „Beweis der Verbindlichkeit und ihres Erlöschens"[4].

Obwohl diese Systematik in Italien auf mehr Kritik stieß als in Frankreich[5], hielten die heute gültigen Kodifikationen, der Codice civile und der Codice di procedura civile von 1942[6], im Prinzip daran fest[7]. Allerdings wurde das Beweisrecht innerhalb des Codice civile in ein besonderes Kapitel über den Rechtsschutz eingeordnet (Art. 2697—2739 C. civ.).

II. DAS FORMALE BEWEISSYSTEM

Was von der äußeren Form gesagt wurde, gilt in gleicher Weise vom materiellen Inhalt.

---

[1] Vgl. *Azara*, Codice civile 386—387; Codice di procedura civile 394; *Cappelletti-Merryman-Perillo*, Italian Legal System 45—46.

[2] *Engelmann*, History 802—803; *Cappelletti-Merryman-Perillo*, a. a. O. 216; *Cappelletti-Perillo*, Civil Procedure 40—41.

[3] Vgl. oben § 2 II A und *Engelmann*, a. a. O. 803.

[4] Vgl. die Überschrift vor Art. 1312 C. civ.

[5] *Bolaffi*, Preuve, Bull. Soc. Leg. Comp. 68 (1938/39) 159, 161, 165; *Furno*, Confessione 873.

[6] Vgl. *Cappelletti-Merryman-Perillo*, Italian Legal System 222—228; *Cappelletti-Perillo*, Civil Procedure 44—45; *Azara*, Codice civile 387; Codice di procedura civile 394.

[7] Vgl. *Sereni*, Basic Features, Am. J. Comp. L. 1 (1952) 379, Anm. 22; *Satta*, Codice di procedura civile 283.

A. Die Gesetzgebung von 1865

Das Beweisrecht in den alten Kodifikationen stimmte mit dem französischen so genau überein, daß oft sogar die Numerierung der entsprechenden Vorschriften die gleiche war[8]. Alles, was im französischen Teil zur „negativ-formalen Beweistheorie" gesagt wurde, gilt daher auch hier[9]. Ein entscheidender Unterschied ergibt sich jedoch aus der verschiedenartigen Entwicklung des Beweisrechts in beiden Ländern. Den italienischen Gerichten ist es, anders als den französischen, niemals gelungen, den Formalismus durch eine Ausdehnung der freien Beweiswürdigung zu überwinden[10], obwohl dieses Prinzip im Codice di procedura civile ausdrücklich niedergelegt war[11]. Daß demgegenüber die italienische Wissenschaft dem Beweisrecht ungleich mehr Aufmerksamkeit schenkte als die französische[12], blieb ohne Einfluß, und der Beweis durch Parteizeugnis Formalbeweis im o. a. Sinne.

B. Die Gesetzgebung von 1942

Das trifft im wesentlichen auch noch für das heute geltende Recht zu[13].

Immer noch ist der Urkundenbeweis der beste Beweis[14], obwohl die Zulassung des Zeugenbeweises weitgehend in das Ermessen des Gerichts gestellt ist, vgl. Art. 2721 C. civ. Ein gerichtliches Geständnis[15] erbringt „vollen" Beweis (piena prova), Art. 2733 Abs. 2 C. civ.[16]. Das gilt nicht, wenn im Falle der notwendigen Streitgenossenschaft das Geständnis nur einzelner Streitgenossen vorliegt, Art. 2733 Abs. 3 C. civ. Das Geständnis wird u. U. auch dann frei gewürdigt, wenn ihm Zusätze beigefügt sind, Art. 2734 C. civ.[17]. Die Tragweite dieser Vorschrift wird im Hauptteil zu prüfen sein[18]. Bindende Wirkung hat auch der Schiedseid und im Gegensatz zum französischen

---

[8] *Cappelletti,* Efficacia, Riv. dir. civ. 1961 I, 561, Anm. 11; Processo civile, Riv. dir. civ. 1963 I, 53; *Bolaffi,* Preuve, Bull. Soc. Leg. Comp. 68 (1938/39) 161.

[9] Vgl. oben § 2 I, II C, D.

[10] Vgl. *Cappelletti,* Testimonianza II, 777.

[11] *Cappelletti-Perillo,* Civil Procedure 40—41.

[12] Vgl. *Cappelletti,* Zivilprozeß, RabelsZ 30 (1966) 293; *Cappelletti-Perillo,* a. a. O. 43—44; *Nagel,* Grundzüge 319.

[13] Vgl. *Cappelletti-Perillo,* a. a. O. 41.

[14] So *Sereni,* Basic Features, Am. J. Comp. L. 1 (1952) 379; *Cappelletti,* Zivilprozeß, a. a. O. 271.

[15] Vgl. die von *Chiovenda,* Principii 816, Istituzioni II, 437, stammende Definition in Art. 2730 C. civ.

[16] Zum außergerichtlichen Geständnis, vgl. Art. 2735 C. civ.

[17] Zu beiden Fällen vgl. *Cappelletti-Perillo,* Civil Procedure 201—202, und *Laserra,* Interrogatorio 919.

[18] Unten § 6 II.

Recht sogar der Ergänzungseid[19], vgl. Art. 2738 C. civ.[20]. Beim Schiedseid entfällt die gesetzliche Beweiswirkung im Falle der notwendigen Streitgenossenschaft unter ähnlichen Voraussetzungen wie beim Geständnis, vgl. Art. 2738 Abs. 3 C. civ.[21]. Unklar ist, inwieweit die geschilderten Ausnahmen vom Prinzip des Formalbeweises sich zu einer allgemeinen Regel ausweiten lassen, nach der kraft Gesetzes unwirksame Eide und Geständnisse immer in frei gewürdigte Beweise „umgedeutet" werden können[22]. So faßt man zum Beispiel die Fälle des Geständnisses, das in Ermangelung der gesetzlichen Voraussetzungen[23] „vollen" Beweis nicht erbringen kann, unter dem Begriff der „ammissione" zusammen[24]. Diese soll sich vom Geständnis (confessione) also dadurch unterscheiden, daß ihr Beweiswert von der freien Würdigung des Richters abhängt[25].

Außer in den Fällen des Eides und des Geständnisses hat eine Parteierklärung keinerlei Beweiswert[26]. Das Gesetz schließt die Parteien als Zeugen aus, vgl. Art. 246 C. pr. civ.[27]. Das Gericht kann sie nur in einem „interrogatorio formale" oder einem „interrogatorio non formale" hören.

1. *Die formale Parteibefragung*

Die formale Parteibefragung (interrogatorio formale, Art. 228—232 C. pr. civ.) ist dem „interrogatoire" des französischen Rechts nachgebildet[28] (das um die gleiche Zeit beseitigt wurde, als das geltende italienische Recht in Kraft trat)[29]. Sie ist ausdrücklich dazu be-

---

[19] Vgl. *Cappelletti,* Giuramento, Anm. II, mit Nachweisen.

[20] Außerdem Art. 233—243 C. pr. civ.

[21] Dazu *Cappelletti,* Giuramento della parte, Riv. trim. dir. proc. civ. 1955, 1151—1195.

[22] Vgl. *Cappelletti,* Efficacia, Riv. dir. civ. 1961 I, 562—575.

[23] Wenn z. B. dem Gestehenden die nach Art. 2731 C. civ. erforderliche Handlungsfähigkeit (vgl. oben § 2 II D 1) fehlt. Für das Geständnis des Prozeßanwalts, s. *Cappelletti-Perillo,* Civil Procedure 200, Anm. 171; 219, Anm. 303.

[24] Vgl. *de Marini,* Ammissione 245—252.

[25] *de Marini,* a. a. O. 242—254; *Cappelletti,* Testimonianza I, 87, Anm. 17; 261, Anm. 7.

[26] *Carnelutti,* Sistema I, 748, spricht insoweit von einem „unbenannten" Beweis durch Parteizeugnis, der der freien Würdigung des Richters unterworfen sei, fügt jedoch hinzu: „Nella pratica questo principio sfugge perchè ordinariamente a una testimonianza siffatta viene negata efficacia . . .".

[27] Hierzu *Cappelletti,* Testimonianza I, 229—232; II, 796—797; *Cappelletti-Perillo,* Civil Procedure 28—29, 216.

[28] Vgl. *Cappelletti-Perillo,* a. a. O. 202—204; *Cappelletti,* Zivilprozeß, RabelsZ 30 (1966) 270, Anm. 67; *Carnelutti,* Istituzioni II, 60—61; *Liebman,* Manuale II 1, 145—147.

[29] Vgl. oben § 2 III A.

stimmt, ein Geständnis der Partei zu provozieren, Art. 228 C. pr. civ.[30]. Dieses Ziel verfehlt sie jedoch ebenso häufig wie ihr ehemaliges französisches Gegenstück[31]. Wohl aus diesem Grunde wollen manche die formale Parteibefragung auch da zulassen, wo sie nicht zu einem wirksamen Geständnis führen kann, um so zumindest einen frei gewürdigten Beweis zu erhalten[32]. Dieser Beweis könne im Einzelfall auch einer der Partei selbst vorteilhaften Erklärung entnommen werden[33]. Die wohl herrschende Meinung lehnt diese Thesen mit Recht ab[34], vor allem in Hinblick auf die Möglichkeit einer *formlosen* Parteibefragung[35].

2. *Die formlose Parteibefragung*

Die formlose Parteibefragung (interrogatorio non formale bzw. libero) ist ein Gegenstück zur französischen „comparution personelle"[36]. Wie diese ist sie freier und elastischer gestaltet und kann von Amts wegen und in jeder Lage des Verfahrens angeordnet werden, um der Aussage und dem Verhalten der Parteien „argomenti di prova" zu entnehmen, Art. 117, 116 Abs. 2 C. pr. civ.

Im Hinblick auf die entscheidende Rolle des französischen Pendants bei der Überwindung des Formalbeweises wurde die Einführung der „comparizione personale" durch die Gesetzgebung des Jahres 1942 im Schrifttum vielfach als ein außerordentlicher Fortschritt begrüßt[37]. Tatsächlich steht die Möglichkeit, das Parteiverhalten als Beweis zu werten, nach dem Codice di procedura civile in direktem Zusammenhang mit dem Prinzip der freien Beweiswürdigung, vgl. Art. 116 C. pr. civ.[38]. Diese Ausdehnung der freien Beweiswürdigung auf das Parteizeugnis und die Befugnis zur amtswegigen Anordnung

---

[30] Dies ist das provozierte Geständnis im Gegensatz zu dem spontanen, das in Schriftsätzen enthalten ist, Art. 229 C. pr. civ.; vgl. *Cappelletti-Perillo,* a. a. O. 200—201.

[31] *Cappelletti-Perillo,* a. a. O. 203. Die Weigerung einer Partei, zu erscheinen oder zu antworten, wird vom Gericht frei gewürdigt und kann als Geständnis gewertet werden, Art. 232 C. pr. civ.; vgl. *Cappelletti-Perillo,* a. a. O. 204; *Redenti,* Diritto processuale civile II, 222; *Furno,* Confessione 907.

[32] Vgl. *Denti,* Interrogatorio, Giur. it. 1960 I 2, 863—867; *Allorio,* Efficacia, ebda. 867—872.

[33] *Laserra,* Interrogatorio 919.

[34] *Cappelletti,* Efficacia, Riv. dir. civ. 1961 I, 568—575; *Marchetti,* Ammissibilità, Ann. Univ. Macerata 25 (1961) 377—380; *Redenti,* Diritto processuale civile II, 222.

[35] *Cappelletti,* a. a. O. 573; *Marchetti,* a. a. O. 380.

[36] Vgl. *Cappelletti-Perillo,* Civil Procedure 227—230; *Carnelutti,* Istituzioni II, 59—60; *Satta,* Diritto processuale civile 168—169.

[37] *Cappelletti-Perillo,* a. a. O. 227, Anm. 356 mit Nachweisen.

[38] Vgl. *Cappelletti,* Testimonianza I, 96 und unten § 8 I.

einer „comparizione" hätten in Italien eine ähnliche Entwicklung einleiten können wie in Frankreich[39]. Nicht nur die Grundsätze des Formalbeweises, sondern auch die der Beweislast[40] müßten viel an Bedeutung verlieren — wenn die gesetzlichen Möglichkeiten genutzt würden. Die formlose Parteibefragung ist jedoch bis heute ein totes Institut geblieben[41] und hat die Erwartungen in keiner Weise erfüllt[42].

Ihre beweismäßigen Konsequenzen sind in Rechtsprechung und Schrifttum in gleicher Weise umstritten. So viel, oder besser, so wenig ist klar: Bei einer formlosen Parteibefragung kann es keine bindenden Geständnisse geben, vgl. Art. 228, 229 C. pr. civ.[43], und der Beweiswert des Parteizeugnisses ist unabhängig davon, ob es der Partei zum Nutzen oder zum Nachteil gereicht[44]. *Welcher* Beweiswert dem Parteizeugnis aber zukommt, ob es einen selbständigen Beweisgrund darstellt, oder aber nur Hilfsmittel bei der Würdigung anderer Beweise sein kann, ist streitig. Es geht dabei wesentlich um die Bedeutung der „argomenti di prova". Die Rechtsprechung vertritt den Standpunkt, daß sie als bloß subsidiäre Faktoren der Ergänzung anderer Beweise dienen und keinen eigenen Beweisgrund bilden können[45]. Danach sind sie insbesondere nicht wesensgleich mit den tatsächlichen Vermutungen des Art. 2729 C. civ.[46]. Dieser Ansicht wird im Schrifttum — m. E. mit Recht — widersprochen[47], u. a. mit der Begründung, daß es unter den frei gewürdigten Beweisen keine Hierarchie geben könne[48]. In der Judikatur zeigt sich ein Mißtrauen gegen

[39] Vgl. *Cappelletti,* a. a. O. 16—28; *Liebman,* Manuale II 1, 147.

[40] *Redenti,* Diritto processuale civile I, 51; *Liebman,* a. a. O. 85; *Calamandrei,* Verità, Riv. dir. proc. 1955 I, 180—183.

[41] *Redenti,* a. a. O.

[42] *Cappelletti,* Testimonianza I, 16; II, 777; *Cappelletti-Perillo,* Civil Procedure 227, Anm. 356.

[43] Siehe dazu *Cappelletti-Perillo,* a. a. O. 228; *Cappelletti,* Questioni nuove, Giur. it. 1956 I 1, 673—674; *Liebman,* Manuale II 1, 148; *Carnelutti,* Istituzioni II, 60; *Furno,* Confessione 875.

[44] *Cappelletti-Perillo,* a. a. O.; *de Stefano,* Comportamento, Giur. it. 1955 I 2, 366.

[45] Vgl. *Cappelletti,* Questioni nuove, a. a. O. 672; *Cappelletti-Perillo,* a. a. O. 229; *de Stefano,* a. a. O. 359.

[46] So im Schrifttum auch *de Stefano,* a. a. O. 362; *Gorla,* Comportamento, Riv. dir. proc. civ. 1935 II, 30; vgl. auch *Furno,* Contributo 69; *Andrioli,* Prova 288—289; *de Marini,* Ammissione 251.

[47] Vor allem von *Cappelletti* in zahlreichen Veröffentlichungen, vgl. Questioni nuove, Giur. it. 1956 I 1, 672—673; Giuramento della parte, Riv. trim. dir. proc. civ. 1955, 1169—1173; Testimonianza I, 92, 94, 180. Vgl. auch *Chiovenda,* Principii 1090.

[48] *Cappelletti,* Questioni nuove, a. a. O. 672. Zur Hierarchie der *gesetzlichen* Beweise, vgl. oben § 2 II C.

die formlose Parteibefragung, das auch die mangelnde Wertschätzung des Instituts in der Gerichtspraxis erklärt. Man versucht hier immer noch, den Beweiswert des Parteizeugnisses abstrakt und a priori festzulegen[49].

III. ERGEBNIS

Das Prinzip des „nemo testis in re sua"[50] hat sich im italienischen Zivilprozeßrecht bis heute gehalten[51]. Die formale Parteibefragung dient nur dem Beweise durch Geständnis und Eid. Die formlose Parteibefragung hat ihre historische Funktion beibehalten[52]. Sie soll in erster Linie den Parteivortrag klarstellen. *Beweis* ist grundsätzlich nicht ihr Ziel[53]. Gerade in diesem Zusammenhang hat *Cappelletti,* der wohl beste Kenner der Materie, das italienische Beweisrecht als mangelhaft und veraltet bezeichnet[54].

Diese Tatsachen hängen damit zusammen, daß die oben[55] geschilderte Tendenz zur „Veröffentlichung" des Zivilprozesses den italienischen Prozeß bis heute wenig berührt hat. Wie sehr hier noch die individualistische Auffassung vom Kampfprozeß fortlebt, zeigt sich insbesondere daran, daß die wohl herrschende Meinung in Italien eine Wahrheitspflicht der Parteien ablehnt[56] („nemo tenetur edere contra se")[57]. Trifft die Partei aber keine Wahrheitspflicht, so kann ihre Aussage auch kein Beweismittel sein[58].

---

[49] *Cappelletti-Perillo,* Civil Procedure 229.

[50] Vgl. oben § 2 I.

[51] Vgl. *de Stefano,* Comportamento, Giur. it. 1955 I 2, 366: „Se il comportamento valesse come prova, esso sarebbe utilizzabile solo contro la parte cui si referisce: e ciò per il motivo che nessuno può, con l'atto proprio, rendere migliore la sua posizione giuridica; la parte, cioè, assume rilievo, nel campo della prova, solo quando ne provenga una *declaratio contra se.*" Kritisch dazu *Cappelletti,* Giuramento della parte, Riv. trim. dir. proc. civ. 1955, 1170, Anm. 32.

[52] Vgl. dazu oben § 2 III A.

[53] Vgl. *Cappelletti-Perillo,* Civil Procedure 228; *Carnelutti, Istituzioni* II, 59—60.

[54] *Cappelletti,* Assistenza, Ann. Univ. Macerata 26 (1963) 57.

[55] § 2 IV.

[56] Vgl. *Marchetti,* Dolo revocatorio, Riv. dir. proc. 1960, 426—445; *Cappelletti,* Zivilprozeß, RabelsZ 30 (1966) 273—274; Principi, Giur. it. 1968 IV, 28—29.

[57] Vgl. oben § 2 II C und *Cappelletti,* Testimonianza I, 380; *Redenti,* Diritto processuale civile II, 222.

[58] So wohl *de Stefano,* Comportamento, Giur. it. 1955 I 2, 362 (gegen ihn *Cappelletti,* Giuramento della parte, Riv. trim. dir. proc. civ. 1955, 1170, Anm. 32). Vgl. auch *Marchetti,* a. a. O. 433—440; *Furno,* Contributo 48.

§ 6. Die Unteilbarkeit des Geständnisses

I. DIE UNTEILBARKEIT DES GESTÄNDNISSES NACH ART. 1360 DES CODICE CIVILE VON 1865

A. Das Gesetz und die Lehre

Die Unteilbarkeit war früher geregelt in

Art. 1360 C. civ.:

„La confessione giudiziale o stragiudiziale non può essere divisa in danno di chi l'ha fatta."

Im Unterschied zu Art. 1356 Abs. 3 C. c. erklärte das italienische Gesetz auch das außergerichtliche Geständnis ausdrücklich für unteilbar[1]. War damit der Geltungsbereich der Vorschrift in einer Hinsicht klarer abgegrenzt als nach französischem Recht, so mußte die umfassende Formulierung im übrigen zu einer ähnlichen Rechtsunsicherheit führen[2]: Das Geständnis ist unteilbar, aber wann? Genügte es, daß der Gestehende seinem Zugeständnis einfach irgendeinen Zusatz beifügte?[3]

1. Die gemeinrechtlichen Begriffe

Die unmittelbare Herkunft des Unteilbarkeitssatzes aus dem französischen Recht mag das Eindringen der in Frankreich gebräuchlichen Unterscheidungen auch in Italien begünstigt haben. Ein Teil des italienischen Schrifttums unterschied jedenfalls bei der Anwendung des Art. 1360 C. civ. zwischen drei, teilweise auch vier Arten des Geständnisses[4].

---

[1] Vgl. *Lessona,* Teoria I, 536; *Mattirolo,* Trattato II, 588. Anm. 1. Der italienischen Gesetzgebung kann damit, anders als der französischen Lehre, nicht der Vorwurf der Inkonsequenz bei der Anwendung des Unteilbarkeitssatzes gemacht werden, vgl. *Lessona,* a. a. O. und oben § 3 III B 5.

[2] Vgl. *Giorgi,* Teoria I, 481; *Mattirolo,* a. a. O. 588; *Furno,* Appunti, Foro it. 1938 I, 1036—1037.

[3] *Carnelutti,* Sistema I, 761; vgl. auch *Furno,* Appunti, a. a. O. 1037; Contributo 97.

[4] Vgl. *Lomonaco,* Obbligazioni III, 446—454; *Giorgi,* a. a. O. 479—488; *Chironi-Abello,* Trattato I, 655—657; *Gianturco,* Sistema 186—188; *Melucci,* Introduzione 845—847. Kritisch zu den Unterscheidungen, *Mattirolo,* a. a. O. 589—590; *Diana,* Confessione, Giur. it. 1901 IV, 168; *Coviello,* Manuale 543; *Lipari,* Indivisibilità, Riv. dir. proc. civ. 1925 I, 146; *Furno,* Appunti, Foro it. 1938 I, 1041, 1046; Contributo 93; *Betti,* Diritto processuale civile 342—343; *Chiovenda,* Principii 795; Istituzioni II, 343; *Andrioli,* Confessione 20.

Eine Erklärung, mit der die Behauptung des Gegners ohne jede Einschränkung anerkannt wurde, hieß „confessione pura e semplice". Bei einem Zugeständnis unter Einschränkungen war nach der Art des Zusatzes zu unterscheiden. Wurde lediglich die vom Gegner behauptete Tatsache rechtlich anders qualifiziert, so lag eine „confessione qualificata" vor. Fügte der Gestehende dagegen eine neue Tatsache hinzu, um zu seinen Gunsten eine Einrede zu begründen, so war eine „confessione complessa" gegeben. Als „confessione composta" wurde schließlich der Fall bezeichnet, in dem die hinzugefügte Tatsache nicht einmal die Grundlage einer Einrede bilden konnte.

Die Lösungen der Fälle entsprechen denen des französischen Rechts. Die Frage der Unteilbarkeit taucht nicht auf, soweit es sich um eine „confessione pura e semplice" handelt[5]. Eine „confessione qualificata" ist stets unteilbar[6], wogegen die „confessione composta" immer geteilt werden kann[7]. Zweifelhaft sind die Fälle der „confessione complessa". Hier soll Unteilbarkeit anzunehmen sein, wenn eine natürliche, innere bzw. logische Verbindung zwischen den Fakten des Geständnisses besteht, die die hinzugesetzte Tatsache als notwendige, gewöhnliche oder auch zufällige Folge der zugestandenen erscheinen läßt[8] („reale" Konnexität)[9]. Genau wie die französische Lehre blieb jedoch auch die italienische die Erklärung schuldig, weshalb auf dieser Basis z. B. der Einwand der Zahlung das Geständnis unteilbar mache, nicht dagegen die Behauptung der Aufrechnung[10].

2. *Die Kritik an den gemeinrechtlichen Begriffen*

Anders als in Frankreich ist der Unteilbarkeitsgrundsatz in Italien von der Lehre gründlich auf seine Berechtigung geprüft worden. Die o. a. Unterscheidungen stießen von Anfang an auf scharfen Widerspruch. Die Differenzierung zwischen „confessione qualificata" und „complessa" wurde als willkürlich, unwissenschaftlich und unpraktisch bezeichnet. Sie sei nur geeignet, weitere Verwirrung zu stiften, und finde weder im Gesetz noch in allgemeinen Rechtsprinzipien eine

[5] *Giorgi,* a. a. O. 481; *Lomonaco,* a. a. O. 447; vgl. auch *Mattirolo,* a. a. O. 590; *Furno,* Appunti, a. a. O. 1046.

[6] *Giorgi,* a. a. O. 482; *Lomonaco,* a. a. O. 447; *Chironi-Abello,* a. a. O. 656; vgl. auch *Lessona,* Teoria I, 555; *Mattirolo,* a. a. O. 590; *Furno,* Appunti, a. a. O.; *Andrioli,* a. a. O. 20.

[7] Vgl. *Mattirolo,* a. a. O. 590—591; *Furno,* Appunti, a. a. O.

[8] *Chironi-Abello,* a. a. O.; *Lomonaco,* a. a. O. 448—449; *Gianturco,* Sistema 187; vgl. auch *Coviello,* Manuale 543.

[9] Im Gegensatz zu einer bloß persönlichen, durch die Person des Gestehenden geschaffenen Konnexität, vgl. *Lessona,* Teoria I, 551.

[10] Vgl. *Giorgi,* Teoria I, 480; *Lomonaco,* a. a. O. 449.

Grundlage[11]. Zwischen den vorgeblichen Arten des Geständnisses bestehe kein qualitativer, sondern höchstens ein quantitativer Unterschied[12]. Die praktische Unbrauchbarkeit der Begriffe sei dadurch erwiesen, daß die Verfechter der Gegenansicht zu keiner einheitlichen Meinung über die Unteilbarkeit gewisser Geständnisse kommen könnten[13]. Sie ergebe sich ferner daraus, daß innerhalb der „confessione complessa" noch einmal zwischen teilbaren und unteilbaren Geständnissen unterschieden werden müsse[14]. Dabei habe gerade bei einer „confessione complessa" das Unteilbarkeitsgebot gesteigerte Berechtigung[15]. Der größte Teil des Schrifttums forderte deshalb die unterschiedslose Anwendung des Art. 1360 C. civ.

Auch die tieferen Gründe für das Fortleben der gemeinrechtlichen Distinktionen sind den italienischen Autoren nicht entgangen. *Mattirolo* traf den Nagel auf den Kopf, als er feststellte, die unsicheren und willkürlichen Unterscheidungen sollten offenbar dem Richter Spielraum zu einer unzulässigen freien Würdigung geben[16]. *Lessona* glaubte die Unsicherheit in der italienischen Judikatur zu Art. 1360 C. civ. nicht nur erklären, sondern auch rechtfertigen zu können[17]. Die häufigen Ausnahmen vom Unteilbarkeitsprinzip beruhten weniger auf abstrakten, juristischen Erwägungen, als auf praktischen Gegebenheiten. Man teile das Geständnis, wenn sich aus dem Verhalten der Partei ergebe, daß die Zusätze nur unwahrscheinliche Vorwände seien. Auch die verschiedenartige Behandlung des Einwandes der Aufrechnung gegenüber dem der Zahlung sei das Ergebnis einer — in diesem Fall abstrakten — Wahrscheinlichkeitsabwägung[18].

---

11 *Pescatore,* Logica I, 150; *Lessona,* Teoria I, 555; *Mattirolo,* Trattato II, 591; *Coviello,* Manuale 543; *Diana,* Confessione, Giur. it. 1901 IV, 168; *Lipari,* Indivisibilità, Riv. dir. proc. civ. 1925 I, 146—147, 132, Anm. 1; *Chiovenda,* Principii 795; Istituzioni II, 343; *Carnelutti,* Sistema I, 760-761; Abrogazione, Riv. dir. proc. civ. 1935 II, 97; *Andrioli,* Confessione 20; *Furno,* Appunti, Foro it. 1938 I, 1041; Contributo 93, 106; Confessione 907; *Micheli,* Onere della prova 415.

12 *Diana,* a. a. O.; *Furno,* Appunti a. a. O. 1046.

13 *Mattirolo,* a. a. O. 591; *Diana,* a. a. O. 169; *Lipari,* a. a. O. 146.

14 *Lipari,* a. a. O. 147; *Coviello,* Manuale 543; *Furno,* a. a. O.

15 *Chiovenda,* Principii 795; Istituzioni II, 343; *Carnelutti,* Abrogazione, Riv. dir. proc. civ. 1935 II, 97; *Micheli,* Onere della prova 411.

16 *Mattirolo,* Trattato II, 591.

17 *Lessona,* Teoria I, 545—546; auch *Pescatore,* Logica I, 150.

18 *Lessona,* a. a. O. 540, Anm. 5; 557; auch *Giorgi,* Teoria I, 486, Anm. 1; 480; vgl. dazu oben § 3 III A 2 b.

3. Die neuen Konzeptionen

In der italienischen Lehre hat der Unteilbarkeitssatz zum ersten Male in seiner Geschichte eine wissenschaftliche Durchdringung erfahren.

a) Unteilbarkeit und Geständnisbegriff

aa) Unteilbarkeit keine Eigenschaft des Geständnisses

Lessona rührte an den Kern des Problems, als er feststellte, daß Art. 1360 C. civ. den Begriff des Geständnisses in bezeichnender Weise ausweite. Er stehe hier für die Gesamterklärung der Partei, während das Geständnis doch sonst nur in einer uneingeschränkten Anerkennung des gegnerischen Vorbringens bestünde[19]. Ein Geständnis liege bei einer „confessione qualificata" bzw. „complessa" eigentlich nur insoweit vor, wie die Behauptungen der Parteien übereinstimmten[20]. Einige Autoren brachten ihre Zweifel indirekt dadurch zum Ausdruck, daß sie die Unteilbarkeit nicht mehr im Zusammenhang mit dem Geständnis, sondern der *Beweislast* behandelten[21].

Allein auf die Beweislastgrundsätze zurückgeführt wurde der Unteilbarkeitssatz durch *Lipari*. Nach seiner Meinung war die Unteilbarkeit auf den Fall zu beschränken, in dem sich das Vorbringen als indirektes Leugnen der gegnerischen Behauptungen darstellte[22]. Unteilbarkeit sollte also nur da anzunehmen sein, wo sie sich ohnehin aus den Grundsätzen über die Verteilung der Beweislast ergab[23]. Art. 1360 C. civ. wird damit jeder selbständigen Bedeutung beraubt und im Grunde nicht anders ausgelegt als § 289 ZPO[24].

Lipari räumte auch ein, daß Art. 1360 C. civ. wegen Art. 1312 C. civ.[25] an sich überflüssig sei[26], und behauptete, der deutsche Gesetzgeber habe in § 289 ZPO das Unteilbarkeitsprinzip nicht völlig verlassen, sondern nur auf die Fälle der richtig verstandenen Unteilbarkeit beschränkt[27]. Dieser Interpretation des Art. 1360 C. civ. ist mit

---

[19] Vgl. oben § 3 III A 2; § 4 III.

[20] *Lessona*, a. a. O. 536; *Melucci*, Introduzione 846.

[21] *Chiovenda*, Principii 795—796; Istituzioni II, 343—344; *Betti*, Diritto processuale civile 342—345; vgl. auch *Furno*, Appunti, Foro it. 1938 I, 1048.

[22] *Lipari*, Indivisibilità, Riv. dir. proc. civ. 1925 I, 129, 133—135, 144—145.

[23] Vgl. oben § 3 III A 2 a.

[24] Vgl. *Andrioli*, Confessione 20; auch *Lipari*, a. a. O. 135, Anm. 1.

[25] Entspricht Art. 1315 C. c., zitiert oben § 3 I.

[26] *Lipari*, a. a. O. 129—130.

[27] *Lipari*, a. a. O. 131, Anm. 1.

Recht entgegengehalten worden, daß damit dem Buchstaben wie auch dem Sinn des Gesetzes offen Gewalt angetan werde[28].

Demgegenüber meinte *Furno*, daß es zwar verdienstvoll sei, den Zusammenhang zwischen Unteilbarkeit und Beweislast herausgestellt zu haben; man dürfe jedoch dabei nicht stehen bleiben, sondern müsse erkennen, daß die mit „confessione qualificata" bzw. „complessa" bezeichneten Parteierklärungen keine Geständnisse seien. Es handele sich vielmehr um eine besondere Kategorie beweiserheblichen Parteiverhaltens[29]. *Furno* legt seiner These zwei Voraussetzungen zugrunde. Das Geständnis ist die Bestätigung einer Tatsachenbehauptung des Gegners; es ist ein gesetzliches Beweismittel. Die „dichiarazioni complesse" entsprechen diesen Prämissen nicht und sind daher auch nicht als Geständnisse anzusehen.

Das Geständnis ist eine wörtliche, ausdrückliche Wahrheitsbestätigung[30]. Es liegt vor, wenn und soweit dieselbe Tatsache eingeräumt wird, die der Gegner behauptet hat[31]. Daraus ergibt sich, daß ein Geständnis immer nur eine einzige Tatsache zum Gegenstand haben kann. Mit anderen Worten, ein Geständnis kann immer nur ein einfaches, eine „confessione pura e semplice" sein[32]. Werden mehrere Tatsachen zugestanden, so liegt kein einheitliches Geständnis vor, sondern so viele Geständnisse, wie Tatsachen eingeräumt werden[33]. Das Geständnis ist zu unterscheiden von der Erklärung, in der es enthalten ist[34]. Geständnis und Erklärung fallen zusammen, wenn nur eine einzige Tatsache eingeräumt wird. Die Parteierklärung kann diesen einfachen Charakter haben. Sie kann aber auch aus vielen Einzelgeständnissen zusammengesetzt sein, oder nur *ein* Geständniselement enthalten, und dazu eine neue, völlig selbständige Tatsachenbehauptung, die dem Erklärenden günstig ist. Betrifft diese Behauptung eine Tatsache, die nicht zum *Tatbestand der streitigen Rechtsbeziehung* gehört, so fällt die Gesamterklärung aus dem Anwendungsbereich der Unteilbarkeitsregel heraus[35]. Das gleiche gilt für das reine, einfache

[28] *Furno*, Appunti, Foro it. 1938 I, 1037, 1041; Contributo 106; *Micheli*, Onere della prova 412.

[29] *Furno*, Appunti, a. a. O. 1044, 1048; Contributo 93, 107; Confessione 907.

[30] *Furno*, Appunti, a. a. O. 1043; Contributo 94.

[31] Dieses exakte Zusammentreffen macht das Geständnis aus, *Furno*, Appunti, a. a. O. 1043, Anm. 41, Contributo 95.

[32] *Furno*, Appunti, Contributo, a. a. O.; Confessione 907.

[33] *Furno*, Appunti a. a. O. 1043, Anm. 42; Contributo 96.

[34] *Furno*, Appunti, a. a. O.; Contributo a. a. O.

[35] *Furno*, Appunti, a. a. O. 1044; Contributo a. a. O.

Geständnis, das von Natur aus unteilbar ist[36]. In der Mitte zwischen diesen beiden Extremen ist nach *Furno* die Gruppe von Erklärungen anzusiedeln, die das Gesetz für unteilbar erklärt, und die in der Lehre fälschlich als (qualifizierte oder komplexe) Geständnisse bezeichnet werden. Auf das wirkliche Geständnis ist die Unteilbarkeitsregel gerade nicht anwendbar[37].

Furno sieht seine These bestätigt durch die Tatsache, daß die vom Gesetz für unteilbar erklärten Parteierklärungen nicht, wie das wirkliche Geständnis, kraft Gesetzes vollen Beweis erbringen. Vielmehr hänge ihre Beweiskraft von dem nachfolgenden Verhalten des Erklärungsgegners ab. Dieser werde ja vor die Wahl gestellt, entweder durch Hinnahme der Gesamterklärung diese in gesetzliche Beweiskraft erwachsen zu lassen, oder aber durch Widerspruch ihr jeden Beweiswert zu entziehen. Eine solche Möglichkeit bestehe bei einem wirklichen Geständnis aber gerade nicht[38]. Sie erkläre sich nur daraus, daß man gegen die „pro se declaratio" den Gegenbeweis zulassen müsse[39]. Deshalb sei hier der gesetzliche Beweischarakter des Geständnisses fast völlig verloren gegangen[40].

„Confessione qualificata" und „complessa" haben danach weder die Struktur noch die Wirkung des Geständnisses[41]. Es handelt sich um eine eigenständige Art der Parteierklärung („dichiarazioni complesse"), deren Beweiswert weitgehend von der freien Würdigung des Richters abhängt[42].

bb) Funktion der Unteilbarkeitsregel

Nach *Furno* besteht die Funktion der Unteilbarkeitsregel gerade darin, dem qualifizierten „Geständnis" die Wirkung des Geständnisses zu nehmen, eben weil es kein wirkliches Geständnis ist. Die Unteilbarkeit der Erklärung soll die Partei davor schützen, daß ihre Aussage, soweit sie ihr selbst ungünstig ist, sofort in gesetzliche Beweiskraft erwächst. Die legale Beweiswirkung des Geständnisses wird durch die legale Beweisregel der Unteilbarkeit begrenzt[43]. Damit die Partei durch ihre „contra se declaratio" nicht sogleich unanfechtbar präjudiziert wird, sieht man auch die „pro se declaratio" als vorläufig, provisorisch bewiesen an[44]. Damit wird durch eine Umkehrung

---

[36] *Furno,* Contributo 98, Anm. 1; *Betti,* Diritto processuale civile 343, Anm. 19.

[37] *Furno,* Contributo 98; Confessione 907.

[38] *Furno,* Appunti, a. a. O. 1039, Anm. 18; Contributo 102, Anm. 1.

[39] *Furno,* Contributo 108. [40] *Furno,* a. a. O.

[41] Zustimmend *Cappelletti,* Testimonianza I, 254, Anm. 34.

[42] *Furno,* Appunti, a. a. O. 1044—1045; Contributo, a. a. O. 92, 108.

[43] *Furno,* Contributo 101, Anm. 2.

[44] *Furno,* Appunti, a. a. O. 1040, Anm. 19; Contributo 102. Vgl. dazu *Calamandrei,* Verità, Riv. dir. proc. 1955 I, 187.

der Beweislast[45] das beweismäßige Gleichgewicht zwischen den Parteien für den Augenblick aufrechterhalten. Inwieweit diese Beweislage zur endgültigen wird, hängt ganz von der Haltung des Gegners ab[46]. Akzeptiert er die Erklärung insgesamt, so können beide Teile der Aussage als wechselseitig zugestanden angesehen werden. Will der Gegner dieses Ergebnis vermeiden, so muß er weitere Beweisanstrengungen machen.

Entschließt er sich, die „pro se declaratio" mit einem Gegenbeweis anzugreifen, so entscheidet der Richter, inwieweit dieser als erbracht anzusehen ist. Versucht er, unabhängig von dem Zugeständnis seine eigene Behauptung zu beweisen, so muß das Beweisverfahren praktisch noch einmal von vorn beginnen. Denn die „contra se declaratio" kann jetzt nicht mehr die Wirkung des Geständnisses haben. Das heißt jedoch nicht, daß die Erklärung beweismäßig ohne jeden Wert wäre. Nunmehr greift die *freie Würdigung* des Richters ein[47]. Die Unteilbarkeitsregel verbietet dem Gericht nur, den *gesetzlichen* Beweiswert des Geständnisses allein der „contra se declaratio" beizulegen[48]. Im Wege der *freien Würdigung* kann der Richter dem Zugeständnis dennoch einen Beweis gegen den Gestehenden entnehmen[49].

b) Begründung der Unteilbarkeitsregel[50]

aa) Beweislastargument

Auf der Basis dieser Erwägungen kommt *Furno* zwanglos zu einer rationalen Begründung der Unteilbarkeitsregel. Sie soll die rechte

---

[45] *Furno,* Confessione 906, 908; *Coviello,* Manuale 543.

[46] *Furno,* Appunti, a. a. O. 1039—1040, 1044; Contributo 108—109.

[47] *Furno,* Appunti, a. a. O. 1045; Contributo 109—112.

[48] Vgl. oben § 3 I.

[49] *Carnelutti,* Sistema I, 760—761.

[50] Es werden im folgenden lediglich diejenigen Begründungen der Unteilbarkeit behandelt, die sich *nur* im italienischen Recht finden, und die m. E. die Bedeutung der italienischen Unteilbarkeitsdoktrin ausmachen. Argumente, die schon das französische Schrifttum erwähnt, wurden ebenso weggelassen wie diejenigen, die noch bei der Darstellung des deutschen Rechts zu behandeln sind. Dazu gehört vor allem die „subjektive" Theorie (so *Furno,* Contributo 99, Anm. 1), die den Wirkungsgrund des Geständnisses im Willen des Gestehenden findet (so z. B. *Mattirolo,* Trattato II, 588; *Chironi-Abello,* Trattato I, 655) oder im Geständnis sogar ein Rechtsgeschäft sieht (so z. B. *Giorgi,* Teoria I, 479; *Chironi-Abello,* a. a. O. 656). Vgl. dazu *Diana,* Confessione, Giur. it. 1901 IV, 168, der diese Theorie ablehnt und deshalb zu dem Ergebnis kommt, die Unteilbarkeit lasse sich überhaupt nicht rational begründen, dagegen *Furno,* Appunti, Foro it. 1938 I, 1038, Anm. 13. Zum Geständnis als „Dispositionsakt" ausführlich im deutschen Teil (§§ 8—9).

Anwendung der Beweislastregeln gewährleisten, indem sie den „dichiarazioni complesse“ den Geständniseffekt nimmt, der ihnen nicht zukommt[51]. Ein Geständnis hat normalerweise die Wirkung, den Gegner des Gestehenden vom Beweise zu befreien („relevatio ab onere probandi“[52], vgl. die Fassung des § 288 ZPO). Die Unteilbarkeitsregel verfolgt den Zweck, diese Wirkung aufzuheben und die normale Beweislastlage beizubehalten. „Unteilbarkeit des Geständnisses“ bedeutet genau genommen, daß noch nichts entschieden ist[53], und deshalb weitere Beweiserhebungen erforderlich sind.

Damit ist einer These des französischen Schrifttums[54] zum ersten Male eine wirkliche Begründung gegeben[55]. Wenn die Unteilbarkeit die richtige Verteilung der Beweislast gewährleisten soll, so folgt daraus aber auch, daß aus den Normen über die Beweislast kein Argument *gegen* die Unteilbarkeit des Geständnisses herzuleiten ist[56]. Erst neuerdings ist behauptet worden, daß nur bei *Teilbarkeit* des Geständnisses die Beweislast richtig, d. h. gemäß den normalen Regeln verteilt werde[57]. Diese Ansicht verkennt, daß ein Geständnis die reguläre Beweislastlage gerade verändern muß, dagegen die Unteilbarkeitsregel darauf abzielt, diesen Effekt zu verhindern.

bb) Einheitsargument

Auch im italienischen Schrifttum findet sich die Ansicht, daß der Unteilbarkeitssatz die innere Einheit der „dichiarazioni complesse“ sanktionieren solle. *Furno* weist allerdings darauf hin, daß hier viel Vorsicht am Platze sei: Es gehe nicht um eine *logische Konnexität*, sondern um einen *juristisch* erklärbaren *Zusammenhang*[58]. Auf Grund logischer Notwendigkeit könne man nicht erklären, warum eine Schuld durch Zahlung getilgt werden müsse. Hingegen sei es ein Gebot des positiven Rechts, daß jede Forderung durch Zahlung oder anderweitig erfüllt werde. In der Frage der Unteilbarkeit müsse man

[51] *Furno*, Appunti, a. a. O. 1039; Contributo 101; vgl. auch *de Page*, Traité III, 1095.

[52] *Furno*, Appunti, a. a. O. 1038; Contributo 99—100.

[53] *Furno*, Appunti, a. a. O. 1039; Contributo 101.

[54] Vgl. oben § 3 II B.

[55] *Furno* selbst hebt hervor, es handele sich um eine „ragione di natura schiettamente giuridica“ (Appunti, a. a. O. 1038; Contributo 99) und weist verschwommene Billigkeitsargumente, wie sie sich im französischen Schrifttum fast ausschließlich finden (vgl. oben § 3 II), ausdrücklich zurück (a. a. O. Anm. 13 bzw. 1).

[56] *Furno*, Appunti, a. a. O. 1038—1040; Contributo 99—103.

[57] So *Umar*, Divisibilité, Schweiz JZ 1966, 152.

[58] *Furno*, Appunti, a. a. O. 1040—1041; Contributo 103—104.

sich daher nicht an der logischen Notwendigkeit, sondern der juristischen Regelhaftigkeit orientieren.

cc) Wahrheitsargument

In eine ähnliche Richtung geht die Begründung von *Chiovenda.* Nach seiner Meinung will Art. 1360 C. civ. die Geständnisse begünstigen, um so die *Wahrheit* im Prozeß zu fördern. Das entgegengesetzte Prinzip, wie es beispielsweise im deutschen Recht eingeführt sei, prämiiere das schlichte Leugnen und damit die Unwahrhaftigkeit[59].

Dieses Argument ist durchaus ernst zu nehmen[60]. Es läßt sich nicht mit der Behauptung widerlegen, daß in allen Prozeßrechtssystemen die Wahrheitspflicht gelte, und es deshalb einer Partei nicht freistehe, das Vorbringen des Gegners einfach abzustreiten[61]. Für den italienischen Zivilprozeß ist schon die Geltung der Wahrheitspflicht zumindest bestritten[62]. Aber auch da, wo sie unzweifelhaft Bestandteil des positiven Rechts ist, wird sie wenig Beachtung finden, wenn die Einzelregelungen ihr zuwiderlaufen[63]. Die *Teilbarkeit* des Geständnisses muß in der Praxis oft zur Folge haben, daß über Tatsachen gestritten wird, die in Wahrheit gar nicht streitig sind. Hier liegt der richtige Kern des Arguments, das in der französischen Lehre fälschlich als ein Postulat der Logik bezeichnet wird[64]; daß nämlich der Gestehende das Zugeständnis nur mache, um seine Zusätze vorbringen zu können, und nicht, um dem Gegner einen Beweis zu liefern; oder, daß die Erklärung in allen Punkten den gleichen Glauben verdiene. „Le débiteur répond qu'il ne doit rien, et quoi-qu'il ne soit pas obligé de dire pourquoi, il lui plaît d'expliquer sa déclaration, voilà tout ...“[65];

---

[59] *Chiovenda,* Principii 795; Istituzioni II, 344; ähnlich *Betti,* Diritto processuale civile 345 und wohl auch *Andrioli,* Confessione 20 („quel principio sanissimo di politica legislativa“). Wörtliche Übersetzung von *Chiovenda* bei *Silva Melero,* Prueba procesal I, 163. Vgl. auch *Heusler,* Zivilprozeß 128; *Planck,* Bemerkungen, Krit. Viertelj. Schr. 4 (1862) 257, 259; *Zink,* Sachverhaltsermittlung I, 40, 147; *Postacioglu,* MUHD 397.

[60] Anders *Furno,* Contributo 103, Anm. 1 („debole motivazione“). Er verkennt m. E., daß diese Begründung in Wirklichkeit seiner eigenen sehr nahe steht, ja eigentlich nur deren Effekt und tieferen Sinn beschreibt, dazu noch genauer unten C und vor allem § 9 III C 2, 3 b.

[61] So aber *Umar,* Divisibilité, Schweiz JZ 1966, 152.

[62] Vgl. oben § 5 III.

[63] Vgl. *Pescatore,* Logica I, 148. Das Problem wird bei der Behandlung des deutschen Rechts ausführlich besprochen werden, vgl. unten § 9 III C 2.

[64] Vgl. oben § 3 II.

[65] *Huc,* Commentaire VIII, 455; *de Page,* Traité III, 1084; vgl. auch *Pescatore,* Logica I, 146; *Mattirolo,* Trattato II, 595.

perchè in realtà il fondamento della domanda di condanna non è costituito dall'affermazione del fatto del ricevimento della merce, bensì dall'affermazione del mancato pagamento . . . Ammettendo il ricevimento . . . egli restringe e concentra la lite su di un punto di fatto controverso che ne diventa il centro"[66].

Teilbarkeit des Geständnisses bedeutet in solchen Fällen, daß der Schuldner noch einmal zahlen muß, wenn er z. B. seine Quittung verloren hat und der Wahrheit die Ehre gibt[67]. Gesteigert werden diese Unbilligkeiten in Rechtsordnungen, die, wie die italienische und französische, den Urkundenbeweis privilegieren[68]. Hier stellt die Unteilbarkeitsvorschrift ein geradezu notwendiges Korrektiv der negativ-formalen Beweistheorie dar[69].

c) Begrenzung der Unteilbarkeitsregel

Die französische Lehre hat den Geltungsbereich des Unteilbarkeitssatzes nicht zuletzt deswegen nicht klar abgrenzen können, weil sie sich über seinen Geltungsgrund nicht im klaren war. Auf der Grundlage der bisher geschilderten Ansichten des italienischen Schrifttums ist auch dieses Problem unschwer zu lösen.

aa) Allgemeine Abgrenzung

Die grundlegenden Ausführungen zu diesem Thema finden sich schon bei *Pescatore*[70]. Er nimmt an, daß wegen der absoluten Fassung des Art. 1360 C. civ. zwar keine *Ausnahmen* vom Unteilbarkeitsgebot zugelassen seien, die Regel jedoch an gewisse *Grenzen* ge-

---

[66] *Furno, Appunti,* Foro it. 1938 I, 1048.

[67] Vgl. *Umar,* Divisibilité, Schweiz JZ 1966, 153—154 und genauer unten § 9 III C 2.

[68] Vgl. *Umar,* a. a. O., der darauf hinweist, daß man bei Geschäften des täglichen Lebens dem Schuldner mit einem Erfahrungssatz helfen kann, nach dem derartige Schulden sofort beglichen werden. Bei andersartigen Geschäften gibt es jedoch eine solche Hilfe nicht, und falls der Schuldner keinen Schuldschein ausgestellt hat, wird er bei der Erfüllung auch keine Quittung verlangen, vgl. *Demolombe,* Cours XXX, 459 und *Umar,* a. a. O. 154, Anm. 65.

[69] Die Unteilbarkeit ist das beste Beispiel dafür, wie *ein* Formalbeweis stets die Korrektur durch einen anderen erzwingt. Das zeigt sich heute noch bei den Erfahrungssätzen des Anscheinsbeweises, vgl. unten § 9 III C 3 c cc—dd.

Postacioglu, Anmerkung, IHFM 30 (1964) 1058—1059 meint, daß die Unteilbarkeit in einer Rechtsordnung, die den Zeugenbeweis nicht beschränkt, ihre Berechtigung verlieren könnte.

[70] *Pescatore,* Logica I, 145—154, 369—375.

bunden sei. Diese würden bestimmt durch die „*sfera del diritto* che forma *l'intero soggetto della questione*"[71].

Der Autor geht dabei von dem häufigsten Falle aus, daß das „qualifizierte Geständnis" durch ein „interrogatorio formale" provoziert wird[72]. Die Parteibefragung beziehe sich dabei notwendig auf den Gegenstand des Rechtsstreits *insgesamt*, also z. B. auf die *gegenwärtige* Existenz einer Zahlungsverpflichtung. Es stehe daher einer Partei nicht frei, diesen einheitlichen Streitgegenstand zu zerteilen, indem sie den Gegner zunächst über die *ursprüngliche* Existenz der Schuld befragen lasse, um ihm sodann die Beweislast hinsichtlich einer *späteren* Erfüllung zuzuschieben. Das Resultat des „interrogatorio" könne nur in der Schlußfolgerung bestehen, daß die mit der Klage behauptete *gegenwärtige* Existenz einer Zahlungsverpflichtung entweder bejaht oder verneint werde. Erklärende Zusätze stellten nicht die Antwort der befragten Partei dar, sondern nur deren Begründung und Rechtfertigung[73].

Könne einerseits die Partei das Thema des „interrogatorio" nicht willkürlich beschränken, so dürfe aber auch ihr befragter Gegner mit seiner Antwort den Umfang des Verhörs nicht unzulässig ausdehnen. Auch er sei an die objektiven Grenzen des Streitgegenstandes gebunden. Damit ist eine sachbezogene Abgrenzung der Unteilbarkeit gegeben, um die man sich in Frankreich vergeblich bemühte[74].

Weiter ausgeführt wurden *Pescatores* Überlegungen von *Mattirolo*. Nach seiner Meinung führt der Kläger zusammen mit seiner Klage virtuell *sämtliche Einreden* in das Verfahren ein, die seinem Begehren entgegengesetzt werden können[75]. Wer z. B. die Rückzahlung eines Darlehens verlange, mache damit gleichzeitig den Einwand der Rückzahlung und der Aufrechnung zum Gegenstand der Verhandlung. Alle Erklärungen einer Partei, die sich im Rahmen der so abgegrenzten Streitfrage halten, bilden danach ein unteilbares Ganzes, während Zusätze, die diese Grenzen überschreiten, unbeachtlich bleiben müssen. Letzteres gilt z. B. für die Behauptung der Aufrechnung, aber nur dann, wenn sie nicht einredeweise, sondern im Wege der Widerklage erhoben wird, um damit einen eigenen neuen Anspruch zu begründen[76].

---

[71] *Pescatore,* a. a. O. 145—146; wörtlich wiedergegeben bei *Diana,* Confessione, Giur. it. 1901 IV, 170; *Mattirolo,* Trattato II, 595; *Lessona,* Teoria I, 543.

[72] Vgl. *Redenti,* Diritto processuale civile II, 222.

[73] *Pescatore,* a. a. O. 146; wörtlich bei *Diana, Mattirolo,* a. a. O.

[74] Zur Frage der Unteilbarkeit des „interrogatoire" vgl. oben § 3 III A 1.

[75] *Mattirolo,* Trattato II, 595; 593, Anm. 1; wörtlich bei *Diana,* a. a. O.; *Lessona,* Teoria I, 543.

[76] *Mattirolo,* a. a. O. 594; vgl. oben S. 46, Anm. 147.

Nach *Carnelutti* hängt die Unteilbarkeit des Geständnisses davon ab, daß sich die Erklärungen auf *dieselbe Rechtsbeziehung* („medesimo rapporto giuridico") beziehen[77]. Unteilbarkeit bedeute nicht Einheit des Gegenstandes der Erklärung, sondern der zugrundeliegenden Rechtsbeziehung. Diese juristische Verbindung schaffe eine Einheitlichkeit der Aussage, die von Natur aus — rein logisch — noch nicht gegeben sei. Eben deshalb müsse sie gesetzlich angeordnet werden[78].

Ihre letzte Verfeinerung fanden diese Ideen schließlich bei *Furno*. Da es sich bei der Unteilbarkeit um eine Frage des Beweises handelt, hält er es für besser, nicht auf die streitige Rechtsbeziehung, sondern statt dessen auf den ihr zugrunde liegenden *Sachverhalt* („fattispecie") als dem tatsächlichen Substrat der Rechtsbeziehung abzustellen[79].

Innerhalb der aufgezeigten Grenzen sind alle Geständnisse unteilbar. Dabei ist es gleichgültig, welche Rechtsnatur die mit der Zusatzbehauptung geltend gemachten Tatsachen haben (konstitutive, modifikative, impeditive oder extinktive Tatsachen)[80]. Ob ein *bestimmtes* Geständnis unteilbar ist, läßt sich abstrakt allerdings nicht entscheiden. Alles hängt von der Beschaffenheit des Einzelfalles ab[81], da die Unteilbarkeit sich auf den geltend gemachten Anspruch beziehen muß[82].

bb) Anderweitige Beweise

Die Anwendung der Unteilbarkeitsregel setzt auch nach Art. 1360 C. civ. voraus, daß keine anderen Beweise als das Geständnis vorliegen. Die Unteilbarkeit soll ja nur verhindern, daß die Beweislast für die Zusätze auf den Gestehenden fällt. Gestatte man seinem Gegner, die eigene Behauptung anderweitig zu beweisen, oder aber die Zusätze zu widerlegen, so werde damit das Unteilbarkeitsgebot gerade befolgt, und nicht eigentlich eine Ausnahme von der Regel zugelassen[83]. Einig war man sich darüber, daß die Zusätze zurückgewiesen werden *müßten*, wenn sie: im Widerspruch zum Ergebnis der

---

[77] *Carnelutti*, Sistema I, 761; vgl. auch *Montalbano*, Confessione 74.

[78] *Carnelutti*, a. a. O.; Abrogazione, Riv. dir. proc. civ. 1935 II, 97.

[79] *Furno*, Appunti, Foro it. 1938 I, 1040—1041; Contributo 104—106.

[80] Vgl. *Micheli*, Onere della prova 410.

[81] *Micheli*, a. a. O. 416.

[82] Nach *Andrioli*, Confessione 20, liegt in diesem Falle auch eine Einheit in der Überzeugung des Gestehenden vor, die die psychologische Rechtfertigung der Unteilbarkeit darstellt.

[83] Vgl. *Lessona*, Teoria I, 538, bes. Anm. 4; *Diana*, Confessione qualificata, Foro it. 1903 I, 282; Confessione, Giur. it. 1901 IV, 171; *Pescatore*, Logica I, 373.

Verhandlungen standen, durch vorherige Äußerungen derselben Partei oder andere Beweismittel widerlegt waren, oder ihnen eine absolute gesetzliche Vermutung entgegenstand. Daneben *könnten* die Zusatzbehauptungen auch dann abgelehnt werden, wenn sie einer einfachen gesetzlichen Vermutung widersprächen. Das Gleiche gelte für den Fall einer tatsächlichen Vermutung, die auf Arglist, Täuschung oder Betrug schließen lasse[84].

Streitig war dagegen, inwieweit schon die bloße *Unwahrscheinlichkeit* der Zusätze einen Gegenbeweis (z. B. eine tatsächliche Vermutung) liefern könne. Zum Teil erkannte man, daß hier die Hand an die Wurzel des gesetzlichen Unteilbarkeitsgebots gelegt wurde. Wahrscheinlichkeit bzw. Unwahrscheinlichkeit seien das Kriterium der freien Beweiswürdigung, aber kein Grund, das Geständnis zu teilen[85]. Auch sei das Wahre nicht immer das Wahrscheinliche[86]. Mit der Gegenmeinung werde der Willkür und dem Rechtsirrtum der Boden bereitet[87]. Die Unwahrscheinlichkeit müsse schon einer wirklichen Unmöglichkeit gleichkommen[88].

Andere dagegen wollten die am Verhalten der Partei orientierte Unwahrscheinlichkeit genügen lassen. Abstrakt, aus der Natur des Geständnisses, dürfe diese Unwahrscheinlichkeit allerdings nicht abgeleitet werden[89]. Mit dem Begriff des schriftlichen *Anfangsbeweises* (principio di prova per iscritto, Art. 1347 C. civ.)[90] habe das Gesetz ein Konzept geschaffen, dessen einziger Inhalt und Voraussetzung die Wahrscheinlichkeit sei[91]. Sie entziehe sich einer gesetzlichen Feststellung und der Überprüfung durch den Kassationshof. Daß sich damit die Unteilbarkeitsregel in der Wahrscheinlichkeit des Einzelfalles verliert[92], wurde klar erkannt, aber nicht als Verletzung des Art. 1360 C. civ. aufgefaßt[93].

---

[84] So übereinstimmend *Lessona,* a. a. O. 539—541; *Mattirolo,* Trattato II, 597; *Pescatore,* a. a. O. 148—150.

[85] Vgl. *Lessona,* a. a. O. 540, Anm. 5.

[86] *Mattirolo,* a. a. O.

[87] *Pescatore,* Logica I, 373—374.

[88] *Pescatore,* a. a. O. 371; *Mattirolo,* a. a. O. Anm. 6.

[89] *Lessona,* Teoria I, 540, Anm. 5; 557, Anm. 2 gegen *Giorgi,* Teoria I, 480; 486, Anm. 1.

[90] Entspricht Art. 1347 C. c., zitiert oben § 2 III A, dort auch zum Begriff des Anfangsbeweises.

[91] *Vgl. Abello,* Principio, Giur. it. 1901 IV, 229, zitiert bei *Diana,* Confessione qualificata, Foro it. 1903 I, 286, Anm. 13.

[92] Vgl. oben § 3 III B 4.

[93] *Diana,* a. a. O.; a. A. *Pescatore,* Logica I, 373—374.

B. Die Rechtsprechung

Von der italienischen Rechtsprechung zu Art. 1360 des älteren Codice civile ist gesagt worden, daß sie in hohem Maße Buchstaben und Sinn des Gesetzes Gewalt angetan habe[94]. Die Gerichte hatten zum Unteilbarkeitsprinzip eine stereotype Formel entwickelt, die in fast allen Urteilen wiederholt wurde: „La confessione è inscindibile quando il fatto giuridico che ne forma l'oggetto sia unico, oppure quando due fatti siano così strettamente connessi, che l'uno si possa considerare come necessaria conseguenza dell'altro. Se la confessione ha per oggetto due fatti giuridicamente distinti dei quali l'uno non sia conseguenza necessaria dell'altro non può trattarsi d'inscindibilità"[95]. Auf der Basis dieser Formel gelangte die Judikatur dazu, die Unteilbarkeit der „confessione qualificata" zu bejahen, die der „confessione complessa" dagegen eher abzulehnen[96]. Diese Auslegung, die den Art. 1360 C. civ. praktisch überflüssig macht[97], hatte ihre theoretische Rechtfertigung durch *Lipari* erhalten[98]. Sonst stieß die faktische Annäherung an das deutsche Recht jedoch allenthalben auf Kritik.

Carnelutti sprach von einer Aufhebung des Art. 1360 C. civ.: „Das in Art. 1360 festgelegte Prinzip kann von Rechts wegen ausgeschaltet werden, wenn die Obligation ein selbständiges Angriffs- oder Verteidigungsmittel[99] enthält, das vom Gegenstand des Geständnisses unabhängig ist"[100]. Für die Fälle, in denen die Rechtsprechung den Unteilbarkeitssatz anwende, sei eine besondere Anordnung der Unteilbarkeit nicht nötig gewesen. Sollte Art. 1360 C. civ. abgefaßt sein, um klarzustellen, daß weiß nicht schwarz sei? Logische Voraussetzung des Unteilbarkeitsprinzips sei jedenfalls, daß das Geständnis mindestens *zwei* Tatsachen umfasse, von denen die eine *nicht* die natürliche Folge der anderen sei[101].

Auch *Micheli* stellte fest, daß nach den in der Rechtsprechung entwickelten Grundsätzen besser nicht mehr von Unteilbarkeit gesprochen werde[102]. Die Judikatur neige zu den gleichen Resultaten, zu de-

[94] *Betti*, Diritto processuale civile 343, Anm. 19; *Furno*, Appunti, Foro it. 1938 I, 1036.

[95] Vgl. *Furno*, a. a. O. Anm. 1 mit ausführlichen Rechtsprechungsnachweisen.

[96] Vgl. *Andrioli*, Confessione 20, Anm. 13—14; *Betti*, a. a. O. Es finden sich sogar Entscheidungen, die die Unteilbarkeit auf das reine Geständnis beschränken wollen, vgl. *Betti*, a. a. O.

[97] Vgl. oben § 3 III A 2 a, 4.

[98] Vgl. oben A 3 a aa.

[99] Vgl. den Text des § 289 ZPO (unten § 7 III).

[100] *Carnelutti*, Abrogazione, Riv. dir. proc. civ. 1935 II, 97.

[101] *Carnelutti*, a. a. O. 97—98.

[102] *Micheli*, Onere della prova 410—417 (415).

nen die deutsche Lehre bei der mühsamen Anwendung des § 289 ZPO gelangt sei, obwohl diese Gesetzesbestimmung vom entgegengesetzten Grundsatz der Teilbarkeit ausgehe. Das sei ein Zeichen dafür, daß die gesetzliche Wertung des Parteiverhaltens durch die freie Würdigung des Richters verdrängt werde[103].

Diese Schlußfolgerung wird durch verschiedene Tatsachen bestätigt. Die Rechtsprechung hat sich geweigert, die gesetzliche Unteilbarkeitsregel auf die (qualifizierte oder komplexe) „ammissione"[104] anzuwenden, weil diese Erklärungen nicht die gesetzliche Beweiskraft des Geständnisses hätten[105]. Auch vertraten die Gerichte den Standpunkt, daß die Verletzung des Unteilbarkeitsgebots als *Tatfrage* nicht im Kassationsverfahren überprüft werden könne[106]. Inwieweit die Kritik des Schrifttums die Rechtsprechung beeinflußt hat, läßt sich schwer sagen. Einige Jahre vor der Verkündung des neuen Codice civile nahm sie jedenfalls mit einem „Sprung zurück" die alte Lehre von *Pescatore* wieder auf. Der Kassationshof erklärte, daß die „confessione complessa" unteilbar sei, soweit sie sich in den Grenzen „del soggetto dell'intera questione dedotta in giudizio" halte[107].

C. Zusammenfassung

Die Entwicklung der Unteilbarkeitslehre ist in Italien mehr vom Schrifttum als von der Rechtsprechung vorangetrieben worden. Grundlegend war dabei die Erkenntnis, daß die Unteilbarkeit keine Eigenschaft des Geständnisses ist, und sich die Frage der Unteilbarkeit gerade dann stellt, wenn *kein* Geständnis vorliegt[108]. Die Unteilbarkeit der gemischten Parteierklärung soll in diesen Fällen den Unbilligkeiten des gesetzlichen Beweises und der gesetzlichen Beweislastverteilung steuern.

Zwischen den Beweislastvorschriften und der Unteilbarkeit des Geständnisses besteht ein Gegensatz[109]. Die Unteilbarkeit will die mittels der Beweislastregeln bewirkte Zerlegung des einheitlichen Streitgegenstandes bzw. Sachverhaltes zugunsten des „Gestehenden" rückgängig machen. Zu diesem Zweck wird der Beweiswert der Gesamterklärung über die Unteilbarkeit letztlich in die freie Würdigung des Gerichts übergeleitet. Der Richter entscheidet jetzt, was bewiesen ist[110], inwieweit also wirklich ein Geständnis vorliegt[111]. Mit einer

---

[103] *Micheli,* a. a. O. 415; 410, Anm. 89.

[104] Zu diesem Begriff oben § 5 II B.

[105] Vgl. *Betti,* Diritto processuale civile 343, Anm. 19.

[106] *Betti,* a. a. O. 344, Anm. 21.

[107] *Cass.* 23. Febr. 1938, Foro it. 1938 I, 1035 m. Anm. *Furno.*

[108] Vgl. die Thesen von *de Page,* oben § 4 I.

[109] Vgl. *Micheli,* Onere della prova 411.

[110] Vgl. oben I A 3 a.

[111] Vgl. wieder *de Page,* oben § 4 I.

bloßen Legalregel wären die Probleme der komplexen Parteierklärungen nicht zu lösen[112]. Darauf hingewiesen zu haben, ist das besondere Verdienst des italienischen Schrifttums.

Die Parallele zu der Entwicklung in Frankreich ist augenfällig. Dort hatte die Rechtsprechung das „demi-aveu“ entwickelt[113] und auf diese Weise den Unteilbarkeitssatz in der freien Würdigung aufgelöst[114]. In Italien erkannte man, daß ein „qualifiziertes Geständnis“ von Natur aus ein solches „demi-aveu“ darstellt, das der freien Würdigung unterliegen muß: „ . . . fra i due estremi della confessione genuina e della negazione assoluta stanno i casi intermedi . . . delle dichiarazioni complesse“[115]. Sie fallen unter den Begriff des beweiserheblichen *Parteiverhaltens*[116]. Am Verhalten der Partei orientiert sich auch die französische Judikatur. Sie entnimmt ihm unter Umständen einen Vollbeweis[117]. So weit mochte indessen die italienische Lehre nicht gehen. Die nicht überwundene Vorstellung, daß keine Partei ihr eigener Zeuge sein könne[118], setzte sich auch hier durch. Die „dichiarazioni complesse“ haben danach keinen eigenständigen Beweiswert, sondern bloß den Charakter eines Indizes, obwohl andererseits eingeräumt wird, daß sie sehr wohl für die Überzeugung des Richters bestimmend sein können[119]. Es findet sich auch die Feststellung, daß der Richter im Wege der freien Würdigung nur der „contra se declaratio“ einen Beweis entnehmen könne[120].

II. DIE UNTEILBARKEIT DES GESTÄNDNISSES NACH ART. 2734 DES CODICE CIVILE VON 1942

A. Das Gesetz und die Lehre

Die große Zahl von Zweifelsfragen, zu denen die Unteilbarkeitsregel in der Fassung des Art. 1360 C. civ. Anlaß gegeben hatte,

[112] Vgl. *Furno,* Appunti, Foro it. 1938 I, 1044; Contributo 108: „ . . . la dichiarazione complessa esige ulteriori esperimenti probatori: il resultato dei quali sfugge necessariamente alla determinazione astratta e aprioristica di regole di prova legale.“

[113] Vgl. oben § 2 III B 1.

[114] Vgl. oben § 3 III B. 4.

[115] *Furno,* Appunti, a. a. O. 1039, Anm. 17. Vgl. damit die Definition des „demiaveu“ bei *Hébraud,* Commentaire, D. C. 1943. 11 (oben § 2 III B 1.).

[116] *Furno,* Appunti, a. a. O. und 1048; Contributo 92—93.

[117] Vgl. oben § 2 III B 3; § 3 III B.

[118] Vgl. oben § 2 I und § 5 III.

[119] Vgl. *Furno,* Appunti, a. a. O. 1045, 1048; Contributo 110—111; gegen ihn *Cappelletti,* Testimonianza I, 254, Anm. 34.

[120] Vgl. oben A 3 a bb, a. E., § 5 III.

bewog den Gesetzgeber von 1942, das Problem auf eine völlig neue Weise zu lösen. Dabei machte er sich die geschilderten Erkenntnisse der Lehre zunutze[121].

Heute bestimmt

Art. 2734 C. civ:

„Quando alla dichiarazione indicata dall'art. 2730 si accompagna quella di altri fatti o circostanze tendenti a infirmare l'efficacia del fatto confessato ovvero a modificarne o a estinguerne gli effetti, le dichiarazioni fanno piena prova nella loro integrità se l'altra parte non contesta la verità dei fatti o delle circostanze aggiunte. In caso di contestazione, è rimesso al giudice di apprezzare, secondo le circostanze, l'efficacia probatoria delle dichiarazioni."

1. Art. 2734 C. civ. und die freie Beweiswürdigung

Art. 2734 C. civ. unterscheidet zwei Fälle. In der ersten Alternative bestreitet der Gegner die Zusatzbehauptung nicht. Bei solcher Lage macht die Gesamterklärung vollen Beweis wie ein wirkliches Geständnis. In der zweiten Alternative bestreitet der Gegner die Zusatztatsachen. Dann entscheidet der Richter über den Beweiswert der Gesamterklärung. Nach dem klaren Wortlaut des Gesetzes, das von „dichiarazioni" (Plural) spricht, wird nicht nur die „pro se declaratio", sondern auch die „contra se declaratio" frei gewürdigt[122].

Die Bestimmung bedeutet damit in mehrfacher Hinsicht einen Bruch mit den Grundsätzen des Formalbeweises. Die Legalregel der Unteilbarkeit ist für die wohl überwiegende Anzahl der Fälle aufgegeben[123]. Nicht umsonst spricht das Gesetz nicht mehr von Unteilbarkeit. Sodann verliert die normalerweise bindende Beweiskraft des Geständnisses durch Art. 2734 viel von ihrer Bedeutung[124]. Schließlich ist nunmehr gesetzlich anerkannt, daß auch die bloße „pro se declaratio" einer Partei einen (frei gewürdigten) Beweiswert haben kann[125].

Damit ist Art. 2734 C. civ. ein Sonderfall der in Art. 116 C. pr. civ. angeordneten freien Würdigung des Parteiverhaltens[126]. Die weite

---

[121] *Furno*, Confessione 907; *Andrioli*, Confessione 20—21; *Montalbano*, Confessione 74.

[122] *Micheli*, Onere della prova 413; *Furno*, a. a. O. 877, 906, 908; *Andrioli*, a. a. O. 21; *Natoli-Ferrucci*, Commentario, Art. 2734, Anm. 2; *Cappelletti*, Testimonianza I, 254, Anm. 33; *Cappelletti-Perillo*, Civil Procedure 202; unrichtig dagegen *Trabucchi*, Istituzioni 241.

[123] *Micheli*, a. a. O.; *Furno*, a. a. O. 907; *Andrioli*, a. a. O. 21; unrichtig *Montalbano*, a. a. O. 74—75.

[124] *Cappelletti*, a. a. O. 255.

[125] *Cappelletti*, a. a. O. 254.

[126] Vgl. oben § 5 II B 2.

Ausdehnung der freien Beweiswürdigung soll dem Richter ermöglichen, den Umständen des Einzelfalles gerecht zu werden und kategoriale Lösungen ausschließen[127]. Insbesondere die Begriffe der „confessione qualificata" bzw. „complessa" sind damit überwunden. Das Gesetz geht davon aus, daß das Geständnis nur ein *reines* sein kann[128].

2. *Art. 2734 C. civ. und die Beweislast*

Obwohl mit Art. 2734 C. civ. das gesetzliche Unteilbarkeitsprinzip in weitem Umfange aufgegeben ist, bedeutet das nicht, daß nunmehr nach deutschem Vorbild der Grundsatz der Teilbarkeit gilt[129]. Die Teilbarkeit des Geständnisses führt zu einer rigorosen Anwendung der Beweislastgrundsätze[130]. Art. 2734 C. civ. dagegen will die Bedeutung der Beweislast gerade vermindern. Nur geschieht dies nicht wie früher durch die Anordnung formaler Unteilbarkeit, sondern durch eine extensive freie Beweiswürdigung, genauer gesagt, durch die freie Würdigung des Parteiverhaltens.

Zwar bezieht sich Art. 2734 C. civ. seinem Wortlaut nach unverkennbar auf die in Art. 2697 C. civ.[131] niedergelegten Grundsätze über die Beweislast[132]. Doch geschieht das nicht, um die Anwendung dieser Grundsätze auf die gemischten Parteierklärungen anzuordnen. Es soll damit vielmehr lediglich der Bereich abgesteckt werden, innerhalb dessen die freie Würdigung des Richters entscheidet. Kann er eine Erklärung nicht teilen, die beweislastmäßig unteilbar ist, so darf er andererseits keine Erklärungen zu einer Einheit zusammenziehen, die in keiner juristisch relevanten Beziehung zueinander stehen. Art. 2734 C. civ. findet also keine Anwendung auf das motivierte Leugnen und die Fälle, in denen die Zusatzbehauptung nicht als Einrede gewertet werden kann[133].

Im übrigen muß die volle Ausschöpfung des Beweisergebnisses unter Einschluß des Parteiverhaltens den Anwendungsbereich der Be-

---

[127] *Andridi,* Confessione 21; *Micheli,* Onere della prova 414.

[128] *Furno,* Confessione 907. Vgl. dazu den Text des Art. 2734 C. civ., der den Begriff „Geständnis" überhaupt vermeidet und auf die Definition der „contra se declaratio" in Art. 2730 C. civ. (vgl. oben § 5 II B) Bezug nimmt. (Ähnlich Art. 360 des portugiesischen Código civil, s. oben § 4 III).

[129] *Micheli,* Onere della prova 414, 418.

[130] *Micheli,* a. a. O. 410.

[131] *Art. 2697 C. civ.:* „Chi vuol far valere un diritto in giudizio deve provare i fatti che ne costituiscono il fondamento.
Chi eccepisce l'inefficacia di tali fatti ovvero eccepisce che il diritto si è modificato o estinto deve provare i fatti su cui l'eccezione si fonda."

[132] *Andrioli,* Confessione 21; *Micheli,* a. a. O. 414.

[133] *Andrioli,* a. a. O.; *Micheli,* a. a. O. 418. Das gilt erst recht für das reine Geständnis, *Micheli,* Corso II, 136.

weislast verkleinern[134]. Sie wird nur noch in den wirklich unaufklärbaren Fällen entscheidungserheblich. Mit Art. 2734 C. civ. ist das Problem der komplexen Parteierklärungen von der Frage der *Beweislosigkeit* in die der beweismäßigen Wertung des *Parteiverhaltens* verlagert worden[135].

Beweiswürdigung und Beweislast stehen so in einer Wechselbeziehung. Während die freie Beweiswürdigung die Anwendung der Beweislastregeln so weit als möglich beschränken soll, wird die freie Beweiswürdigung ihrerseits durch die Beweislastvorschriften begrenzt.

B. Die Rechtsprechung

Art. 2734 C. civ. orientiert sich damit an ganz anderen Kriterien als die von ihm abgelöste Bestimmung. In der Rechtsprechung ist diese Erkenntnis allerdings bis heute nur unvollständig durchgedrungen.

Zum Teil versuchen die Gerichte immer noch, die in Art. 2734 C. civ. gar nicht erwähnte Unteilbarkeit begrifflich und abstrakt festzulegen: „Per il codice vigente a differenza di quello abrogato la confessione è scindibile, salvo che abbia per oggetto un unico fatto giuridico o anche più fatti, che siano così strettamente connessi fra di loro, da fare apparire l'uno come necessaria conseguenza dell'altro"[136]. Wäre dem wirklich so, dann hätte Art. 2734 C. civ. (entgegen der Erkenntnis des Leitsatzes selbst) an dem vorher herrschenden Rechtszustand gar nichts geändert. Einzelne Entscheidungen scheinen auch in diese Richtung zu gehen[137]. Bei Zugeständnis der Schuld, verbunden mit dem Einwand der Zahlung sei das Geständnis auch heute teilbar[138]. Diese Entscheidungen wollen Art. 2734 C. civ. anscheinend auf die Fälle beschränken, für die er sicher nicht gedacht ist, das reine Geständnis und das motivierte Leugnen[139]. Manchmal

---

[134] *Micheli*, Onere della prova 414—415.

[135] *Micheli*, a. a. O. 414.

[136] App. *Palermo*, 14. Okt. 1957, Giust. civ. Mass. App. 1957, 1130; *Cass.* 25. Jan. 1960, Giust. civ. Mass. 1960, 24; *Cass.* 29. März 1962, Giust. civ. Mass. 1962, 323; *Cass.* 17. Sept. 1963, Giust. civ. Mass. 1963, 1198; *Cass.* 9. März 1966, Foro it. 1966 I, 1029.

[137] Vgl. z. B. App. *Reggio di Calabria*, 18. Okt. 1957, Giust. civ. Mass. App. 1957, 215.

[138] App. *Firenze*, 30. Sept. 1959, Giust. civ. Mass. App. 1959, 378; vgl. auch *Cass.* 13. Juli 1945, Giur. compl. Cass. civ. 1945 II, 560.

[139] Ganz deutlich *Cass.* 9. Mai 1967, Rep. Giur. it. 1967, Confessione, Materia civile, Nr. 13 (bedingter Schulderlaß). Vgl. auch *Scardaccione*, Prove 298.

wird ausdrücklich anerkannt, daß der Gesetzgeber mit Art. 2734 C. civ. die freie Beweiswürdigung habe stärken und der Tatsache Rechnung tragen wollen, daß ein Geständnis immer nur ein reines sein könne. Dennoch erscheine die Unteilbarkeit des Geständnisses da nicht logisch, wo sie zu irrigen Ergebnissen führe[140]. Noch weniger werden der neuen Vorschrift jene Urteile gerecht, nach denen der Anwendungsbereich des Art. 2734 C. civ. sowohl die „confessione qualificata" als auch die „confessione complessa" umfaßt[141].

Zutreffender ist es, wenn für Art. 2734 C. civ. verlangt wird, daß die Zusätze zumindest eine Einrede begründen[142]. Es genüge nicht, wenn eine Partei dem Zugeständnis lediglich ihre persönliche Rechtsanschauung beifüge oder Vergleichsvorschläge mache[143]. Danach müssen die Zusätze dahin gehen, den Effekt des Geständnisses aufzuheben[144]. Art. 2734 C. civ. greift andererseits auch dann nicht ein, wenn nach Lage des Falles ein motiviertes Leugnen des Klagegrundes anzunehmen ist[145].

Im Widerspruch zum klaren Wortlaut des Gesetzes nehmen vereinzelte Entscheidungen an, daß im Falle des Art. 2734 S. 2 C. civ. (Bestreitung der Zusätze) lediglich diese Zusätze (pro se declaratio) frei zu würdigen seien[146]. Überwiegend steht man hier jedoch auf dem Standpunkt, daß die Gesamterklärung, also auch das Zugeständnis (contra se declaratio), der freien Würdigung des Gerichts unterworfen ist, und hebt hervor, daß der Richter dem Verhalten der Partei „argomenti di prova"[147] entnehmen könne[148]. Auch hier ist

---

[140] *Cass.* 25. Jan. 1960, Giust. civ. Mass. 1960, 24; *Cass.* 29. März 1962, Giust. civ. Mass. 1962, 323.

[141] App. *Roma* 31. Jan. 1955; Giust. civ. Mass. App. 1955, 1121; App. *Roma,* 20. Sept. 1956; Giust. civ. Mass. App. 1956, 1356; *Cass.* 20. Juli 1960, Giust. civ. Mass. 1960, 753.

[142] *Cass.* 23. April 1952, Giur. compl. Cass. civ. 1952 II 2, 997.

[143] *Cass.* 2. Juli 1953, Giur. compl. Cass. civ. 1953 IV, 317; *Cass.* 13. Juni 1956, Giust. civ. Mass. 1956, 692; Trib. *Napoli,* 31. Dez. 1962, Dir. giur. 1963, 531.

[144] App. *Firenze,* 3. Dez. 1962, Giur. tosc. 1963, 184.

[145] *Cass.* 23. Febr. 1951, Foro it. 1952 I, 1242.

[146] *Cass.* 10. Juni 1948, Giur. compl. Cass. civ. 1948 II, 354; *Cass.* 8. Juni 1957, Giust. civ. Mass. 1957, 829.

[147] Vgl. Art. 116 Abs. 2 C. pr. civ. und oben § 5 II B 2.

[148] App. *Palermo,* 1. Aug. 1956, Giust. civ. Mass. App. 1956, 1133; *Cass.* 22. Mai 1957, Giust. civ. Mass. 1957, 730; *Cass.* 24. Jan. 1959, Giust. civ. Mass. 1959, 75; App. *Roma,* 9. Mai 1959, Giust. civ. Mass. App. 1959, 681; App. *Cagliari,* 7. Aug. 1959, Giust. civ. Mass. App. 1959, 144; *Cass.* 20. Juli 1960, Giust. civ. Mass. 1960, 753; *Cass.* 20 Juli 1962, Giust. civ. Mass. 1962, 972; *Cass.* 1. März 1968, Rep. Giur. it. 1968, Confessione, Materia civile, Nr. 18.

die Judikatur jedoch in bezug auf den Beweiswert der „argomenti“ sehr zurückhaltend. Diese müßten immer durch andere Beweisgründe ergänzt werden und könnten allein keine volle Überzeugung des Gerichts begründen[149]. Dabei liefert doch gerade Art. 2734 C. civ. ein Argument dafür, daß auch die bloße „pro se declaratio“ einer Partei unter Umständen einen selbständigen Beweisgrund darstellen kann[150].

Muß im Bestreitungsfalle (Satz 2) trotz Ausschöpfung des Beweisergebnisses eine Beweislastentscheidung ergehen, so kommen nach der in der Rechtsprechung herrschenden Meinung die normalen Grundsätze des Art. 2697 C. civ. zur Anwendung. Eine Umkehr der Beweislast ergibt sich nicht[151]. Vereinzelte Entscheidungen scheinen demgegenüber immer noch von dem Unteilbarkeitsgrundsatz in seiner alten Form auszugehen. Sie verlangen von dem Gegner des „Gestehenden“ den Beweis der Unrichtigkeit der Zusätze, kehren also die Beweislast um[152].

III. ERGEBNIS

Die italienische Gesetzgebung hat 1942 mit dem 1865 aus dem französischen Recht übernommenen Unteilbarkeitsgrundsatz gebrochen. Die Kritik der Lehre an diesem Prinzip führte dazu, die Beurteilung der komplexen Parteierklärungen weitgehend dem Ermessen des Richters zu überlassen. Damit wurde der Versuch aufgegeben, die komplexen Parteierklärungen begrifflich zu erfassen und dasjenige Kriterium in den Vordergrund gerückt, das wohl schon immer das entscheidende gewesen ist. Durch diese Ausdehnung der freien Beweiswürdigung vermindert sich auch die Bedeutung der Beweislast erheblich.

Die durch Art. 2734 C. civ. gebotenen Möglichkeiten werden allerdings in der Praxis nicht voll genutzt. Schon *Micheli* hatte vorausgesagt, daß die Gerichte den Anwendungsbereich der Beweislast unter Berufung auf diese Vorschrift eher ausweiten würden[153]. Das mag daran liegen, daß die fortschrittliche Bestimmung des Art. 2734 C.

---

[149] *Cass.* 16. Juni 1962, Giust. civ. Mass. 1962, 746.

[150] *Cappelletti,* Testimonianza I, 254—255.

[151] *Cass.* 13. Juli 1945, Giur. compl. Cass. civ. 1945 II, 560; *Cass.* 25. Jan. 1960, Giust. civ. Mass. 1960, 26; *Cass.* 23. Aug. 1962, Giust. civ. Mass. 1962, 1253; *Cass.* 20. Juli 1960, Giust. civ. Mass. 1960, 753.

[152] App. *Roma,* 31. Jan. 1955, Giust. civ. Mass. App. 1955, 1121; App. *Perugia,* 12. Febr. 1958, Riv. giur. umbro-abruzz. 1959, 90. Wohl nicht im gleichen Sinne, aber mißverständlich, *Cass.* 19. Juli 1945, Giur. compl. Cass. civ. 1945 II, 572. Im Schrifttum vgl. *Montalbano,* Confessione 74-75.

[153] *Micheli,* Onere della prova 418.

civ.[154] im italienischen Beweisrecht vereinzelt geblieben ist. Der Beweis durch Parteizeugnis ist vorwiegend formaler Natur[155]. Wie früher die bloße Wahrscheinlichkeit zum Beweis nicht genügte[156], so wird heute das Beweisergebnis trotz Art. 116 C. pr. civ. nicht ausgeschöpft[157]. Inwieweit die vom Kassationshof entwickelten Grundsätze in der Praxis befolgt werden, muß dabei indes offen bleiben. Die Beweiskraft der Gesamterklärung nach Art. 2734 S. 2 C. civ. ist eine Tatfrage, die nicht im Kassationsverfahren überprüft werden kann[158].

---

[154] Vgl. *Cappelletti*, Testimonianza I, 254.
[155] Vgl. oben § 5 III.
[156] Vgl. oben I A 3 c bb.
[157] Vgl. *Cappelletti*, a. a. O., Anm. 34.
[158] *Cass.* 19. April 1958, Giust. civ. Mass. 1958, 470; *Cass.* 27. April 1960, Giust. civ. Mass. 1960, 355; *Cass.* 12. Mai 1967, Rep. Giur. it. 1967, Confessione, Materia civile, Nr. 18.

Dritter Teil: Deutsches und österreichisches Recht[1]

§ 7. Teilbarkeit und Unteilbarkeit des Geständnisses in Deutschland vor Inkrafttreten der Zivilprozeßordnung

I. FRANZÖSISCHES RECHT

Als die napoleonischen Kodifikationen im Jahre 1806 verkündet wurden, gehörten weite Teile des ehemaligen deutschen Reiches zum französischen Kaiserreich. Das Ende der französischen Vorherrschaft war nicht in all diesen Gebieten gleichbedeutend mit dem Ende des französischen Rechts. Besonders in den linksrheinischen Gebieten Deutschlands, Rheinpreußen, Rheinhessen und Rheinbayern behielten die französischen Prozeßgesetze ihre Geltung, bzw. wurden neue Prozeßordnungen nach ihrem Vorbild erlassen[2]. Der neue französische Prozeß mit seinem Prinzip der freien Beweiswürdigung[3] hatte auf die an gemeinrechtlichen Formalismus gewohnte deutsche Jurisprudenz einen nachhaltigen Eindruck gemacht[4]. Die Praxis in den Rheinlanden sorgte in der Folge dafür, daß dieser Eindruck nicht nachließ[5].

Auch der Unteilbarkeitsgrundsatz wurde so Teil des rheinischen Prozesses. Die — soweit ersichtlich — einzige Monographie über das Unteilbarkeitsprinzip stammt von einem Kölner Richter[6]. Er mußte feststellen, daß auch für das „rheinländische Recht“ trotz der unbedingten Fassung des Art. 1356 C. c. größte Unklarheit darüber

---

[1] Das österreichische Recht soll im Rahmen dieses Teiles im wesentlichen als Beispiel dafür dienen, wie die behandelten Probleme in einer der deutschen nahestehenden Prozeßgesetzgebung klarer und folgerichtiger gelöst wurden. Eine ähnlich eingehende Darstellung wie die des französischen, italienischen und deutschen Rechts ist nicht beabsichtigt. Sie ist, wie sich noch zeigen wird, weder nötig noch möglich.

[2] Genaue Aufzählung der Gebiete des französischen Rechts bei *Zachariae-Crome*, Handbuch I, 50—54.

[3] Vgl. dazu oben § 2 II C.

[4] Vgl. z. B. *von Bar*, Recht und Beweis V-VI; *Zink*, Sachverhaltsermittlung I, 2. Kritisch *Schwartz*, Zivilprozeß-Gesetzgebung 605—609, 734—735.

[5] Vgl. *Schwartz*, a. a. O. 605.

[6] *Zum Bach*, Das Geständnis vor dem Zivilgerichte in seiner Unzertrennlichkeit, Köln 1845.

bestehe, „inwiefern die Maxime der Unzertrennbarkeit der gerichtlichen Geständnisse nach dem Buchstaben jenes Art. 1356 ganz absolut, oder nur limitiert im Sinne der älteren Doctrin gelten solle". „In unserer speciellen Jurisprudenz" herrsche insoweit „kein vollkommener Einklang". Auch lasse sich die Unteilbarkeitslehre auf kein vernunftrechtliches Grundprinzip zurückführen und sei dem gemeinen Recht in dieser allgemeinen Form unbekannt[7]. Nach Meinung unseres Autors hängt die Entscheidung der Frage von dem „immer noch streitigen Principe über die Beweisführungslast in subjektiver und objektiver Beziehung" ab[8]. In Frankreich lehrte man's anders: Die Unteilbarkeit beeinflusse die Beweislastverteilung[9], nicht umgekehrt.

Der gleiche Gedanke findet sich jedoch auch im „Standardwerk des rheinischen Privatrechts"[10]. Dort werden Geständnis und Unteilbarkeit in dem Kapitel über die Beweislast behandelt[11]. Das tun allerdings mit der Unteilbarkeitsregel auch manche italienische Autoren, um damit den engen Zusammenhang der beiden Prinzipien zu betonen[12]. Hier ist der Sinn ein anderer: Die Unteilbarkeit soll sich aus den Beweislastregeln erst ergeben[13]. Beweislastgrundsätze und Unteilbarkeitsprinzip führen grundsätzlich dann zu übereinstimmenden Ergebnissen, wenn die Unteilbarkeit auf den Fall des „aveu qualifié" beschränkt wird[14]. Eine solche Einschränkung der Unteilbarkeitslehre wird denn auch von den deutschen Autoren gefordert[15]. Damit stellt man sich im Gegensatz zu der ganz herrschenden Lehre in Frankreich[16] und interpretiert Art. 1356 C. civ. vom gemeinen Recht[17] her.

Die rheinische *Praxis* nahm dagegen Unteilbarkeit auch des „aveu complexe" zumindest für den Fall der Zahlungsbehauptung an[18]. Anders wäre es auch kaum erklärlich, daß sie noch lange nach Einführung der ZPO besonders in Beweislastmonographien geradezu gewohnheitsmäßig zur Zielscheibe besserwisserischer Kritik gemacht

---

7 *Zum Bach*, a. a. O. V—VII.
8 *Zum Bach*, a. a. O. VIII.
9 Vgl. oben § 3 II B.
10 So *Wieacker*, Privatrechtsgeschichte 346, Anm. 76.
11 *Zachariae-Crome*, Handbuch I, 432—443.
12 Siehe oben § 6 I A 3 a aa.
13 Vgl. die Thesen von *Lipari*, oben § 6 I A 3 a aa.
14 Siehe oben § 3 III A 2 a, 4.
15 *Zachariae-Crome*, a. a. O. 441, Anm. 15.
16 Vgl. oben § 3 III A 2 b, 4.
17 Darüber sofort unter II.
18 Vgl. dazu auch unten § 8 II A 3.

wurde[19]. In einigen Partikularrechten wurde das Unteilbarkeitsgebot schon vor Einführung der ZPO aufgehoben[20].

II. GEMEINES RECHT

Von größerem Einfluß auf das heutige deutsche Recht ist die (schon angedeutete) Auffassung des gemeinen Rechts gewesen. Hier ist der Ursprung der Lehre vom *„qualifizierten Geständnis"*. Der Begriff bedeutet nicht das Gleiche wie in Frankreich „aveu qualifié" oder in Italien „confessione qualificata". Man hatte vielmehr den „ursprünglichen" Begriff der „confessio qualificata" beibehalten und bezeichnete damit ungenau alle die Fälle, in denen das Geständnis Zusätze enthielt. Ein solches Geständnis ist unteilbar, wenn es „capita connexa" enthält, dagegen teilbar, wenn es sich um „capita seperata" handelt[21].

A. Einfluß der Beweislastgrundsätze

Diese Kriterien werden im deutschen gemeinen Recht jedoch wesentlich anders definiert als in Frankreich. Die Unteilbarkeitslehre geriet in Deutschland in den Sog der Theorie von der *Beweislast.* Diese im Prinzip noch heute geltende Lehre fußt auf dem Gegensatz von Klage- und Einredegrund: „Actori incumbit probatio", „Reus excipiendo fit actor"[22]. Ihre Verfechter behandelten das qualifizierte Geständnis ausdrücklich nicht als Phänomen des Geständnisses, sondern der Beweislast[23]. Das unteilbare Geständnis bzw. die „capita connexa" sind danach dadurch gekennzeichnet, daß sie eine „maskierte *Negation*" enthalten[24]. „Capita separata" und Teilbarkeit des Geständnisses werden dagegen angenommen, wenn der vom Gegner gemachte Zusatz eine *Einrede* bildet[25]. Die Frage nach der Teilbarkeit oder Unteilbarkeit des qualifizierten Geständnisses fällt so mit der Frage nach der Beweislast zusammen. Unteilbarkeit liegt vor, wenn der Kläger ungeachtet des Geständnisses seine Behauptung doch beweisen muß, Teilbarkeit, wenn der Beklagte den Zusatz nachweisen muß[26]. Der Unteilbarkeitssatz ist hier keine Beweisregel, die den

---

[19] Siehe z. B. *Betzinger,* Beweislast 100, Anm. 2.

[20] Vgl. *Hahn,* Materialien 279.

[21] *Bolgiano,* Qualifiziertes Geständnis, Ztschr. f. Zivilr. u. Proz. 16 (1859) 72, 77—78; vgl. auch oben § 1 II A.

[22] Vgl. Art. 1315 C. c., Art. 2697 C. civ. (zitiert oben § 3 I bzw. § 6 II A 2); *Motive BGB* I, §§ 193—198.

[23] Vgl. *Weber,* Beweisführung 62, 177.

[24] *Bolgiano,* Qualifiziertes Geständnis, Ztschr. f. Zivilr. u. Proz. 16 (1859) 79.

[25] *Bolgiano,* a. a. O.

[26] *Bolgiano,* a. a. O. 78 Fn. 2.

Beweislastgrundsätzen vorgeht, sondern die Beweislastgrundsätze entscheiden, wie weit Unteilbarkeit anzunehmen ist[27].

B. Die Teilbarkeitslehre

Deshalb bedeutet auch diese Unteilbarkeit sachlich nicht das gleiche wie der französische Begriff. Zwar findet sich die französische Lehre, der Gegner müsse bei Vorliegen von „capita connexa" seinen *ganzen* Klagegrund beweisen, wenn er sich den Zusatz nicht gefallen lassen wolle[28]. Die meisten deutschen Autoren lehnen jedoch eine solche Verwerfung „en bloc" ab. Sie lehren, in einem solchen Falle brauche das *wirklich Zugestandene* nicht bewiesen zu werden. Werde z. B. gegenüber der Darlehensklage Schenkung der Geldsumme eingewandt, so stehe jedenfalls die Hingabe des Geldes fest, und *nur* der Zusatz stehe zur Beweislast des Klägers. Die Unteilbarkeit ist also nur noch eine solche in bezug „auf die Beweislast, d. h., auf die Person des Beweisenden", dagegen *Teilbarkeit* „in bezug auf den Beweissatz, d. h., auf das zu Beweisende"[29]. Bereits zugestandene Tatsachen brauchen nicht noch einmal bewiesen zu werden[30]. Unteilbarkeit bedeutet daher nur, daß ungeachtet des qualifizierten Geständnisses für *nicht zugestandene* Behauptungen Beweis zu erbringen ist: Die Beweislast trägt, wer sie sonst trägt[31].

Von wirklicher Unteilbarkeit im Sinne des französischen Rechts kann hier keine Rede mehr sein. Das haben einige Autoren des gemeinen Rechts auch gesehen. Folgerichtig vertraten sie den Standpunkt, das qualifizierte Geständnis sei in allen Fällen *teilbar*[32]. Der Kläger brauche es daher nicht en bloc anzunehmen oder zu verwerfen; ein Gegenstück zu dem in Frankreich geläufigen umgekehrten Zirkelschluß[33].

Nicht nur der Begriff der Unteilbarkeit, sondern auch der des qualifizierten Geständnisses wird völlig uneinheitlich gebraucht. Während die einen das motivierte (indirekte) Leugnen aus diesem Begriff

---

[27] Vgl. *Lipari*, Indivisibilità, Riv. dir. proc. civ. 1925 I, 131, 134—135.

[28] Vgl. *Bolgiano*, Qualifiziertes Geständnis, Ztschr. f. Zivilr. u. Proz. 16 (1859) 83.

[29] *Bolgiano*, a. a. O. 82.

[30] *Bolgiano*, a. a. O. 80—84.

[31] *Bolgiano*, a. a. O.; *v. Canstein*, Geständnis, ZZP 1 (1879) 314.

[32] Vgl. *Gönner*, Handbuch II, 393—394 u. *Bolgiano*, a. a. O. 82: „Was die letzteren unteilbar nannten, das nennen die ersteren teilbar, und zwar beide mit Recht."

[33] Vgl. oben § 3 II.

herausnehmen wollten[34], sprachen sich andere dafür aus, ihn gerade für diese Fälle zu verwenden[35].

Angesichts dieser Unklarheiten erscheint es fraglich, ob die Praxis sich jemals nach einer einheitlichen Regel gerichtet hat. *Planck* behauptet, im deutschen Recht vor der ZPO sei die Unteilbarkeit dem richterlichen Ermessen überlassen gewesen[36]. Den gleichen Schluß hatte man in Frankreich für den Rechtszustand vor dem Code civil gezogen[37].

III. DIE ENTSTEHUNG VON § 289 ZPO UND § 266 ÖZPO[38]

Es ist eine alte Streitfrage, ob die Väter der ZPO sich zu sehr vom Vorbild des französischen Prozesses haben leiten lassen[39]. Der Unteilbarkeitsgrundsatz jedenfalls hat an dieser Präferenz keinen Anteil gehabt. Dabei fällt auf, daß die deutschen Gesetzesverfasser ihre ablehnende Haltung ebensowenig motivierten wie rund 80 Jahre zuvor die französischen ihre zustimmende[40]. Im „Entwurf einer deutschen Zivilprozeßordnung“ aus dem Jahre 1871 heißt es z. B. lediglich, das Unteilbarkeitsprinzip sei „durch überzeugende innere Gründe nicht gerechtfertigt“. Es widerstreite „deutschen Rechtsanschauungen“ und sei „von der deutschen Rechtswissenschaft so entschieden gemißbilligt, daß dessen Aufnahme in eine deutsche Prozeßordnung geradezu unmöglich“ erscheine. Der Entwurf habe deshalb feststellen müssen, daß „unter voller Anerkennung des Prinzips der freien richterlichen Würdigung der civilrechtliche Unterschied zwischen klagbegründenden und klagaufhebenden Tatsachen im Prozeß seine Geltung behaupte“[41]. Die Materialien zur ZPO fügen hinzu, der Unteilbarkeitssatz hänge mit der „reprobierten Beschränkung des Zeugen und Vermutungsbeweises zusammen“[42]. „Für den Entwurf konnte es hiernach keinem Zweifel unterliegen, daß der Unteilbarkeit des gerichtlichen Geständnisses im Sinne des französischen Rechts die Aufnahme zu versagen sei“. Im Interesse der *Rechtseinheit* könne man es dabei aber nicht bewenden lassen. Für die rheinischen Rechtsgebiete müsse ausdrücklich klargestellt werden, daß das Unteilbar-

---

[34] *Wetzell*, System 152.

[35] *Bolgiano*, a. a. O. 80.

[36] *Planck*, Bemerkungen, Krit. Viertelj. Schr. 4 (1862) 259.

[37] Siehe oben § 1 II A.

[38] = Österreichische ZPO (§§ ohne Zusatz sind solche der deutschen ZPO).

[39] Vgl. *Schwartz*, Zivilprozeß-Gesetzgebung 736 einerseits, *Wach*, Grundfragen 4—5 andererseits.

[40] Vgl. oben § 1 II B.

[41] *Entwurf 1*, 318.

[42] Vgl. dazu oben § 6 I A 3 b cc.

keitsprinzip keine Geltung mehr beanspruchen könne[43]. Als Begründung wies man auf die Abschaffung des Unteilbarkeitsprinzips in einigen Teilen Deutschlands hin. Aus dem Schrifttum wurde lediglich ein Aufsatz von *Planck* zitiert, der sich jedoch nicht dezidiert gegen den Unteilbarkeitssatz ausgesprochen hatte, vielmehr seine Anwendung in das Ermessen des Richters stellen wollte[44].

Die weitere Klärung der Doktrin vom qualifizierten Geständnis überließ man bewußt Rechtsprechung und Lehre, weil besonders die Wissenschaft mit Erfolg bestrebt sei, „die zahlreichen Irrtümer auszumerzen, welche sich in die Lehre eingeschlichen haben", und „als sie zu Ergebnissen" gelange, „die im Wesentlichen mit der Auslegung zusammentreffen, welche deutsche Bearbeiter des französischen Zivilrechts dem Art. 1356 des Code civil geben"[45]. Diese Auslegung der „deutschen Bearbeiter" kennen wir bereits. Sie beschränkt die Unteilbarkeit des Geständnisses auf den Fall des „aveu qualifié"[46].

Ergebnis dieser Erwägungen waren die beiden Absätze des heutigen

§ 289 ZPO:

„Die Wirksamkeit des gerichtlichen Geständnisses wird dadurch nicht beeinträchtigt, daß ihm eine Behauptung hinzugefügt wird, die ein selbständiges Angriffs- oder Verteidigungsmittel enthält.

Inwiefern eine vor Gericht erfolgte einräumende Erklärung ungeachtet anderer zusätzlicher oder einschränkender Behauptungen als ein Geständnis anzusehen sei, bestimmt sich nach der Beschaffenheit des einzelnen Falles."

Das österreichische Recht bestimmt dagegen in

§ 266 Abs. 2 ÖZPO:

„Inwieferne ein solches Geständnis durch demselben von der Partei beigefügte Zusätze und Einschränkungen aufgehoben oder in seiner Wirksamkeit beeinträchtigt wird, und welchen Einfluß ein Widerruf auf die Wirksamkeit des Geständnisses hat, ist vom Gerichte nach seinem durch sorgfältige Erwägung aller Umstände geleiteten Ermessen zu beurteilen."

Weshalb man in Österreich der deutschen (oder auch der französischen) Lösung nicht folgte, ergeben die Gesetzesmaterialien nicht[47]. Es liegt der Gedanke nahe, daß man die Unvereinbarkeit dieser

---

[43] *Hahn*, Materialien 278—279; *Entwurf* 2, 476.

[44] Vgl. oben II B.

[45] *Hahn*, a. a. O. 279; *Entwurf* 2, 476.

[46] Siehe oben I; § 3 III A 4.

[47] Vgl. *Materialien* I, 298.

Regelungen mit dem Prinzip der freien Beweiswürdigung erkannt hatte[48].

Eine der deutschen Regel ähnliche Vorschrift gilt in der Schweiz in den Kantonen Bern (Art. 217 ZPO)[49] und Freiburg (Art. 196 ZPO). Die Schweizer Bundes-ZPO überläßt dagegen ähnlich der ÖZPO die Lösung der Frage dem freien Ermessen des Richters, 36 Abs. 3 BZPO[50]. In der Türkei hat die deutsche Teilbarkeitsregel sich in der Rechtsprechung Geltung verschafft[51].

§ 8. Der Beweis durch Parteizeugnis im deutschen und österreichischen Zivilprozeß

§ 289 ZPO kann nicht isoliert vom allgemeinen Recht der Parteiaussage betrachtet werden. Das gilt, wenn auch in weit geringerem Maße, ebenfalls von § 266 Abs. 2 ÖZPO. In Frankreich ist das ganz absolut gefaßte Unteilbarkeitsgebot in der freien Beweiswürdigung aufgelöst worden. In Italien dagegen kehrten trotz gesetzlich angeordneter freier Würdigung der Unteilbarkeit die alten begrifflichen Kategorien zum Teil unverändert wieder, eben weil die Parteiaussage im italienischen Recht noch stark vom formalen Beweisprinzip beherrscht wird. Welche Tragweite die entsprechenden deutschen und österreichischen Bestimmungen haben und haben können, läßt sich ebenfalls nur nach einer Darstellung des Rechts der Parteiaussage im Ganzen entscheiden. Dabei sind im deutschen Recht die Zusammenhänge und Bezüge zum Teil deutlicher, zum Teil aber auch viel subtilerer Natur als in Frankreich und Italien und sind (wahrscheinlich deshalb) im Schrifttum noch gar nicht behandelt worden.

I. FREIE BEWEISWÜRDIGUNG

Das Beweisrecht ist in Deutschland und Österreich ausschließlich in der ZPO enthalten. Nach beiden Prozeßordnungen gilt das Prinzip der freien Beweiswürdigung (§ 286 ZPO, § 272 ÖZPO). Beweisregeln sind die Ausnahme. Sie dürfen nur den Prozeßordnungen selbst entnommen werden[1]. In Deutschland sind gemäß § 14 Abs. 2 Nr. 3 EGZPO ausdrücklich alle landesrechtlichen Vorschriften außer Kraft gesetzt, „nach welchen unter bestimmten Voraussetzungen eine Tatsache als mehr oder minder wahrscheinlich anzunehmen ist". Vereinzelte Beweisregeln gibt es z. B. für Urkunden[2].

---

[48] Vgl. dazu unten § 8 II C 2; § 9 III C 1.

[49] Vgl. *Siegrist,* Grundfragen 310.

[50] Vgl. *Guldener,* Beweislast 59—60.

[51] Vgl. *Umar,* Divisibilité, Schweiz JZ 1966, 150.

[1] § 286 Abs. 2 ZPO, § 272 Abs. 1 ÖZPO.

[2] Vgl. §§ 164, 314, 415—418 ZPO; 215, 292—294 ÖZPO.

Der Ausdruck „freie Beweiswürdigung“ ist sprachlich eigentlich zu eng. Das Gesetz sagt nämlich in

§ 286 Abs. 1 S. 1 ZPO:

„Das Gericht hat unter Berücksichtigung des *gesamten Inhalts der Verhandlungen* und des Ergebnisses einer *etwaigen* Beweisaufnahme nach freier Überzeugung zu entscheiden, ob eine tatsächliche Behauptung für wahr oder für nicht wahr zu erachten sei.“

*Beweis*ergebnisse sind daher auch schon die „Ergebnisse der gesamten Verhandlung“ (§ 272 Abs. 1 ÖZPO), nicht nur die Resultate eines „etwaigen“ Beweisverfahrens[3]. Solche „Verhandlungswürdigung“[4] aber bedeutet im Kern freie Würdigung des *Parteiverhaltens* und *-vorbringens*[5]. Freie Beweiswürdigung in diesem Sinne heißt, daß der Richter seine Überzeugung auf eine bestrittene Parteibehauptung gründen darf[6]. Eine bloße „pro se declaratio“ einer Partei kann so Beweiswert erhalten[7]. Diese Interdependenz von freier Beweiswürdigung und Beweiskraft der Parteiaussage ist bereits am französischen und italienischen Beispiel deutlich geworden[8].

Bei der Beweiswürdigung ist der Richter völlig frei. Es kommt nicht darauf an, *welche* Partei eine Behauptung aufgestellt oder einen Beweis angetreten hat. Aus § 286 ZPO ergibt sich auch, daß die *Beweislast* insoweit *keine Rolle* spielt[9].

II. PARTEIZEUGNIS UND FORMALBEWEIS

Wegen § 286 ZPO kann der Grundsatz, nach dem Handelsbücher eines Kaufmanns Beweis auch zu seinen Gunsten erbringen können[10], ohne weiteres auf alle Parteierklärungen im Prozeß ausgedehnt

---

[3] Das ist (entgegen *Peters*, Beweislast, MDR 1949, 67) allgemeine Meinung, vgl. schon *Hahn*, Materialien 275; auch *Pohle*, Bemerkungen, MDR 1949, 386; *Stein-Jonas*, Kommentar I, § 286, Anm. II 1; *Wieczorek*, ZPO II 1, § 286, Anm. B IV a; *Fasching*, Kommentar III, § 272, Anm. 2.

[4] *Kegel*, Individualanscheinsbeweis 324.

[5] *Stein-Jonas*, Kommentar I, § 286, Anm. II 1; *Blomeyer*, Zivilprozeßrecht 361; Gutachten 1; *Baumbach-Lauterbach*, ZPO, § 286, Anm. 2 A; *Fasching*, a. a. O.

[6] BGH NJW 1960, 100, Nr. 14; *Hahn*, Materialien 275; *Baumbach-Lauterbach*, a. a. O.; *Stein-Jonas*, a. a. O.

[7] *Planck*, Lehrbuch I, 348—349.

[8] Vgl. oben § 2 III B 3; § 6 II A 1.

[9] *Rosenberg*, Beweislast 20—21; *Bernhardt*, Sachverhaltsaufklärung 17; Beweislast, JR 1966, 323; *Baumbach-Lauterbach*, ZPO, § 286, Anm. 2 A; *Stein-Jonas*, Kommentar I, § 286, Anm. II 1; *Döhring*, Sachverhaltserforschung 18.

[10] Vgl. oben § 3 II A.

werden[11]. Früher war dies jedoch die Mindermeinung. Solange die ZPO den Parteieid noch kannte, ließ sich auch im deutschen Recht weit besser eine Theorie von der Gesetzlichkeit des Parteizeugnisses[12] vertreten, nach der die Partei prinzipiell unglaubwürdig ist und nie Zeuge sein kann[13] (nemo testis in re sua)[14]. Sie ist nur *Beweisführer, nicht Beweismittel*[15]. Zuschiebung des Eides und Geständnis sind danach gar kein Beweis, sondern „prozessualisches *Rechtsgeschäft*", *d. h., Dispositionsakt*[16].

Wenn auch inzwischen der Parteieid durch die Parteivernehmung ersetzt wurde, so ist in der deutschen ZPO (weniger in der österreichischen) die Doppelgleisigkeit von gesetzlicher und frei gewürdigter Parteiaussage bis heute deutlich erhalten geblieben. Diese fehlende innere Harmonie des Gesetzes wirkt sich besonders in § 289 ZPO (*nicht* in § 266 Abs. 2 ÖZPO) aus. Sie soll im folgenden erläutert werden am Beispiel des gerichtlichen Geständnisses (unten B), insbesondere aber an den mannigfaltigen, vielfach kaum bemerkten Nachwirkungen des Parteieides auf die Parteivernehmung (unten C) sowie das Beweisrecht insgesamt (unten A). Deshalb ist es nur scheinbar paradox, wenn der im deutschen Recht nicht mehr existierende Pareieid hier eingehender behandelt werden muß als bei der Darstellung des französischen und italienischen Rechts, die beide den Eid der Partei noch heute kennen.

A. Der Parteieid in der deutschen ZPO von 1877 und seine Abschaffung

1. Eid und Beweiswürdigung

Der Parteieid war durch die §§ 445—477 ZPO[17] unter dem Titel „Beweis durch Eid" geregelt. Wie das französische und italienische Recht so kannte auch das deutsche den zugeschobenen Eid (auch: Haupteid, Schiedseid) und den richterlichen Eid (auch Noteid genannt).

---

[11] So *Planck*, Lehrbuch I, 348—349.

[12] Vgl. oben § 2 I, II C, D. Beschränkungen des Zeugenbeweises kennt die ZPO dagegen nicht, vgl. *Wach*, Vorträge 214.

[13] Vgl. vor allem *Wach*, Vorträge 218; Grundfragen 27, 33; auch *Heusler*, Grundlagen, AcP 62 (1879) 235; *Levy*, Schiedseid, ZZP 23 (1897) 17—19, und RGZ 32, 398 (399); 82, 131 (133).

[14] Vgl. oben § 2 I.

[15] *Wach*, Vorträge 218.

[16] Vgl. *Wach*, a. a. O. 220; *Stein*, Grundriß 171; *Oertmann*, Grundriß, 134; *Schmidt*, Lehrbuch 453—454; auch *Hahn*, Materialien 278.

[17] Die Paragraphenziffern entsprechen dem Rechtszustand vor der Novelle von 1933 und nicht der ursprünglichen Numerierung.

Beim zugeschobenen Eid erfolgt die Antretung des Beweises durch die Erklärung, daß dem Gegner über die bestimmt zu bezeichnende Tatsache der Eid zugeschoben werde, § 451. Ist eine Partei nicht prozeßfähig, so ist die Zuschiebung oder Zurückschiebung des Eides nur an ihren gesetzlichen Vertreter zulässig, § 473. Auf ihre eigene bessere Kenntnis der Sachlage kommt nichts an. Ganz wie in Frankreich und Italien kann aber der Eid nur Tatsachen betreffen, die in Handlungen des Delaten bestehen oder Gegenstand seiner Wahrnehmung gewesen sind, §§ 445, 448. Von grundlegender Bedeutung ist die *Subsidiarität* des Schiedseides, d. h., er kann nur geschworen werden, wenn der Beweis durch andere Beweismittel nicht angetreten oder erfolglos geblieben ist, vgl. §§ 453, 454. Die Eideszuschiebung ist insbesondere unzulässig zur Führung eines direkten *Gegenbeweises*, d. h., über eine Tatsache, deren Gegenteil das Gericht für erwiesen erachtet, § 446. Der Schiedseid ist so der letzte Ausweg, eine Art „Notbremse“[18].

Nicht subsidiär war dagegen der Noteid. Er wird einer Patei vom *Richter* auferlegt, wenn das „Ergebnis der Verhandlungen und einer etwaigen Beweisaufnahme“ nicht ausgereicht hat, um die volle Überzeugung des Gerichts zu begründen, § 475 (vgl. den französischen und italienischen „Ergänzungseid“).

Die Leistung wie die Verweigerung von Schieds- oder Noteid begründen *vollen Beweis*, §§ 463, 464, 477. Die Formalkraft des Eides erledigt die Beweisfrage endgültig[19], ohne daß es auf die richterliche Überzeugung ankäme. Die Partei schwört im Eidestermin nur die vom Gericht gefaßte Eidesformel. Es gibt weder Kontrollfragen des Richters noch des Gegners[20], ähnlich wie beim früheren französischen „interrogatoire“[21]. Ein *Gegenbeweis* ist nur unter den Voraussetzungen des Wiederaufnahmeverfahrens zulässig, § 463 Abs. 2. Der Eid war eine der in § 286 Abs. 2 bezogenen Beweisregeln[22]. Hier gilt der Grundsatz der freien Würdigung nur als Ausnahme, so unter bestimmten Umständen im Falle der Streitgenossenschaft, § 472[23].

Den formalen Charakter des Parteieides hat die Rechtsprechung des Reichsgerichts nicht überwinden können[24]. Während die französischen Gerichte die Zuschiebung des Eides nicht zulassen, wenn die zu beschwörende Tatsache unwahrscheinlich ist[25], stellte das RG fest,

---

[18] *Stölzel*, Schulung I, 89; *Wach*, Vorträge 220.

[19] *Wach*, a. a. O. 219—220.

[20] *Rosenberg*, Referat 672.

[21] Vgl. oben § 2 II D 3.

[22] *Hahn*, Materialien 275—276.

[23] Vgl. die entsprechende italienische Regelung in Art. 2738 Abs. 3 C. civ., dazu oben § 5 II B.

[24] *Nagel*, Grundzüge 223—224, 314.

[25] Vgl. oben § 2 III B 2.

daß auch die äußerste Unwahrscheinlichkeit den Richter nicht berechtige, die Eideszuschiebung nach § 446 für unstatthaft zu erklären[26]. So ist der Eid in Frankreich zum wirklichen Beweismittel geworden, wogegen in Deutschland früher große Teile der Lehre annahmen, es handele sich entgegen dem Wortlaut des Gesetzes gar nicht um einen Beweis, sondern eine „Tatsachenfeststellung ohne Beweis"[27], wie beim Geständnis.

2. *Eid und Beweislast*

Die formale Beweiskraft des Eides ist in eigenartiger Weise von der Beweislast abhängig gemacht. § 447 a. F. lautete:

> „Eine nicht beweispflichtige Partei übernimmt durch Eideszuschiebung nicht die Beweispflicht."

Die Eideszuschiebung berührt also die Beweislast nicht. Deferieren beide Parteien, so hat der Richter den Antrag des *Beweisbelasteten* zu berücksichtigen[28]. Sein *Gegner* ist daher stets näher zum Eide[29]. Der Beweispflichtige selbst kommt nur zum Schwur, falls ihm der Eid *zurückgeschoben* wird. Grundsätzlich soll niemand die eigene Behauptung mit dem Schwur bekräftigen können.

Diese Tatsache galt früher als die Quintessenz der gesamten Lehre von der Beweislast überhaupt[30]. Dem unter Verstoß gegen die Beweislastregeln geleisteten Eid wurde daher in der Rechtsprechung die Formalwirkung aberkannt[31]. Hier liegt auch der Grund dafür, daß die Beweislast von den Vätern des BGB durch die sprachliche Fassung der Gesetze so minuziös geregelt worden ist („... es sei denn, daß ..."; „... wenn nicht ..."[32]). Es handelte sich darum, festzulegen, wer im Falle des „non liquet" den Prozeß durch den Eid zu seinen Gunsten sollte entscheiden können. Wenn z. B. § 932 BGB den bösen Glauben normativ zur Ausnahme erhob, so letztlich, um in Zweifelsfällen den Erwerber zum Eide kommen zu lassen, der anders vielleicht seine Gutgläubigkeit nicht beweisen könnte[33]. Die Grundsätze

---

[26] RGZ 5, 429; dagegen *Walsmann*, Eidesbeweis 255; *Wach*, Vorträge 225—226.

[27] *Kleinfeller*, Gutachten 91; Tatsacheneid 309.

[28] *Wach*, Vorträge 222.

[29] *Walsmann*, Eidesbeweis 236; *Stölzel*, Schulung I, 50—51, 87—89; *Nikisch*, Zivilprozeßrecht 359.

[30] Vgl. *Bähr*, Grenzen, Jher. Jahrb. 25 (1887) 406; *Stölzel*, a. a. O. 87—89; *Leonhard*, Beweislast 191, 197—198.

[31] RGZ 29, 116 (118—119); vgl. *Nagel*, Grundzüge 223—224.

[32] Vgl. *Rosenberg*, Beweislast 126—127.

[33] *Walsmann*, Eidesbeweis 236—237.

des Formalbeweises wirken so über die Beweislast in die gesamte Privatrechtsordnung hinein[34].

Geschichtlich ist der Eid der Ursprung der Lehre von der Beweislast[35]. Das germanisch-deutsche Recht sprach von einem Eidesrecht, d. h., von dem Recht des Beklagten, eine Schuld oder eine Tatsache eidlich ableugnen zu dürfen (sog. Rechtseid, im Gegensatz zum neueren Tatsacheneid, der römischen Ursprungs ist[36]). Allmählich erlangte der Gläubiger die Befugnis, dieses Recht durch Beweisantritt auszuschließen und so dem Beklagten den Eid zu „verlegen"[37]. Dieser Gedanke trat bald in den Vordergrund. Der Gegner kam nur zum Eide, wenn der Behauptende keinen Beweis antrat. So kannte z. B. der sächsische Prozeß ein Wahlrecht zwischen Eid und Beweis[38]. „Man sprach daher nicht mehr von dem (selbstverständlichen) Beweisrecht oder Eides*recht* des Gegners, sondern von der Beweis*last* des Beweisführers, man sprach von einer Beweislast des Klägers, soweit es sich um das Entstehen der Schuld handelte, und ebenso sprach man von einer Beweislast des Beklagten, soweit eine befreiende Tatsache in Frage stand. So entstand die Lehre von der Beweislast"[39].

Die Dichotomie von anspruchsbegründenden und einredebegründenden Tatsachen konnte aber erst zum Angelpunkt der gesamten Beweislastlehre werden, nachdem der Rechtseid weggefallen war. Denn im Falle der Beweislosigkeit kommt es jetzt nicht mehr zum Eide, sondern es wird einfach angenommen, „die zu beweisenden Tatsachen seien nicht vorhanden"[40], und der jeweils Beweisbelastete verliert den Prozeß. „Die Beweislosigkeit gilt als Unwahrheit"[41]. Das allein hätte aber bei der starren legalen Beweistheorie, die den Beweis sehr erschwerte, die Rechtsverfolgung fast unmöglich gemacht. Deshalb die Einrichtung des Tatsacheneides[42]; denn „wo ein Beweis auferlegt ist, da muß auch ein Mittel sein, ihn zu führen, wo kein Mittel ist, da muß der Eid aushelfen"[43]. Fast alle Beweisverfahren gehen so mit zugeschobenen oder vom Richter auferlegten Eiden aus[44];

---

[34] *Walsmann,* a. a. O.

[35] Vgl. *Kohler,* Zivilprozeßrecht 315.

[36] Vgl. *Sperl,* Lehrbuch I, 454; *Nagel,* Grundzüge 88—89.

[37] *Nagel,* a. a. O. 153.

[38] *Kohler,* Zivilprozeßrecht 315; vgl. auch *Wetzell,* System 259—262.

[39] *Kohler,* a. a. O. Vgl. auch *Nagel,* a. a. O. 154: „Der Beweis war ursprünglich nicht so sehr eine Last, als vielmehr ein Vorteil." Ähnlich *Engelmann,* History 471—472.

[40] *Kohler,* a. a. O.

[41] *Wach,* Vorträge 235; vgl. auch *v. Bar,* Recht und Beweis 22, 128.

[42] *v. Bar,* a. a. O. 128.

[43] *Zink,* Sachverhaltsermittlung I, 521.

[44] *Zink,* a. a. O. 519.

letztere als „Erfüllungseid" des Klägers oder als „Reinigungseid" des Beklagten; je nachdem, ob es dem Kläger gelungen war, für seine Behauptung „halben" Beweis (semiplena probatio)[45] zu erbringen oder nicht[46].

Diese Zusammenhänge zwischen gesetzlicher Beweistheorie und abstrakter Beweislastverteilung waren früher deutlicher als heute. So nahm man im Schrifttum teilweise an, daß freie Beweiswürdigung und Verteilung der Beweislast nach festen gesetzlichen Regeln miteinander unvereinbar seien[47]. Ob die heute herrschende Lehre, nach der zwischen Beweislast und Beweiswürdigung grundsätzlich scharf zu trennen ist, diese Zusammenhänge bzw. Gegensätze mehr verschleiert denn klärt, wird noch näher zu prüfen sein.

Ist der *zugeschobene* Eid in der ZPO von 1877 noch ein streng formales Beweismittel, so liegt der eigentliche Fortschritt darin, daß der *richterliche* Eid zu einem unvollkommen materiellen Beweismittel ausgestaltet wurde[48]. Er hat zwar bindende Beweiskraft, ist aber weder subsidiär, noch abhängig von der Verteilung der Beweislast[49]. Der Richter entscheidet vielmehr auf Grund der *„Verhandlungswürdigung"* (vgl. den Wortlaut von § 286 und § 475 a. F.!) nach der *Wahrscheinlichkeit* des Einzelfalles, welcher Partei er den Eid auferlegt. Mit dem richterlichen Eid kann er außerdem die Zuschiebung des Eides durch die Parteien ausschließen[50].

3. Eid, Unteilbarkeit und Prozeßidee

Diesem Einbruch in die gesetzliche Beweistheorie maß jedoch die ältere Lehre keine grundsätzliche Bedeutung zu[51]. Daß der Richter kraft freier Würdigung der — wenn auch beeideten — Aussage der *beweisbelasteten* Partei einen Beweis zu deren Gunsten entnehmen könnte, galt vielmehr früher als „Revolution unseres Rechtslebens, wie man sie sich ärger kaum denken kann. Damit wäre die Lehre von der Beweislast tatsächlich in die Luft gesprengt"[52]. Die Beseitigung der Eidesdelation und die Einführung einer von der Beweislast unabhängigen zeugeneidlichen Vernehmung der Partei gebe diese in

---

[45] Vgl. oben § 2 I.

[46] *Zink*, a. a. O. 521; *Wetzell*, System 249—254.

[47] *v. Bar*, Recht und Beweis 21—34.

[48] *Cappelletti*, Testimonianza II, 588—590.

[49] *Wach*, Vorträge 232—233; *Korsch*, Beweislastregeln 81—82.

[50] *Wach*, Vorträge 219.

[51] Vgl. *Wach*, a. a. O. 234; anders *Kohler*, Zivilprozeßrecht 315—316.

[52] So *Bähr*, Grenzen, Jher. Jahrb. 25 (1887) 406; auch *Wach*, a. a. O. 236; Grundfragen 27.

die Hand richterlicher Willkür und mache den Ausgang von Prozessen unberechenbar[53].

Der Eid ist so das getreue Spiegelbild der die ZPO anfangs beherrschenden individualistischen Prozeßauffassung[54]. Der Prozeß ist Sache der Parteien, die Verhandlungsmaxime in ihrer extremen Form der „Grundsatz der staatlichen Interesselosigkeit an der Streitsache"[55]. Verhandlungsmaxime und Dispositionsgrundsatz werden nicht unterschieden[56]. Wie die Partei den Prozeßstoff einführt, so kann sie auch weiter frei darüber verfügen[57]. Von hier aus das Verständnis des Parteizeugnisses als Dispositionsakt, nicht als Beweismittel[58]. Ist die Parteiaussage aber kein Beweismittel, so trifft die Partei auch *keine Wahrheitspflicht*[59]. Im Zusammenhang mit der Verteilung der Beweislast nach festen gesetzlichen Regeln und den zahlreich erhalten gebliebenen Beweisregeln ergibt dies das *Prinzip der formellen Wahrheit:* „Die Feststellung der Wahrheit ... ist nicht das Ziel des Zivilprozesess und kann es nicht sein. Sie ist sein erwünschtes, aber nicht verbürgtes Resultat"[60]. Hauptzweck des Zivilprozesses ist die Wahrung des Rechtsfriedens durch Schaffung von Rechtsgewißheit. Die Wahrheitsermittlung steht nur im Hintergrund[61].

Die ältere deutsche Lehre geht damit, wie die ehemalige französische, von der Idee des *„combat judiciaire"* aus[62]. Was in Frankreich als „neutralité du juge" und „légalité des preuves" bezeichnet wurde[63], liegt in Deutschland in den Begriffen „Verhandlungsmaxime" und „Prinzip der formellen Wahrheit". Auch die ältere französische Lehre leugnete eine Wahrheitspflicht der Parteien: „Nemo tenetur edere contra se"[64].

Nimmt man nach dem oben Dargelegten einmal an, daß der Eid als die eigentliche, heute verloren gegangene Pointe der Beweislast

---

[53] *Bähr, Wach,* a. a. O.

[54] *Brüggemann,* Judex 59—60.

[55] *Wach,* Vorträge 53.

[56] *Bernhardt,* Wahrheitspflicht, JZ 1963, 246.

[57] *Wach,* Vorträge 53, 200—203.

[58] Vgl. oben II.

[59] *Wach,* Vorträge 218; Grundfragen 32—35; vgl. zum italienischen Recht, oben § 5 III.

[60] *Wach,* Vorträge 199. In der 1. Aufl. der „Vorträge" hatte es sogar geheißen: „Sie ist sein zufälliges Resultat" (S. 149).

[61] *Walsmann,* Irrtum, AcP 102 (1907) 66; *Pagenstecher,* Rechtskraft 217; vgl. auch *Siegrist,* Grundfragen 70.

[62] Vgl. *Wach,* Grundfragen 61.

[63] Vgl. oben § 2 II C.

[64] Vgl. oben § 2 II C; § 5 III.

für die Beweislastgrundsätze selbst steht, so zeigt sich besonders deutlich, daß Teilbarkeit und Unteilbarkeit des Geständnisses auf der gleichen Prozeßauffassung beruhen. Die *Unteilbarkeit* besagt: Wer für seine Behauptungen keinen anderen Beweis hat als das Geständnis des *Gegners*, muß dieses so nehmen, wie es ist[65]. Die *Teilbarkeit* bedeutet: Wer für seine Behauptungen keinen anderen Beweis hat als den Eid, muß den *Gegner* zum Schwur zulassen[66].

Der Prozeß ist Kampf, nicht Wahrheitsfindung. Geständnis und Zuschiebung des Eides sind daher an den Gegner gerichtete Dispositionsakte, nicht an das Gericht adressierte Beweiserklärungen. Da somit auf die Überzeugung des Richters nichts ankommt, können die Parteien durch Zuschiebung des Eides und durch Geständnis über *Tatsachen* beliebig verfügen[67]. Ein Geständnis kann also auch von der *Bedingung* abhängig gemacht werden, daß der Gegner die Zusätze ebenfalls gelten läßt[68]. Teilbarkeit(bzw. Beweislastgrundsätze, bzw. Eid) und Unteilbarkeit beruhen so *beide* auf einem „eigentümlichen Werturteil über die Aufgaben der Prozeßparteien, das aus rein logischen, erkenntnis-theoretischen Erwägungen heraus schlechterdings nicht zu begründen ist“[69].

Andererseits ist die Einrichtung des zugeschobenen Eides aber auch die beste Erklärung dafür, daß die Unteilbarkeit selbst nicht in das deutsche Recht aufgenommen wurde. Hat der Kläger im Falle des Zahlungseinwandes (Fall b der Einleitung) für die Entstehung der Schuld nichts anderes als das unteilbare Geständnis des Beklagten, so kann er nur obsiegen, wenn *er* beweist, daß *nicht* gezahlt worden ist[70]. Dieser Beweis ist *Haupt*beweis. Ist der Kläger auch insoweit ohne Beweismittel und muß deshalb auf den Eid zurückgreifen, so kommt daher der *Beklagte* zum Schwur. In der rheinischen Praxis vor Inkrafttreten der ZPO wurde ihm der Eid in der Form zugeschoben, „ob er nicht gestehen müsse, daß er dem Kläger *noch* das Kaufgeld schulde“[71]. Unteilbarkeit des Geständnisses bewirkt also, daß der Beklagte im Widerspruch zu den Eidesgrundsätzen seine *eigene* Behauptung beschwören kann[72].

---

[65] Vgl. oben § 1 I; § 3 I, II.

[66] Vgl. *Stölzel*, Schulung I, 50—51.

[67] Deshalb galt die Eideszuschiebung als eine der „bedeutendsten Garantien der Freiheit des Bürgers gegenüber der Zivilrechtspflege“, vgl. *Rosenberg*, Referat 681.

[68] So *Planck*, Bemerkungen, Krit. Viertelj. Schr. 4 (1862) 254.

[69] *Bierling*, Prinzipienlehre IV, 71.

[70] Vgl. oben § 3 II B, III B 1.

[71] Vgl. *Stölzel*, Schulung I, 141, Anm. 1.

[72] *Stölzel*, a. a. O. 142, 86—89.

Vielfach wurde auch angenommen, die *Teilbarkeit* des Geständnisses ergebe sich daraus, daß der Kläger sie jederzeit herbeiführen könne. Er brauche dem Beklagten ja nur den Eid über das *Nichtentstehen* der Schuld zuzuschieben. „Könnte der Gegner den Eid wohl schwören, und wenn er ihn schwören wollte, in welche Verlegenheit geriete dann nicht der Richter"[73]?! Solchen verfehlten Deutungen hatten die französische Judikatur und die deutsche Partikulargesetzgebung zur Unteilbarkeit allerdings einen Riegel vorgeschoben[74].

Gegenüber der hier vorgetragenen These läßt sich daher nicht einwenden, daß das französische Recht den zugeschobenen Eid ebenfalls kannte (und noch heute kennt). Hinzu kommt, daß in Frankreich auch der zugeschobene Eid schon früh zu einem echten Beweismittel „materialisiert" wurde[75], was in Deutschland nur für den richterlichen Eid zutrifft[76].

So war letztlich das Eidesrecht der Grund, wenn die deutschen Entwürfe darauf bestanden, daß „der Unterschied zwischen klagbegründenden und klagaufhebenden Tatsachen im Prozeß seine Geltung behaupten" müsse[77].

4. Einführung der Parteivernehmung und Wandel der Prozeßidee

In Frankreich wurde die „comparution personelle" von den Gerichten zu einem frei gewürdigten Beweismittel entwickelt und dadurch der Formalbeweis und mit ihm der Unteilbarkeitssatz überwunden.

Im deutschen Sprachraum ging die Evolution von der Legislative aus. Zunächst erkannte man in Österreich, daß freie Beweiswürdigung und normierter Eid sich vertragen „wie Wasser und Feuer"[78]. Eine ersatzlose Abschaffung des Eides konnte jedoch nicht in Frage kommen[79], wollte man nicht das Wissen der Parteien beweismäßig völlig ungenutzt lassen[80]. Ein Gesetz aus dem Jahre 1873, das im Verfahren in Bagatellsachen den Grundsatz der freien Beweiswürdigung einführte, bestimmte gleichzeitig, daß die Vorschriften über den Beweis durch Eid keine Anwendung fänden[81]. An seine Stelle trat nach

---

[73] *Bolgiano*, Qualifiziertes Geständnis, Zeitschr. f. Zivilr. u. Proz. 16 (1859) 83—84.

[74] Vgl. oben § 3 III B 1 a und *Planck*, Krit. Viertelj. Schr. 4 (1862) 254.

[75] Vgl. oben § 2 III B 2.

[76] Vgl. oben 1.

[77] Vgl. oben § 7 III.

[78] *Klein-Engel*, Zivilprozeß 364; s. auch *Materialien* I, 324.

[79] Vgl. *Rosenberg*, Referat 674.

[80] Vgl. *Klein-Engel*, a. a. O. 368.

[81] Vgl. §§ 33, 65 des Gesetzes (abgek.: öBagG), RGBl. 1873, Nr. 66.

englischem Vorbild[82] ein „Beweis durch Abhörung der Parteien als Zeugen“[83]. Die Partei wurde jedoch nicht, wie im angloamerikanischen Recht, einschränkungslos dem Zeugen gleichgestellt[84]. Die Vernehmung ist *subsidiär* wie der einstige Haupteid[85]; auch muß die *beweisbelastete* Partei zuerst gehört werden. Die letztere Beschränkung hat jedoch keine grundsätzliche Bedeutung mehr, denn der Richter kann von ihr abweichen, wenn dies „zur *Ermittlung der Wahrheit* förderlich erscheint“[86]. Die Vernehmung geht vor sich wie eine Zeugenvernehmung, die Partei kann jedoch nicht zum Erscheinen und zur Aussage gezwungen werden[87]. Vor der Abhörung wird die Partei vereidigt[88]. Verlangt die Gegenpartei, ebenfalls gehört zu werden, so muß der Richter dem entsprechen[89]. Er kann jedoch die Vereidigung des Gegners bis nach seiner Abhörung verschieben und sodann ganz unterlassen, falls nämlich die Aussage sich „als ganz *unwahrscheinlich* darstellt“[90].

Die Neuerung bewährte sich[91]. Als Österreich 1895 eine neue Zivilprozeßordnung einführte, wies der Gesetzgeber darauf hin, daß kein Bedürfnis vorhanden sei, zum Beweis durch Eid zurückzukehren[92]. An seine Stelle trat der „Beweis durch Vernehmung der Parteien“ (§§ 371—383 ÖZPO).

Von dem englischen Vorbild und den Erfahrungen im österreichischen Bagatellverfahren hätte die deutsche ZPO 1877 schon profitieren können[93]. Allein diese Erfahrungen blieben auf die herrschende Lehre „völlig eindruckslos“[94]. Erst nachdem die österreichische Parteivernehmung schon ein Musterbeispiel „angewandter Rechtsverglei-

---

[82] Daß das Beispiel des englischen Rechts entscheidend war, ist (entgegen *Nagel*, Grundzüge 218—222) allgemeine Meinung (vgl. *Sperl*, Lehrbuch I, 455; *Cappelletti*, Testimonianza II, 485, 489), und ergibt sich insbesondere aus den Schriften des damaligen österreichischen Justizministers *Glaser*, der der intellektuelle Urheber der Neuerung gewesen ist, vgl. *Glaser*, Kleinere Schriften 434, 480—482.

[83] Vgl. die Überschrift vor § 53 öBagG.

[84] *Millar*, Fact Discovery, Ill. L. Rev. 32 (1937) 429.

[85] Vgl. § 53 Abs. 2 öBagG und oben 1.

[86] § 55 öBagG.

[87] § 62 öBagG.

[88] § 61 Abs. 1 öBagG.

[89] § 56 öBagG.

[90] § 61 Abs. 2 öBagG.

[91] *Klein-Engel*, Zivilprozeß 364; *Cappelletti*, Testimonianza II, 494—495.

[92] *Materialien* I, 324; auch *Klein-Engel*, a. a. O.

[93] *Blomeyer*, Zivilprozeßrecht 396; *Rosenberg*, Referat 675; *Stein-Jonas*, Kommentar I, vor § 445, Anm. I.

[94] So *Wach*, Vorträge 237.

chung"[95] geworden und in den Zivilprozeß zahlreicher Länder übernommen war[96], wurde sie dann schließlich durch die Novelle von 1933 auch in Deutschland eingeführt[97]. Das Beispiel des — auch in anderer Hinsicht — moderneren österreichischen Prozesses hatte den Ausschlag gegeben[98].

Entscheidend ist, daß mit der Parteivernehmung eine ganz neue Prozeßauffassung in die deutsche ZPO „eingebaut" wurde, die sich mit der alten, individualistischen Auffassung, wie sie sich im Eidesrecht manifestierte, nicht verträgt[99]. Die ältere Lehre hat das genau erkannt, daher ihre Polemik gegen die Parteivernehmung[100]. Andere kritisierten demgegenüber schon früh das unsoziale Wesen des deutschen Prozesses, dem sie den österreichischen gegenüberstellten[101].Es ist bekannt, daß *Franz Klein*, der Schöpfer der österreichischen ZPO, eine „soziale" Konzeption des Zivilprozesses verfolgte: Der Zivilprozeß als „Wohlfahrtseinrichtung"[102]. Einer solchen Zielsetzung kann ein Prozeß nicht genügen, wenn er bloß eine formale Rechtsgewißheit schafft. Der Staat muß vielmehr auch im Zivilprozeß ein Interesse nicht nur daran haben, daß irgendeine Entscheidung dem Streit der Parteien ein Ende setzt, sondern auch daran, daß diese Entscheidung gerecht ist. Ein gerechtes Urteil aber kann nicht auf einer formalen, sondern es muß auf der materiellen *Wahrheit* beruhen[103]. Daher ist auch im Zivilprozeß die Ermittlung des wahren Sachverhalts in den Vordergrund zu stellen[103a].

---

[95] *Lenhoff*, Law of Evidence, Am. J. Comp. L. 3 (1954) 342.

[96] Aufzählung bei *Fasching*, Kommentar III, 514.

[97] *Szaszy*, International Civil Procedure 281, nimmt irrig an, daß das deutsche Recht noch heute neben der Parteivernehmung den Parteieid kennt. Vgl. aber das griech. ZPGB §§ 432 ff., 438 ff.

[98] Vgl. *Rosenberg*, Referat 676; Entwurf, ZZP 57 (1933) 330; *Nadelmann*, Preuve, Bull. Soc. Leg. Comp. 68 (1938/39) 177.

[99] Vgl. *Püschel*, Gutachten 773; *Klein-Engel*, Zivilprozeß 368.

[100] Vgl. *Wach*, Vorträge 214—215, 238—240, 242; Grundfragen 61; *Bähr*, Grenzen, Jher. Jahrb. 25 (1887) 405—406; *Schmidt*, Wahrheitsermittlung, JW 1913, 774—776.

[101] *Schwartz*, Zivilprozeßgesetzgebung 738.

[102] *Klein-Engel*, Zivilprozeß 186 ff.; *Püschel*, Gutachten 773; *Bernhardt*, Wahrheitspflicht, JZ 1963, 246; *Schwartz*, a. a. O. 744; *Cappelletti*, Ideologie, Riv. trim. dir. proc. civ. 1962, 197.

[103] *Bernhardt*, Sachverhaltsaufklärung 11; *Döhring*, Sachverhaltserforschung 7; auch *Kohler*, Prozeß 19; *Siegrist*, Grundfragen 275.

[103a] Vgl. KG NJW 1967, 115 (116): „. . . daß Hauptzweck des Zivilprozesses die Ermittlung der reinen Wahrheit ist . . ."

Diesem Prozeßzweck dient die freie Beweiswürdigung und besonders die freie Würdigung des Parteizeugnisses[104], vgl. § 453 ZPO. Will man den Sachverhalt so weit als möglich aufklären, so kommt man nicht umhin, das Wissen auch derjenigen Personen *beweismäßig* zu nutzen, die zwar die am wenigsten zuverlässigen, aber für gewöhnlich die am besten unterrichteten sind, die Parteien[105]. Das aber kann nicht dadurch geschehen, daß die Parteien über den Tatsachenstoff „disponieren"[106]. Sie müssen vielmehr wie ein Zeuge die Wahrheit, und zwar die *ganze* Wahrheit sagen. Nicht umsonst ist daher zugleich mit der Parteivernehmung in Deutschland und Österreich die *Wahrheits-* und *Vollständigkeitspflicht der Parteien* eingeführt worden[107], vgl. §§ 138 Abs. 1, 451, 395 Abs. 1 ZPO, 178, 376 Abs. 2 S. 2 ÖZPO. Das Parteizeugnis ist jetzt echter *Beweis*, dessen Wert sich nach der *Wahrscheinlichkeit* bemißt[108], das zeigt schon die „Abhörung" im österreichischen Bagatellverfahren.

Der Widerspruch von Parteivernehmung und Wahrheitspflicht einerseits und der die ZPO von 1877 beherrschenden Prozeßauffassung andererseits[109] ist dem Novellengesetzgeber von 1933 anscheinend nicht bewußt geworden. Nicht nur hat er es unterlassen, das Recht der Parteiaussage in der ZPO zu harmonisieren[110]. Seit 1933 ist das größte Problem des deutschen Zivilverfahrens, wie der Geltungsbereich der bis dahin als tragend angesehenen Prozeßmaximen, insbesondere des Verhandlungsgrundsatzes, vom Prozeßzweck der Wahrheitsfindung her abzugrenzen ist[111]. Das zeigt sich an zwei Entscheidungen des Reichsgerichts, die im Abstand von nur einem Jahr einmal die Verhandlungsmaxime und einmal die Wahrheits-

---

[104] *Klein*, Vorlesungen 172; *Püschel*, Gutachten 142; *Sperl*, Lehrbuch I, 464; *Rühl*, Reformbestrebungen 15.

[105] *Cappelletti*, Testimonianza I, 3—4; *Sperl*, a. a. O. 454; *Pollak*, System 685—686; *Rosenberg*, Referat 674.

[106] Vgl. *Döhring*, Sachverhaltserforschung 9; auch *Roquette*, Anmerkung, JW 1936, 46.

[107] Vgl. *Klein*, Parteihandlung 127.

[108] Ganz unrichtig daher LG *Nürnberg-Fürth*, NJW 1961, 834. Das Gericht unterstellt der Parteivernehmung denselben Zweck wie vormals dem Parteieid, nämlich den „einer gerichtlichen Handhabe, (weniger die Wahrheit zu finden, als vielmehr) einen Prozeß nach den Regeln der Beweislast durch Auferlegung der Verantwortung auf eine Partei zur Entscheidung zu bringen." Vgl. auch noch BGHZ 42, 230 (231) = NJW 1965, 106, Nr. 8, wo die Parteivernehmung in gleicher Weise definiert wird wie bei RG Gruch. 42 (1898) 1198 (1200) der Parteieid („Akt der Prozeßführung").

[109] Vgl. *Rühl*, Reformbestrebungen 15—17.

[110] *Bernhardt*, Wahrheitspflicht, JZ 1963, 245.

[111] *Brüggemann*, Judex 124; vgl. auch *Lent-Jauernig*, Zivilprozeßrecht § 25 VIII 2.

pflicht zum obersten Grundsatz des Zivilprozesses erhoben[112]. Das Problem stellt sich insbesondere für denjenigen, der das Geständnisrecht zu behandeln hat.

B. Das Geständnis der Partei

In den §§ 288 ff. ZPO ist die dem Eidesrecht zugrundeliegende Prozeßauffassung unverändert erhalten geblieben[113]. Hier gilt noch heute der Grundsatz, daß die Partei nicht ihr eigener Zeuge sein kann.

Auch im deutschen Recht ist das Geständnis ein klares Relikt des gesetzlichen Beweissystems. Das erhellt schon aus seinem früheren Zusammenhang mit dem Eidesrecht. Die Beweiskraft des Eides war nach der älteren Lehre ja keineswegs eine Folge seiner Überzeugungskraft[114]. Wer den Eid zuschiebt, will die Wahrheit seiner Behauptung von der Gewissenhaftigkeit des Gegners abhängig machen[115]. Trifft die Behauptung zu, so soll der Gegner sie *zugestehen,* und damit den Beweis liefern, den der Beweisführer nicht erbringen kann[116].

Die Feststellungswirkung des Geständnisses ist ebenfalls von der richterlichen Überzeugung unabhängig[117], denn es ruht, wie die Eideszuschiebung, auf der Dispositionsbefugnis der Parteien. Von einer Konzeption des Geständnisses als einer Verfügung über das streitige Recht, und nicht eines Beweismittels, gehen auch die Motive zur ZPO aus[118]. Diese Geständniswirkung galt der älteren Lehre als ebenso unverzichtbarer Bestandteil der Verhandlungsmaxime wie das Recht zur Eideszuschiebung, die Verteilung der Beweislast nach festen gesetzlichen Regeln, ja das Prinzip der formellen Wahrheit überhaupt, das erst die Rechtssicherheit garantiere[119]. Auch heute noch heißt es, das Geständnis entfließe der Parteiherrschaft[120].

Wesentliche Folge der Theorie vom Geständnis als Dispositionsakt ist die angreifbare Fassung des Gesetzes. Nach der deutschen und österreichischen ZPO ist das Geständnis nicht, wie in den romani-

---

[112] RGZ 151, 93 (98); RG ZAKDR 4 (1937) 536 m. Anm. *Bernhardt* (537).

[113] Vgl. *Bernhardt,* Wahrheitspflicht, JZ 1963, 246.

[114] *Wach,* Vorträge 224; *Pagenstecher,* Rechtskraft 179.

[115] *Wach,* a. a. O. 225; *Glücklich,* Parteivernehmung 97.

[116] Vgl. *Bähr,* Grenzen, Jher. Jahrb. 25 (1887) 402, 404; *Leonhard,* Beweislast 198; *Brüggemann,* Judex 59.

[117] *Wach,* a. a. O. 207.

[118] *Hahn,* Materialien 278: „ . . . eine durch Verzicht auf den Beweis bewirkte Disposition über das streitige Recht . . ."

[119] *Wach,* Grundfragen 27.

[120] Vgl. *Baumbach-Lauterbach,* ZPO § 288, Anm. 3 B.

schen Rechten, ein *Beweismittel* mit bindender Beweiskraft. Gemäß § 288 Abs. 1 ZPO und § 266 Abs. 1 ÖZPO *bedürfen* vielmehr zugestandene Tatsachen „*keines Beweises*". Hierzu ist schon früh festgestellt worden, daß die Unterscheidung keinen praktischen Wert habe[121]. Die Wirkung ist dieselbe[122]. Die Auffassung des deutschen Rechts hat indes den Blick auf das dahinter liegende Problem von Beweis und Parteizeugnis hierzulande dermaßen verstellt, daß es bisher gar nicht gesehen wurde. Diese Auffassung ist nämlich unrichtig.

Sie geht zurück auf das kanonische Recht („relevatio ab onere probandi")[123]. In ihrer heutigen Fassung im österreichischen und deutschen Recht beruht sie schon auf einem begrifflichen Mißverständnis. § 288 ZPO (wie auch § 266 ÖZPO) erweckt den Eindruck, als sei „zugestanden" einfach eine von vielen möglichen Eigenschaften einer *einzigen* Tatsache, wie z. B. „notorisch" (§ 291 ZPO, § 269 ÖZPO) oder „unmöglich"[124]. In Wirklichkeit liegen doch wohl *zwei* voneinander zu unterscheidende Tatsachen vor, die zugestandene Tatsache und die (spätere) Tatsache des Geständnisses selbst[125]. Von der letzteren kann der Richter auf die erstere schließen. Es fragt sich nur, inwieweit dieser Schluß *zwingend* ist, ob das Geständnis *immer* auf die Wahrheit der zugestandenen Tatsache schließen läßt oder nur in der überwiegenden Anzahl der Fälle[126]. Das Gesetz hat sich für die erste Lösung entschieden und geht von der Regel aus, daß ein Geständnis wahr ist; die Ausnahmefälle werden gedeckt durch die Selbstverantwortlichkeit der Parteien und die Prozeßökonomie[127]. *Deshalb* bedürfen gemäß § 288 ZPO (§ 266 ÖZPO) die zugestandenen Tatsachen keines Beweises *mehr*, eben weil sie schon durch das *Geständnis* bewiesen sind[128]. Das Geständnis ist also auch im deutschen und österreichischen Recht nichts anderes als ein gesetzliches Beweismittel[129].

---

[121] *v. Savigny*, System VII, 41—42.

[122] *Nagel*, Grundzüge 96; *Siegrist*, Grundfragen 278.

[123] Vgl. *Furno*, Confessione 874, Anm. 12; Contributo 113.

[124] Vgl. *Sauer*, Prozeßrechtslehre 182.

[125] *Furno*, Confessione 874, Contributo 114.

[126] *Furno*, Contributo 114; *Juchems*, Geständnis 23; *Siegrist*, Grundfragen 283.

[127] *Pollak*, Geständnis 114; *Juchems*, a. a. O. 23; *Siegrist*, a. a. O. 278, 286; auch *Cappelletti*, Testimonianza I, 278 und oben § 3 II A.

[128] *Furno*, Confessione 874, 902; Contributo 114; *Siegrist*, a. a. O. 284—285.

[129] *Pollak*, Geständnis 114; System 643—644; *Juchems*, Geständnis 21; vgl. auch *Schmidt*, Lehrbuch 452. Nach *Siegrist*, a. a. O. 277, 284—285 bedürfen die zugestandenen Tatsachen gemäß § 288 keines Beweises *im Sinne der freien Beweiswürdigung* mehr, weil dieser durch die formale Beweis-

Die Lehre vom Geständnis als Beweismittel ist in Deutschland auch nicht neu. Einige Partikularrechte sprachen vor Inkrafttreten der ZPO von einem „Beweise durch Geständnis“[130]. Die Väter der ZPO glaubten dem nicht folgen zu können, weil der Formalismus des gesetzlichen Beweises vermieden werden müsse[131]. Es ist indes zweifelhaft, ob das lediglich durch ein naives Wortspiel[132] erreicht werden konnte. Indem man glaubte, die gesetzliche Beweistheorie auszuschalten, hat man sie nur um so konsequenter verwirklicht[133]. Auf § 288 ZPO stützte die ältere Lehre ihre Ansicht, nach der das Geständnis als Dispositionsakt mit der Wahrheit der zugestandenen Tatsachen nichts zu tun habe[134].

Aber auch die heutige deutsche Lehre zerreißt unter Berufung auf den Wortlaut des § 288 ZPO den Zusammenhang zwischen Beweis und Geständnis zugunsten einer Unterteilung in bestrittene und unbestrittene Tatsachen[135]. Der Unterschied zwischen § 138 Abs. 3 und § 288 ZPO soll danach nur in der Widerrufsbeschränkung (§ 290 ZPO) liegen[136]. Was zugestanden und dadurch unbestritten werden kann, bestimmen die Regeln der *Behauptungslast*, die grundsätzlich mit denen über die Beweislast übereinstimmen. Gestehen kann man daher nur eine Tatsache, für die der *Gegner* die *Beweislast* trägt[137]. Wie die formale Feststellungswirkung des Eides, so kann auch die des Geständnisses nur von demjenigen herbeigeführt werden, der in bezug auf die festzustellende Tatsache nicht die Beweislast trägt. Das mag beim Geständnis selbstverständlicher sein als beim Eid, ist aber hier wie dort wesentlich nichts anderes als die Ausprägung des gleichen Grundsatzes „nemo testis in re sua“. Der gesetzlich fixierte Beweiswert des Parteizeugnisses wird von Beweislastkriterien abhängig gemacht.

---

regel ersetzt wird. Ähnlich *Bruns*, Zivilprozeßrecht 251: Geständnis „ersetzt“ den Beweis.

[130] Vgl. *Juchems*, a. a. O. 22; *Furno*, Confessione 874, Anm. 10.

[131] Vgl. *Hahn*, Materialien 268—269; *Furno*, Contributo 113; *Nagel*, Grundzüge 97, Anm. 197.

[132] *Furno*, a. a. O. 114.

[133] *Furno*, a. a. O. 114—115; vgl. auch *Schmidt*, Lehrbuch 452—453: „Das geltende Recht geht . . . noch weiter“ (als bloß eine Beweisregel aufzustellen).

[134] Vgl. *Pollak*, Geständnis 112, 119; *Schmidt*, a. a. O.; *Siegrist*, Grundfragen 271—272.

[135] Vgl. *Juchems*, Geständnis 23.

[136] *Baumbach-Lauterbach*, ZPO, vor § 288, Anm. 2; *Hellwig*, System I, 438, Anm. 12.

[137] *Rosenberg*, Beweislast 76; *Blomeyer*, Zivilprozeßrecht 336, 338.

Gesetz und herrschende Meinung verkennen indes das Zeugnishafte des Geständnisses[138] und infolgedessen seine Eigenschaft als (gesetzliches) Beweismittel überhaupt. Wesentliche Folge dieser Ansicht ist, daß seit der Novelle von 1933 Geständnis und Parteivernehmung ziemlich beziehungslos nebeneinander stehen[139] (wie in der ÖZPO von Anfang an). Ein gesetzlich bindender Beweis durch Geständnis kann, wie in Frankreich geschehen, zu einem freien Beweis „herabgewürdigt" werden. Bei einer gesetzlich angeordneten „Beweisüberhebung" oder einem „Beweislasterlaß"[140] ist das — theoretisch — nicht möglich. Bezeichnenderweise spielt der Unterschied in der Praxis keine Rolle. Die Vorschriften, nach denen z. B. im Eheprozeß die Bestimmungen über die Wirkung des Geständnisses keine Anwendung finden (§ 617 ZPO), werden allgemein dahin interpretiert, daß das Geständnis insoweit frei gewürdigt werde[141]. Ähnliches galt früher für den Parteieid, soweit er im Eheprozeß unzulässig war[142].

Die Behauptung, das Geständnis sei kein Beweismittel, beruht u. a. auf einem Mißverständnis des gesetzlichen Beweises[143]. Ein gesetzlicher (Voll-)Beweis bedeutet immer zugleich eine Befreiung vom Beweise. Ist aber ein Gegenbeweis immer auch Gegenteilsbeweis, so kann man ganz unbedenklich von einer Umkehr der Beweislast sprechen[144]. Die Beweislast ist ja überhaupt nur von der Beweiswürdigung zu trennen, weil diese heute nicht mehr gesetzlich vorgezeichnet, sondern im Gegensatz zur Beweislastverteilung frei ist[145]. Da es beim Geständnis (wie früher beim Eid) zu keiner Beweiswürdigung kommt, bleibt eine Unterscheidung ein bloßes Wortspiel. Die „relevatio" beschreibt nur die Wirkung des gesetzlichen Beweises[146]. Die These der herrschenden Lehre wird auch meist durch solche Wortspiele begründet. So heißt es z. B., das Geständnis sei keine Beweisregel, „denn

---

[138] *Juchems*, Geständnis 25; *Pollak*, Geständnis 114.

[139] Vgl. *Rühl*, Reformbestrebungen 17; *Pollak*, a. a. O. 118; *Juchems*, a. a. O. 25.

[140] Vgl. *Baumbach-Lauterbach*, ZPO, vor § 288, Anm. 2; *Leonhard*, Beweislast 146.

[141] *Baumbach-Lauterbach*, a. a. O., § 288, Anm. 3 B; *Stein-Jonas*, Kommentar I, § 288, Anm. II 4; *Schmidt*, Lehrbuch 455. Für außergerichtliche Geständnisse gilt das Gleiche.

[142] Vgl. *Walsmann*, Eidesbeweis 240—241.

[143] *Furno*, Contributo 113.

[144] Vgl *Blomeyer*, Gutachten 1, 18; *Schneider*, Beweislast, DRiZ 1966, 285. Für den in § 290 zum Widerruf des Geständnisses geforderten Gegenbeweis wird angenommen, daß es sich um eine Umkehr der Beweislast handele, so *Stein-Jonas*, Kommentar I, § 290, Anm. I 1.

[145] Vgl. *Schneider*, a. a. O. 283; *Leonhard*, Beweislast 147, und unten § 9 III C 3 c aa.

[146] *Furno*, Contributo 99—100; Appunti, Foro it. 1938 I, 1038.

hier kommt es zu keiner Beweiswürdigung"[147]. Das ist das Wesen des gesetzlichen Beweises[148]!

Hinter der herrschenden Meinung steht im Grunde nichts anderes als die alte Theorie vom *Dispositionsakt* der Partei, die im Geständnis keine Wissens- sondern eine Willenserklärung sieht[149]. Ob ein Geständnis vorliegt, ist nicht so sehr Tatfrage, als vielmehr Rechtsfrage. Von diesem in § 288 ZPO eingenommenen Standpunkt aus hat der Gesetzgeber auch das in § 289 ZPO behandelte Problem lösen wollen[150].

C. Die Reste des Formalismus in der deutschen Parteivernehmung

Die Parteivernehmung ist nach allgemeiner Meinung in jeder Hinsicht reines *Beweismittel*[151]. Wie gezeigt, beruht sie auf einer ganz anderen Prozeßauffassung als Eid und Geständnis. Dennoch hat sich der deutsche (und zum Teil auch der österreichische) Gesetzgeber paradoxerweise auch bei der Einführung der Parteivernehmung nicht von der Vorstellung lösen können, daß die Partei nicht Zeuge sein dürfe. Die nicht überwundene Vorstellung von der Parteierklärung als Dispositionsakt führte im deutschen Recht zu einer eigenartigen Lösung, deren Halbheit und Konfusion nur geschichtlich erklärbar sind. Wie beim Geständnis, so wirkt sich dies auch bei der Parteivernehmung in der *Praxis* kaum aus. Im *Schrifttum* aber hätte eine geradlinigere Lösung vermutlich längst die Frage nahegelegt, ob § 289 ZPO wirklich so ausgelegt werden kann, wie das heute noch allgemein geschieht, oder ob seit der Novelle von 1933 nicht eine Bestimmung wie § 266 Abs. 2 ÖZPO systemgerechter ist.

1. Subsidiarität

Die Parteivernehmung ist das einzige Beweismittel, das subsidiär ist. Nach § 445 ZPO kann sie nur beantragt werden, wenn der Beweis mit anderen Beweismitteln nicht vollständig geführt ist, oder andere Beweismittel nicht vorgebracht sind, vgl. auch § 450 Abs. 2 ZPO. Parteivernehmung zur Führung eines (direkten) Gegenbeweises ist unzulässig[152]. Ähnliches gilt im österreichischen Recht (§ 371 Abs. 2

---

[147] So *Stein-Jonas*, a. a. O. § 286, Anm. IV.

[148] Vgl. *Siegrist*, Grundfragen 284—285 (oben S. 110 Anm. 129). Nach *Walsmann*, Eidesbeweis 239, liegt eine Beweisregel vor, wenn der Richter „eine Behauptung als wahr oder nicht wahr . . . annehmen muß, ohne daß . . . die freie Beweiswürdigung Platz greifen darf."

[149] Vgl. *Siegrist*, a. a. O. 272 ff.; *Juchems*, Geständnis 10—13; *Hellwig*, System I, 437; *Walsmann*, Irrtum, AcP 102 (1907) 137 .

[150] Vgl. *Furno*, Contributo 115.

[151] *Stein-Jonas*, Kommentar I, vor § 445, Anm. II; *Fasching*, Kommentar III, vor § 371, S. 515.

[152] Vgl. aber § 292 S. 2 ZPO und *Rosenberg-Schwab*, Zivilprozeßrecht 630.

ÖZPO). Nicht subsidiär ist nach deutschem Recht die Parteivernehmung von Amts wegen[153] (§ 448 ZPO), die aber einen „Anfangsbeweis“ voraussetzt, was für die Parteivernehmung auf Antrag nicht gilt[154].

Sowohl der Entwicklung als auch der Sache nach ist die Subsidiarität ein Niederschlag des Grundsatzes, daß das Zeugnis der Parteien verdächtig ist[155]. Es soll deshalb das letzte Hilfsmittel sein[156]. Aus dem gleichen Grunde war der einstige Haupteid nur subsidiär zulässig, und es scheint, als ob diese Regelung ziemlich gedankenlos auf die Parteivernehmung übertragen wurde[157]. Dafür spricht auch das Erfordernis des Anfangsbeweises bei der Parteivernehmung von Amts wegen (wie früher beim richterlichen Eid). Im Eidesrecht mag die Subsidiarität sachliche Gründe gehabt haben, weil dieser die Beweisfrage abschließend erledigte (Formalwirkung). Warum aber sollte man auch unter einem System der freien Beweiswürdigung so zimperlich sein[158]? Der Richter ist heute auch an die beschworene Aussage einer Partei nicht mehr gebunden, § 453 ZPO. Der Subsidiaritätsgrundsatz erhöht nur die Gefahr, daß die Partei ihre Aussage den Ergebnissen des vorangegangenen Beweisverfahrens anpaßt[159].

Der zweite Grund, der für die Subsidiarität angeführt wird, ist Mißtrauen nicht gegen die Parteien, sondern die Gerichte. In Dänemark, wo die Parteivernehmung nicht subsidiär ist, ist sie zum prinzipalen Beweismittel geworden, das oft alle anderen Beweise überflüssig macht[160]. In Deutschland und Österreich befürchtete man offenbar, daß bei einer ähnlichen Entwicklung die Gründlichkeit der Sachaufklärung bald der Bequemlichkeit der Richter zum Opfer fallen würde[161]. Aber ist ein solches Mißtrauen angebracht in einer Rechtsordnung, die dem Richter „unbedenklich“ das Recht der freien

---

[153] *Lent-Jauernig,* Zivilprozeßrecht § 56 III 2; *Schönke,* Zivilprozeßrecht 281; a. A. *Blomeyer,* Zivilprozeßrecht 399; *Bruns,* Zivilprozeßrecht 348.

[154] BGH ZZP 74 (1961) 86 m. Anm. *Schneider,* (87).

[155] *Klein,* Vorlesungen 173; *Schönke,* Bemerkungen, ZZP 61 (1939) 23; *Hendel-Rintelen,* Parteivernehmung, Judicium 5 (1933) 21; *Glücklich,* Parteivernehmung 101.

[156] *Baumbach-Lauterbach,* ZPO, vor § 445, Anm. 2 D, sprechen in bezug auf die Parteivernehmung von einem „Hilfsbeweis“; s. auch RGZ 154, 228 (229).

[157] *Schönke,* Bemerkungen, a. a. O.; *Rosenberg,* Referat 678.

[158] *Kaplan-von Mehren-Schäfer,* German Civil Procedure, Harv. L. Rev. 71 (1958) 1242.

[159] *Schönke,* Bemerkungen, a. a. O.; *Hendel-Rintelen,* Parteivernehmung, Judicium 5 (1933) 21.

[160] *Munch-Petersen,* Haupteigentümlichkeiten, RabelsZ 1 (1927) 226—227.

[161] *Schönke,* Bemerkungen, a. a. O. 23—24; *Hendel-Rintelen,* a. a. O. 15—16.

Beweiswürdigung einräumt „im Vertrauen auf dessen Bildung, Integrität und unabhängige Stellung"[162]?

Auf der anderen Seite begünstigt die Subsidiarität die Prozeßverschleppung[163]. Obwohl der Richter manchmal erkennt, daß Klarheit nur durch Vernehmung der Parteien zu gewinnen ist, muß er dennoch vorher alle anderen Beweise aufnehmen[164].

In der deutschen Praxis spielt die Subsidiarität allerdings schon deshalb keine große Rolle, weil ihre Verletzung kein Rechtsmittel begründet[165]. Dennoch verlangen gerade Praktiker in Deutschland und Österreich seit langem die Beseitigung der Subsidiarität[166]. Die Parteivernehmung in Ehesachen (§ 619 ZPO) ist schon heute nicht subsidiär[167]. Das gilt auch in Österreich[168]. Neuere ausländische Prozeßordnungen haben die Subsidiarität aufgegeben[169]. Vor ihrer Beseitigung ist der Grundsatz der freien Beweiswürdigung nicht vollständig durchgeführt[170]. Dabei spielt es keine Rolle, daß sich die Subsidiarität nach dem Buchstaben des Gesetzes auf die *Zulassung* der Parteivernehmung, nicht aber ihren Beweiswert bezieht[171].

2. *Wer vernommen werden kann*

Die Parteivernehmung dient der Ermittlung des wahren Sachverhalts[172]. Daher soll sie die Herstellung eines echten Beweises auch für den Fall ermöglichen, daß als Grundlage nur die Aussagen der Parteien zur Verfügung stehen[173], und so den Anwendungsbereich der

---

[162] Vgl. *Hahn*, Materialien 275.

[163] *Schönke*, Bemerkungen, a. a. O. 25; *Rosenberg*, Entwurf, ZZP 57 (1933) 331; *Fasching*, Kommentar III, vor § 371, S. 515.

[164] Die Möglichkeit, hier durch Anordnung des persönlichen Erscheinens der Parteien „zur Aufklärung des Sachverhalts" (§ 141 ZPO, § 183 Abs. 1 Nr. 1 ÖZPO) zu helfen, wird gesondert behandelt werden, vgl. unten 3.

[165] *Rosenberg-Schwab*, Zivilprozeßrecht 631; *Nagel*, Grundzüge 303; *Baumbach-Lauterbach*, ZPO, § 445, Anm. 2 B; a. A. *Glücklich*, Parteivernehmung 188.

[166] Vgl. *Rosenberg*, Referat 678—679; *Schönke*, Bemerkungen; ZZP 61 (1939) 22—26; *Fasching*, Kommentar III, vor § 371, S. 515.

[167] *Rosenberg-Schwab*, Zivilprozeßrecht 629.

[168] *Fasching*, Kommentar III, § 371, Anm. 4.

[169] Für das schwedische Prozeßrecht, vgl. *Ginsburg-Bruzelius*, Civil Procedure 291—293.

[170] *v. Hippel*, Wahrheitspflicht 251; *Schönke*, Bemerkungen, ZZP 61 (1939) 25—26; *Fasching*, Kommentar III, § 371, Anm. 4.

[171] Anders *Glücklich*, Parteivernehmung 116 mit formaler Argumentation.

[172] Siehe oben A 4.

[173] *Hendel-Rintelen*, Parteivernehmung, Judicium 5 (1933) 11, vgl. auch oben § 6 II A 2.

Beweislastregeln verkleinern[174]. Dieser Zweck des Instituts wird am besten erreicht, wenn die Parteivernehmung ohne Einschränkungen zur Verfügung steht und stets *beide* Parteien gehört werden. Erst aus der Gegenüberstellung und den Widersprüchen ihrer Aussagen kann der Richter hinlänglich tragfähige Schlüsse ziehen[175]. Werden immer beide Parteien vernommen, so vermeidet man damit auch, daß der Kläger einen Prozeß ohne Beweise beginnt und sich nur auf sein eigenes Zeugnis beruft[176].

Das österreichische Recht hat so entschieden. Es werden stets beide Parteien vernommen. Die Vernehmung geschieht auf Antrag oder von Amts wegen, § 371 ÖZPO. Nur ausnahmsweise wird bloß eine Partei angehört. Das ist möglich, wenn der Richter überzeugt ist, „daß die Partei, welcher der Beweis der streitigen Tatsache obliegt, von derselben keine Kenntnis hat", oder wenn diese Partei nicht vernommen werden darf, vgl. §§ 374, 372 ÖZPO. Unter solchen Umständen hat das Gericht jedoch sorgfältig zu erwägen, ob nicht „die Beweisführung durch Vernehmung der Parteien ganz zu entfallen habe". Das bedeutet aber *nicht*, daß in der Regel nur die *beweispflichtige* Partei zu vernehmen ist[177]. Ihr Gegner soll nur nicht dadurch begünstigt werden, daß er allein aussagen kann[178]. Erscheint eine Partei zur Vernehmung nicht, oder verweigert sie die Aussage, so kann dennoch die andere gehört werden, § 380 Abs. 2 ÖZPO. Sind beide Parteien erschienen, so entscheidet das Gericht nach freiem Ermessen, welche von ihnen zuerst zu hören ist[179]. In gleicher Weise — *ohne* Berücksichtigung der *Beweislast*[180] — wählt der Richter diejenige Partei aus, die ihre Aussage zu beeiden hat, § 378 ÖZPO (nur eine darf über dieselbe Tatsache vereidigt werden, § 377 Abs. 2 ÖZPO).

Das deutsche Recht ist diesem klaren und ausgewogenen Konzept nicht gefolgt. Statt dessen wurde 1933 grundsätzlich nur diejenige Partei zur Vernehmung zugelassen, die bis dahin zum *Eid* berechtigt

---

[174] *Hendel-Rintelen*, Parteivernehmung, Judicium 5 (1933) 11; *Cappelletti*, Testimonianza I, 392—396; II, 622—623; vgl. auch oben § 5 II B 2, § 6 II A 2.

[175] *Bernhardt*, Sachverhaltsaufklärung 40; *Brüggemann*, Judex 60; *Klein-Engel*, Zivilprozeß 367—368; *Rosenberg-Schwab*, Zivilprozeßrecht 633; *Lent-Jauernig*, Zivilprozeßrecht § 56 III 2.

[176] *Schönke*, Bemerkungen, ZZP 61 (1939) 31.

[177] Die Fassung des § 374 ÖZPO ist mißlungen, s. *Fasching*, Kommentar III, § 374; *Sperl*, Lehrbuch I, 462.

[178] *Klein-Engel*, Zivilprozeß 369. Vgl. dazu die Begründung der amerikanischen „dead man statutes" bei *McCormick*, Evidence 142—143.

[179] *Fasching*, a. a. O. § 374; § 376, Anm. 4.

[180] *Klein*, Vorlesungen 180; *Sperl*, Lehrbuch I, 464.

war[181]. Die Parteivernehmung *auf Antrag* ist daher streng *einseitig*[182]. Nur der *Beweispflichtige* kann sie beantragen, nur sein *Gegner* kann gehört werden, § 445 ZPO. Der Beweisführer selbst kann nur mit Zustimmung des Gegners seine eigene Vernehmung beantragen, § 447 ZPO. Wer nicht beweisbelastet ist, kann seine eigene Vernehmung überhaupt nicht beantragen, § 447 ZPO[183], höchstens eine Vernehmung *von Amts wegen* anregen[184]. Diese ist dem ehemaligen richterlichen Eid nachgebildet[185]. Gemäß § 448 ZPO kann das Gericht ausnahmsweise die Beweislast außer Acht lassen (vgl. auch § 287 Abs. 1 S. 3!) und außerdem *beide* Parteien vernehmen. Voraussetzung ist allerdings, daß die *Verhandlungswürdigung* oder eine Beweisaufnahme (vgl. §§ 286 u. 448 ZPO!) einen *Anfangsbeweis* erbracht hat. Dieses Erfordernis wird im Schrifttum sehr eng ausgelegt[186]. Zum Teil wird sogar angenommen, daß in Ermangelung anderer Gesichtspunkte auch im Rahmen des § 448 ZPO (bei Vernehmung beider Parteien) der *Gegner* des Beweispflichtigen den Vorrang habe, wenn es darum gehe, wer seine Aussage beschwören solle[187] (vgl. § 452 Abs. 1 ZPO, auch nach deutschem Recht darf in bezug auf dieselbe Tatsache nur eine Partei zum Schwur kommen)[188].

Dem ganzen System liegt der gleiche Gedanke zugrunde wie früher dem Eidesrecht. „Das Gesetz will das Recht, die eigene Behauptung beweismäßig zu bestärken, grundsätzlich nicht dem Beweispflichtigen geben“[189]. Das Ergebnis des Beweismittels ist daher in die Hand des Gegners des Beweisführers gelegt[190]. Weitergehende Begründungen finden sich im Schrifttum nicht. Die erstaunliche Tatsache, daß hier die Beweislastgrundsätze der Beweiswürdigung „vorgeschaltet“ sind[191], wird meist bloß als systemwidrige Ausnahme registriert und ihre

---

[181] Vgl. *Bähr*, Grenzen, Jher. Jahrb. 25 (1887) 406; *Sauer*, Prozeßrechtslehre 169; *Bruns*, Zivilprozeßrecht 350.

[182] Vgl. *Hendel-Rintelen*, Parteivernehmung, Judicium 5 (1933) 8.

[183] Vgl. *Rosenberg-Schwab*, Zivilprozeßrecht 632; *Rosenberg*, Beweislast 67.

[184] Vgl. *Cappelletti*, Testimonianza II, 626—627.

[185] *Baumbach-Lauterbach*, ZPO, § 448, Anm. 1; *Stein-Jonas*, Kommentar I, § 448, Anm. I.

[186] *Baumbach-Lauterbach*, a. a. O.; *Krönig*, Beweislast, MDR 1949, 735.

[187] *Glücklich*, Parteivernehmung 179; *Hendel-Rintelen*, Parteivernehmung, Judicium 5 (1933) 23—24.

[188] Vgl. auch § 533 Abs. 2 ZPO.

[189] *Baumbach-Lauterbach*, ZPO, vor § 445, Anm. 2 B; vgl. auch *Glücklich*, a. a. O. 120: „präsumtive Unglaubwürdigkeit“ des Beweislastträgers.

[190] *Hendel-Rintelen*, a. a. O. 9, Anm. 16.

[191] Vgl. damit oben I.

Berechtigung nicht weiter untersucht[192]. Solche Anwendung der Beweislastgrundsätze ist jedoch sachlich nicht gerechtfertigt und läuft dem Sinn der Parteivernehmung zuwider.

Der vorgebliche Zweck der Regelung, die Abschreckung „prozeßsüchtiger Personen"[193], ließe sich viel einfacher dadurch erreichen, daß nach österreichischem Vorbild stets *beide* Parteien vernommen würden[194]. Mißtraut man aber der Parteiaussage überhaupt, dann muß sich dieses Mißtrauen gegen *beide* Parteien und nicht bloß den Beweisführer richten[195]. Die Anwendung der Beweislastregeln ist insoweit sachfremd[196]. Die (objektive) Beweislast bestimmt, zu wessen Lasten die *Beweislosigkeit* geht[197], und wer deshalb daran interessiert sein muß, Beweise beizubringen (subjektive Beweislast)[198]. Aus den Regeln über die Verteilung der Beweislast ergibt sich aber *nicht*, daß der Beweislastträger bestimmte Beweismittel nicht benutzen darf, oder, daß der Richter von vornherein durch diese Beweismittel nicht überzeugt werden könnte[199].

Die ganze Idee ist dem Luftkreis des Eidesrechts entnommen, in dem es auf die Überzeugung des Richters nicht ankam. Da der Eid über den Ausgang des Prozesses mit bindender Wirkung entschied, konnte man ihn ohne inneren Widerspruch an die Beweislastregeln knüpfen, und so diese als die eigentlichen Beweisregeln verwenden[200].

Wer aber die freie Würdigung der Parteiaussage will, der kann nicht gleichzeitig das Ergebnis dieser Würdigung von den Beweislastregeln abhängig machen und damit letztlich doch wieder Beweisregeln setzen[201].

Normalerweise ist ein schon erhobener Beweis ohne Rücksicht auf die Beweislast zu würdigen[202]. Das ergibt sich aus dem Prozeßzweck

---

[192] So z. B. *Pohle*, Beweislast 323; *Rosenberg*, Beweislast 67; *Krönig*, Beweislast, MDR 1949, 735. *Baumbach-Lauterbach*, ZPO, § 445, Anm. 2 C sprachen von § 445 als dem fast einzigen Fall, „für den die Beweislast erhebliche Bedeutung hat." (Ab 30. Aufl. weggelassen).

[193] *Krönig*, a. a. O.

[194] Vgl. *Schönke*, Bemerkungen, ZZP 61 (1939) 27; *Rosenberg*, Referat 686.

[195] *Hendel-Rintelen*, Parteivernehmung, Judicium 5 (1933) 22.

[196] Vgl. *Kohler*, Offizialmaxime, RheinZ 6 (1914) 13.

[197] Vgl. *Leonhardt*, Beweislast 144.

[198] Vgl. *Blomeyer*, Gutachten 1, 4; *Rosenberg-Schwab*, Zivilprozeßrecht 583.

[199] *Hendel-Rintelen*, Parteivernehmung, Judicium 5 (1933) 9, 11, 22; *Schönke*, Bemerkungen, ZZP 61 (1939) 31; vgl. auch *Kohler*, Offizialmaxime, RheinZ 6 (1914) 13.

[200] Vgl. *Rosenberg-Schwab*, Zivilprozeßrecht 632—633.

[201] Vgl. *Cappelletti*, Testimonianza I, 170—171.

[202] *Brauer-Schneider*, Zivilrechtsfall 155.

der Wahrheitserforschung. Nur für die Parteivernehmung gilt nach einer vielfach vertretenen Meinung noch heute das Gleiche wie früher für den Parteieid[203]: Bei Vernehmung unter Verstoß gegen die Beweislastgrundsätze soll die Aussage der Partei unverwertbar sein[204]. Die Regelung in § 445 ZPO wirkt damit gerade der Erreichung des Zwecks entgegen, dem die Parteivernehmung in besonderer Weise zu dienen bestimmt ist. Der österreichische Gesetzgeber hielt diese Anwendung der Beweislastregeln für unvereinbar mit dem Prinzip der freien Beweiswürdigung[205].

Auch anderes spricht dagegen. Gemäß §§ 451, 396 Abs. 1 ZPO hat die Partei ihre Aussage *„im Zusammenhang"* zu machen; eine Eidesformel wie früher gibt es ja nicht mehr. Soll die Vernehmung dennoch auf die Behauptungen beschränkt werden, die zur Beweislast des Gegners (= Antragstellers i. S. d. § 445 ZPO) stehen, und wie soll das möglich sein[206]?

Kurz: Der Gesetzgeber hat sich auch bei Einführung der Parteivernehmung nicht von den überkommenen Vorstellungen lösen können und ist im Formalen stecken geblieben. Die deutsche Parteivernehmung wurde im Prinzip als prozessualer *Dispositionsakt* ausgestaltet und der Grundsatz der freien Beweiswürdigung nur halb verwirklicht[207]. Das ergeben auch die Einzelheiten. Gemäß § 455 Abs. 1 ZPO ist an Stelle einer prozeßunfähigen Partei grundsätzlich ihr *gesetzlicher Vertreter* zu vernehmen, und nach § 452 Abs. 3 ZPO kann der *Gegner* auf die Beeidigung der vernommenen Partei verzichten. Beides entstammt dem Eidesrecht, ist mit dem Charakter der

---

[203] Vgl. oben A 2.

[204] *Brauer-Schneider,* a. a. O.; *Baumbach-Lauterbach,* ZPO, § 445, Anm. 2 C; *Nagel,* Grundzüge 305; a. A. *Rosenberg-Schwab,* Zivilprozeßrecht 633. *Baumbach-Lauterbach* und *Nagel,* a. a. O. halten jedoch den Mangel für heilbar; erstere nach § 295 ZPO (weil die Beweislast hier prozessualer Natur sei), letzterer wohl nur nach § 447 ZPO.

[205] *Hendel-Rintelen,* Parteivernehmung, Judicium 5 (1933) 10, Anm. 21.

[206] *Rosenberg,* Entwurf, ZZP 57 (1933) 332; Referat 686.

[207] *Gerland,* Parteivernehmung, Judicium 3 (1931) 319—320; *Hendel-Rintelen,* a. a. O. 11; *Brüggemann,* Judex 60, 383; *Nikisch,* Zivilprozeßrecht 359—360. Vgl. hierzu auch das bezeichnende Mißverständnis der Parteivernehmung bei LG *Nürnberg-Fürth,* NJW 1961, 834 (zitiert oben S. 108 Anm. 108), und selbst noch BGHZ 42, 230 (231): (Die Parteivernehmung) „ist nicht nur Beweismittel, sondern auch Akt der Prozeßführung . . ." (unter ausdrücklicher Bezugnahme auf §§ 446, 455 ZPO). Z. T. wörtlich übereinstimmend RG Gruch. 42 (1898) 1198 (1200) zum *Parteieid!* Im Sinne einer *Dispositionsbefugnis* der Partei auch *Fischer* in der Anmerkung zu BGH a. a. O., LM Nr. 5 zu § 445 ZPO.

Parteivernehmung als *Beweismittel* unvereinbar und gilt auch nicht im österreichischen Prozeß[208].

Bezeichnenderweise hat die sachgerechtere Parteivernehmung von Amts wegen in der Praxis die größere Bedeutung[209]. § 448 ZPO ermöglicht es vielfach, eine nach § 445 ZPO wegen Verstoßes gegen die Beweislastgrundsätze unwirksame Vernehmung als eine solche von Amts wegen aufrechtzuerhalten[210]. Im Recht der deutschen Parteivernehmung bringt nur § 448 ZPO deutlich den richtigen Grundgedanken des Instituts zum Ausdruck. Die *Wahrscheinlichkeit* des *Einzelfalles* ist das einem *Beweismittel* einzig angemessene Kriterium.

3. Parteivernehmung und „persönliches Erscheinen" der Parteien

Die französische „comparution personelle", ursprünglich — und theoretisch auch heute noch — ein bloßes Mittel zur Aufklärung des Sachverhalts, ist von den französischen Gerichten zu einem faktischen Beweismittel entwickelt worden[211].

Das deutsche und österreichische Recht haben auch nach Einführung einer besonderen Parteivernehmung zu Beweiszwecken am Institut des persönlichen Erscheinens der Parteien „zur Aufklärung des Sachverhalts" festgehalten, vgl. § 141 ZPO, § 183 Abs. 1 Nr. 1 ÖZPO. Dieser merkwürdige Parallelismus und seine Begründung in Rechtsprechung und Lehre demonstrieren in besonderer Weise die Uneinheitlichkeit und die fehlende innere Harmonie der ZPO[212] (weniger der ÖZPO).

Theoretisch ist die Abgrenzung beider Institutionen recht einfach. Die Grenze verläuft zwischen Sachaufklärung und Beweis[213]. Die Partei*anhörung* zur Aufklärung des Sachverhalts ist ein Mittel der *richterlichen Prozeßleitung*, vgl. §§ 139 ZPO, 182 ÖZPO. Das Ge-

[208] Im österreichischen Recht kann das Gericht nach seinem Ermessen die Vernehmung des gesetzlichen Vertreters, des Prozeßunfähigen oder beider anordnen, vgl. § 373 Abs. 1 ÖZPO. Auf die Vereidigung haben die Parteien keinen Einfluß, vgl. *Klein*, Vorlesungen 179; *Klein-Engel*, Zrivilprozeß 371.

[209] *Lent-Jauernig*, Zivilprozeßrecht § 56 III 2. Die Parteivernehmung von Amts wegen *muß* angeordnet werden, wenn die Voraussetzungen des § 448 ZPO vorliegen, *Baumbach-Lauterbach*, ZPO, § 448, Anm. 2.

[210] *Nagel*, Grundzüge 305. Vgl. auch *Bruns*, Zivilprozeßrecht 350; *Rosenberg-Schwab*, Zivilprozeßrecht 633.

[211] *Nagel*, a. a. O. 314, 316.

[212] Vgl. *Nagel*, a. a. O. 304.

[213] Vgl. *Klein*, Vorlesungen 175—176; *Klein-Engel*, Zivilprozeß 369, 374; *Fasching*, Kommentar III, vor § 371, S. 515; *Lent-Jauernig*, Zivilprozeßrecht, § 56 III 3; *Bernhardt*, Sachverhaltsaufklärung 40—41; RGZ 149, 63 = JW 1936, 45 m. Anm. *Roquette* (46); BGH NJW 1960, 100, Nr. 14 (mit weiteren Nachweisen); BGH MDR 1967, 834, Nr. 41.

richt muß[214] aufklären, was eine Partei *behaupten* will. Die Partei*vernehmung* soll diese Behauptungen *beweisen*[215]. Sie wird daher durch Beweisbeschluß angeordnet[216] und muß protokolliert werden, die Parteianhörung nicht[217]. Zu der letzteren muß die Partei erscheinen, kann jedoch unter Umständen einen Vertreter schicken[218]; bei der Parteivernehmung gibt es keine Vertretung[219] und das Nichterscheinen wird lediglich frei gewürdigt[220].

Die ganze Unterscheidung ist jedoch rein formal und wird im österreichischen Recht auch nicht so streng durchgeführt[221]. Ihr liegt nichts anderes zugrunde als der schon hervorgehobene Gegensatz zwischen Willens- und Wissenserklärung, Dispositionsakt und Beweismittel. Bezeichnend dafür ist die Ansicht, die Wahrheitspflicht reiche bei der Parteianhörung nicht so weit wie bei der Parteivernehmung[222].

In Wirklichkeit ist das Wesen der Parteierklärung seit Einführung der Parteivernehmung in Verbindung mit der Wahrheitspflicht „von Grund auf verändert worden"[223] und die o. a. Unterscheidung gar nicht mehr möglich. Schon *Wach* hatte argumentiert, daß man nicht der Partei eine Wahrheitspflicht auferlegen und sie dennoch prinzipiell für unglaubwürdig erklären könne[224]. Seit der Novelle von 1933 muß man konsequenterweise von der Vermutung ausgehen, daß eine Partei die ihr obliegende Pflicht zur Wahrheit auch tatsächlich erfüllt[225]. Dann aber ist die Grenze zwischen Sachaufklärung und Be-

---

[214] Vgl. *Rosenberg-Schwab*, Zivilprozeßrecht 372.

[215] Vgl. *Blomeyer*, Zivilprozeßrecht 397; *Nagel*, Grundzüge 302—304.

[216] Vgl. § 450 Abs. 1 S. 1 ZPO; § 375 Abs. 1 S. 1 ÖZPO.

[217] § 160 Abs. 2 Nr. 3 ZPO; *Nagel*, Grundzüge 303; *Wieczorek*, ZPO II, 2, § 445, Anm. A I b 2; BGHZ 40, 84 (86).

[218] Vgl. § 141 Abs. 3 ZPO und *Nagel*, Grundzüge 303, der darauf hinweist, daß die Ausübung des Zwangs wenig Zweck hat, da die Parteien nicht gezwungen werden können, auf Fragen des Richters zu antworten, vgl. dazu § 272 Abs. 2 ÖZPO.

[219] *Rosenberg-Schwab*, Zivilprozeßrecht 629.

[220] Vgl. §§ 453, 454, 446 ZPO.

[221] Nach österreichischem Recht können die Parteien auch zum Erscheinen bei einer Parteianhörung nicht gezwungen werden; das Nichtbefolgen der Ladung wird, wie bei der Parteivernehmung, frei gewürdigt, vgl. *Fasching*, Kommentar II, § 183, Anm. 2 und § 272 Abs. 2 ÖZPO. Letzteres ist allerdings auch nach deutschem Recht möglich, vgl. *Bernhardt*, Sachverhaltsaufklärung 40.

[222] *Lent*, Wahrheitspflicht, JW 1933, 2675; *Lent-Jauernig*, Zivilprozeßrecht § 56 III 3; dagegen *Schönke*, Bemerkungen, ZZP 61 (1939) 28.

[223] *Roquette*, Anmerkung, JW 1936, 46.

[224] *Wach*, Grundfragen 32—33.

[225] *Roquette*, a. a. O.; *v. Hippel*, Wahrheitspflicht 250.

weis zumindest verwischt[226]. Es ist kennzeichnend, daß für das dänische Recht, das ebenfalls zwischen informativer Befragung der Parteien und Befragung zu Beweiszwecken unterscheidet, als einziger Unterschied festgestellt wurde, daß bei der einen Art der Vernehmung die Lüge mit Strafe bedroht ist, bei der anderen dagegen nicht[227]. Im deutschen und österreichischen Recht fällt auch dieser Unterschied weg, wenn die Parteivernehmung (§§ 445 ff. ZPO, 371 ff. ÖZPO) eine *uneidliche* ist[228]. Da Parteivernehmungen unter Eid in der Praxis kaum vorkommen, spielt es keine Rolle, daß die Partei im Rahmen ihrer Anhörung nach § 141 ZPO (§ 183 Abs. 1 Nr. 1 ÖZPO) nie auf ihre Angaben vereidigt werden kann[229].

Jede Parteierklärung ist damit immer auch Beweismittel[230]. Für die Aussagen anläßlich des „persönlichen Erscheinens" ergab sich das schon vor der Novelle von 1933 aus dem Grundsatz der „Verhandlungswürdigung"[231]. Besonders im Anwaltsprozeß, in dem die Partei selbst Prozeßhandlungen gar nicht vornehmen kann, sind ihre Äußerungen letztlich nicht Streitstoff, sondern Beweisstoff[232]. Die ältere Lehre behauptete auch, daß § 141 ZPO das gleiche leiste wie in Österreich die Parteivernehmung[233]. Gerade die Einführung der Parteivernehmung, mit der die Parteiaussage als Beweismittel anerkannt wurde, hat sodann die letzten Bedenken dagegen beseitigt, auch das „persönliche Erscheinen" der Parteien zu Beweiszwecken zu nutzen[234].

---

226 *v. Hippel*, a. a. O.; *Bernhardt*, Sachverhaltsaufklärung 41; *Brüggemann*, Judex 383.

227 *Schönke*, Bemerkungen, ZZP 61 (1939) 28.

228 Vgl. § 153 StGB; zum österreichischen Recht, § 377 Abs. 3 ÖZPO, § 199 StG und *Fasching*, Kommentar III, vor § 371, S. 516; irrig insoweit *Rosenberg*, Lehrbuch 598. Allerdings kommt nach beiden Rechten unter Umständen eine Strafbarkeit wegen Prozeßbetruges in Betracht.

229 Vgl. *Bernhardt*, Sachverhaltsaufklärung 41; *Rosenberg-Schwab*, Zivilprozeßrecht 629.

230 Inkonsequent insoweit *Roquette*, Anmerkung, JW 1936, 46; vgl. *v. Hippel*, Wahrheitspflicht 250.

231 Siehe oben II und *Klein-Engel*, Zivilprozeß 374; *Lenhoff*, Law of Evidence, Am. J. Comp. L. 3 (1954) 322. Vgl. bes. § 272 Abs. 2 ÖZPO!

232 Vgl. *Cappelletti*, Testimonianza I, 67—68; *Bernhardt*, Sachverhaltsaufklärung 40; anders wohl BGH NJW 1953, 621; NJW 1960, 100, Nr. 14.

233 *Schmidt*, Wahrheitsermittlung, JW 1913, 776.

234 *Cappelletti*, Testimonianza II, 645—646. Vgl. auch BGHZ 42, 230 (231) = NJW 1965, 106, Nr. 8, wo Vernehmung (§ 445) und Anhörung (§ 141) in einer Einzelfrage gleich behandelt werden, obgleich der BGH die im Text vertretene Ansicht sonst nicht teilt, so z. B. MDR 1967, 834, Nr. 41. Wie BGHZ a. a. O. auch *Fischer* in der Anmerkung, LM Nr. 5 zu § 445 ZPO.

In der *Praxis* verliert die formale Unterscheidung jede Bedeutung[235]. Dem Richter wird vielfach empfohlen, mit der Partei*anhörung* gleich zu Anfang des Prozesses das Verfahren angemessen zu beschleunigen, um so die Nachteile der Subsidiarität der Parteivernehmung zu vermeiden[236]. Da die Verletzung des Subsidiaritätsgrundsatzes kein Rechtsmittel begründet, kann die Parteivernehmung sich auch sofort an das „persönliche Erscheinen“ anschließen[237]. Das Erfordernis des vorherigen *Beweisbeschlusses,* das noch *Klein* zur Warnung der Partei als unverzichtbar galt[238], bietet wenig Schutz, wenn diese Entscheidung sofort formlos verkündet wird[239]. Sind die Parteien sich einig, so kann der Beweisbeschluß sogar ganz entfallen, weil auf die Beachtung des § 450 ZPO, der den Beschluß verlangt, nach § 295 ZPO verzichtet werden kann[240]. Der Richter braucht dann nur die Partei zur Wahrheit zu ermahnen, dem Gegner die Gelegenheit zu geben, Fragen zu stellen, und das Verhör zu protokollieren[241].

Aus all diesen Gründen ist in Deutschland oft die Beseitigung des Parallelismus von „persönlichem Erscheinen“ der Parteien (§ 141 ZPO) und Parteivernehmung (§§ 445 ff., 619 ZPO) gefordert[242] und bis zu ihrer Verschmelzung eine Abgrenzung nach besseren, materiellen Kriterien vorgeschlagen worden[243]. Von der Parteivernehmung in Ehesachen (§ 619 ZPO) wird schon heute angenommen, daß sie so-

---

[235] Das ist besonders Beobachtern aus einer Rechtsordnung aufgefallen, in der Beweisergebnisse *nur* durch ein formales Beweisverfahren erzielt werden können, vgl. *Kaplan,* Reflections, Buff. L. Rev. 9 (1960) 412; *Kaplan-von Mehren-Schäfer,* German Civil Procedure, Harv. L. Rev. 71 (1958) 1242; *Lenhoff,* Law of Evidence, Am. J. Comp. L. 3 (1954) 322. Vgl. ferner *Bernhardt,* Sachverhaltsaufklärung, 41; *Schönke,* Bemerkungen, ZZP 61 (1939) 29—30.

[236] *Fasching,* Kommentar III, vor § 371, S. 515; *Rosenberg,* Referat 679.

[237] *Nagel,* Grundzüge 303; *Blomeyer,* Zivilprozeßrecht 397.

[238] Vgl. § 375 Abs. 1 S. 1 ÖZPO und *Klein,* Vorlesungen 117, 175—176; *Bernhardt,* Sachverhaltsaufklärung 41.

[239] Vgl. § 357 a ZPO; *Blomeyer, Nagel,* a. a. O.; *Kraemer,* Buchbesprechung, ZZP 64 (1951) 162.

[240] *Nagel,* a. a. O. Das Erfordernis des Beweisbeschlusses bei der Parteivernehmung wird vielfach auch für nicht sachgerecht erklärt, vgl. *Schönke,* Bemerkungen, ZZP 61 (1939) 29.

[241] *Nagel,* a. a. O.

[242] *Schönke,* Bemerkungen, a. a. O. 27—30; Zivilprozeßrecht 269; *Bernhardt,* Sachverhaltsaufklärung 41; *Kraemer,* Buchbesprechung, ZZP 64 (1951) 162.

[243] *v. Hippel,* Wahrheitspflicht 249—251.

wohl der Sachaufklärung als auch dem Beweise dient[244]. Sie nimmt insoweit eine Zwischenstellung ein[245].

4. Parteivernehmung und Zeugenvernehmung

Die Ansicht, daß die Partei nicht Zeuge sein könne, zeigt sich auch heute noch in den verbreiteten Bedenken, die Parteivernehmung als das anzuerkennen, was sie ist, nämlich Zeugnis in eigener Sache.

Zwar wird die Parteivernehmung von der deutschen wie der österreichischen ZPO speziell und abweichend vom Recht der Zeugenvernehmung geregelt. Beide Prozeßordnungen sprechen nicht mehr von der „Abhörung der Parteien *als Zeugen*", wie noch das österreichische Gesetz von 1873[246]. Anders als bei Zeugen wird auf die Partei ein Zwang weder zum Erscheinen, noch zur Aussage oder zum Schwur ausgeübt[247]. Daher gibt es auch kein Zeugnisverweigerungsrecht[248]. Die Parteivernehmung kann im Gegensatz zur Zeugenvernehmung auch von Amts wegen angeordnet werden. Die Voraussetzungen der Beeidigung sind bei Zeugen und Parteien verschieden. Hinzu kommen die bereits besprochenen Besonderheiten der Parteiaussage (Subsidiarität, Beweislastabhängigkeit, grundsätzliches Erfordernis der Prozeßfähigkeit).

Die letzteren Verschiedenheiten sind jedoch, wie gezeigt, sachlich nicht gerechtfertigt und in der Praxis weitgehend gegenstandslos. Aber auch die sonstigen Diskrepanzen zwingen nicht zu der Annahme, die Parteiaussage sei etwas von der Zeugenaussage wesensmäßig Verschie-

---

[244] *Nagel,* Grundzüge 304; *Rosenberg-Schwab,* Zivilprozeßrecht 884; a. A. *Baumbach-Lauterbach,* ZPO, § 619, Anm. 1; *Göppinger,* Parteianhörung, ZZP 73 (1960) 83, 89 (nur Beweisaufnahme).

[245] Man beachte, daß hier also ausnahmsweise ein Erscheinen der Parteien zu *Beweiszwecken* erzwungen werden kann, § 619 Abs. 3 ZPO. Das gleiche gilt in Österreich für die Anhörung (§ 183 Abs. 1 Nr. 1 ÖZPO) in Ehesachen, obgleich das österreichische Recht sonst auch bei der *Anhörung* keinen Zwang ausübt, vgl. *Fasching,* Kommentar II, § 183, Anm. 2. Im übrigen ist diese Einordnung von § 619 ZPO vermutlich nur darauf zurückzuführen, daß die Bestimmung bei Einführung der Parteivernehmung 1933 einfach übersehen und daher ihr Verhältnis zu den §§ 445 ff. nicht klargestellt wurde, vgl. *Göppinger,* a. a. O. 68, 89.

[246] Vgl. *Klein,* Vorlesungen 172—173; *Sperl,* Lehrbuch I, 457.

[247] Vgl. §§ 446, 453 Abs. 2 ZPO, 381 ÖZPO.

[248] Das gilt nicht in Österreich, vgl. § 380 Abs. 1 ÖZPO. Diese Regelung ist jedoch verfehlt, s. *Rosenberg,* Referat 685; Entwurf ZZP 57 (1933) 331; *Schönke,* Bemerkungen ZZP 61 (1939) 27, Anm. 83. Liegen Umstände vor, die einen Zeugen berechtigen würden, das Zeugnis zu verweigern, so wird der Richter dem jedoch im Rahmen der freien Würdigung Rechnung tragen müssen, vgl. *Lent-Jauernig,* Zivilprozeßrecht, § 56 IV und *Schönke,* a. a. O.

denes. Es läßt sich zum Beispiel darüber streiten, ob man die Partei wie jeden Zeugen *zwingen* sollte, sich vor Gericht zu erklären und die Aussage notfalls auf ihren Eid zu nehmen. Daß eine solche Regelung sogar unter der Herrschaft eines extremen Verhandlungsgrundsatzes möglich ist, zeigt der englisch-amerikanische Zivilprozeß[249], den *Gerland* insoweit für besser hielt als das österreichische Vorbild[250]. Ein Zeugnisverweigerungsrecht der Partei kennt auch die ÖZPO[251].

Der Gegensatz Partei—Zeuge kann daher heute keine materielle, sondern nur noch eine *funktionale* Bedeutung haben. Da das Gesetz keine generelle Bestimmung darüber enthält, wer Zeuge sein kann, wird angenommen, daß nur die Personen als Zeugen ausscheiden, die als Partei vernommen werden können[252]. Nur in *diesem* Sinne schließen sich seit Einführung der Parteivernehmung die Begriffe Zeuge und Partei gegenseitig aus[253]. Es soll keine Lücke entstehen. Das Zeugnis einer Person muß entweder im Wege der Zeugen- oder der Parteivernehmung verfügbar sein[254]. Eine prozeßunfähige Partei, die nicht als solche vernommen werden darf, kann daher als Zeuge ge-

---

[249] Vgl. oben § 2 I.

[250] *Gerland,* Englische Rechtsprobleme 32; Parteivernehmung, Judicium 3 (1931), 309—313, 320. Er schlägt weiter vor, zwecks Angleichung an den Zeugenbeweis auf die Parteivernehmung von Amts wegen zu verzichten (321). Dagegen *Schönke,* Bemerkungen, ZZP 61 (1939) 27; *Rühl,* Reformbestrebungen 19.

[251] Vgl. oben S. 124 Anm. 248.

[252] *Lent-Jauernig,* Zivilprozeßrecht, § 53 I; *Rosenberg-Schwab,* Zivilprozeßrecht 612; *Baumbach-Lauterbach,* ZPO, vor § 373, Anm. 2 A; *Fasching,* Kommentar III, vor § 320, S. 407.

[253] *Vor* Einführung der Parteivernehmung galt dagegen unbestreitbar der Satz, wer Partei sei, könne nicht Zeuge sein, vgl. RGZ 32, 398 (399); 82, 131 (133). Der Begriff der „Partei kraft Amtes“ (vgl. § 114 Abs. 3 ZPO) für Konkurs- und Zwangsverwalter etc. ist von der Rechtsprechung letztlich nur entwickelt worden, um den mißlichen Konsequenzen dieses Prinzips ausweichen und z. B. den Gemeinschuldner in Prozessen der Konkursmasse als Zeugen vernehmen zu können, vgl. RGZ 29, 29. *Gerland* nahm u. a. diese Tatsache zum Anlaß, die Einführung einer zeugeneidlichen Vernehmung der Parteien nach englischem Vorbild zu verlangen, vgl. Englische Rechtsprobleme 32, Anm. 2. Übrigens hatte schon 1895 der österreichische Gesetzgeber das genannte Problem mit Hilfe der Parteivernehmung auf ebenso einfache wie elegante Weise gelöst. Gemäß § 373 Abs. 2 ÖZPO ist die Konkursmasse Prozeßpartei, und das Gericht kann im Wege der Parteivernehmung den Konkursverwalter, den Gemeinschuldner oder auch beide vernehmen.

[254] BGH NJW 1965, 2253 (2254). Schon OLG *Stettin,* ZZP 59 (1935) 218 (219) wies dazu auf die Notwendigkeit vollständiger *Aufklärung des Sachverhalts* hin.

hört werden[255], und wenn jemandes Eigenschaft als gesetzlicher Vertreter zweifelhaft ist, so spielt es keine Rolle, ob er als Partei oder als Zeuge ausgesagt hat[256].

Die Dichotomie Partei—Zeuge bezeichnet daher heute keinen fundamentalen Gegensatz mehr, sondern wesensmäßige *Identität.* Das aber wird in Deutschland und Österreich nur selten deutlich ausgesprochen. So wird gelehrt, bei der Parteivernehmung sage die Partei „nicht als Zeuge, wohl aber wie ein Zeuge" aus[257]. Darin ist schwer ein Sinn zu finden. Meist wird die Parteivernehmung einfach als das „elendeste" Beweismittel bezeichnet[258]. Sie wird für noch unzuverlässiger gehalten als der Zeugenbeweis. Dabei hat das Parteizeugnis im Gegensatz zur Aussage eines „interessierten" Zeugen doch immerhin einen Vorteil, denn jeder weiß, daß hier jemand in eigener Sache aussagt[259]. Der Grundsatz des „nemo testis in re sua" steht immer noch hinter der Feststellung, daß bei Widerspruch von Partei- und Zeugenaussage die letztere regelmäßig mehr Glauben verdiene[260]. Wer Partei- und Zeugenaussage materiell gleichstellt, behauptet aber nicht das Gegenteil, sondern will lediglich einer allzu schablonenhaften, vorweggenommenen Beweiswürdigung vorbeugen.

Beweis durch Parteivernehmung ist nichts anderes als *Zeugnis in eigener Sache*[261]. *Franz Klein,* der diese Meinung zunächst nicht teilte[262], änderte später seine Auffassung: „Zeugen- und Parteiaussagen sind psychologisch und erkenntnistheoretisch dasselbe. Sie unterscheiden sich nur durch die Interessenlage in den aussagenden Personen"[263]. Man kann es auch so ausdrücken, daß die Parteivernehmung zwar *keine* Zeugenvernehmung ist; aber sie dient „den gleichen Zwecken, hat den gleichen Gegenstand, geschieht in der gleichen Weise (§§ 451, 395—398 ZPO) und kann — trotz der Interessiertheit der Partei! — zum gleichen Ergebnis führen"[264].

---

[255] BGH a. a. O.; *Rosenberg-Schwab,* Zivilprozeßrecht 612, 631.

[256] BGH ZZP 71 (1958) 114; vgl. auch BGH LM Nr. 2 zu § 295 ZPO.

[257] *Rosenberg-Schwab,* a. a. O. 629.

[258] *Brauer-Schneider,* Zivilrechtsfall 155; s. auch *Schneider,* Beweiswürdigung, MDR 1966, 565; *Wieczorek,* ZPO II 2, § 445, Anm. A I b 1; *Lent-Jauernig,* Zivilprozeßrecht § 56 I; a. A. *Sauer,* Prozeßrechtslehre 185; *Blomeyer,* Zivilprozeßrecht 397; *Rosenberg-Schwab,* a. a. O. 629.

[259] *Rühl,* Reformbestrebungen 17—18; vgl. auch BGH NJW 1965, 2253 (2254).

[260] So *Nagel,* Grundzüge 304, gegen *Blomeyer,* a. a. O.

[261] *Sperl,* Lehrbuch I, 457; *Schönke,* Zivilprozeßrecht 259; *Nikisch,* Zivilprozeßrecht 358.

[262] *Klein,* Vorlesungen 172—173, 180—181.

[263] *Klein-Engel,* Zivilprozeßrecht 368; s. auch *Rosenberg,* Referat 679—680; BGH NJW 1965, 2253 (2254).

[264] *Blomeyer,* Zivilprozeßrecht 397.

III. ERGEBNIS

Auch die deutsche Rechtsentwicklung tendiert wie die französische dahin, den Beweis durch Parteizeugnis zu „materialisieren". Die Ursache dafür liegt auch hier in einer Beschränkung der Verhandlungsmaxime[265]. Sie hat durch richterliche Aufklärungspflicht, Wahrheitspflicht der Parteien und gerade die Anerkennung der Parteiaussage als Beweismittel stark an Bedeutung verloren. Man ist auch im deutschen Recht zunehmend der Meinung, daß die Wahrheit im Zivil- und Strafprozeß nur *eine* sein kann[266]. Deshalb wird oft von einer „Strafprozessualisierung" des Zivilprozesses gesprochen[267]. Treffender wäre ein Vergleich mit dem Ehe- und Statusprozeß, in dem die geschilderten Überreste des Formalismus bezeichnenderweise schon heute nicht mehr gelten.

Dieser Formalismus erscheint im deutschen Recht vor allem unter dem Gesichtspunkt einer scharfen Betonung der *Beweislast*. Beim Geständnis wird die freie Würdigung durch Anwendung der Beweislastregeln ausgeschaltet. Aber auch bei der Parteivernehmung, die gerade auf eine Einschränkung der Beweislastentscheidungen hinzielt, hat der Gesetzgeber sich an Beweislastkriterien orientiert und damit letztlich Beweisregeln gesetzt. Da die Beweislast wesentlich ein Produkt der Verhandlungsmaxime ist, hätte mit der Einschränkung dieses Grundsatzes auch sie viel von ihrer Bedeutung verlieren müssen[268] (§ 448!). Die Stellungnahme des Novellengesetzgebers von 1933 ist im Grunde ein Zeichen dafür, daß er die Tragweite der damals vorgenommenen Gesetzesänderungen verkannt hat. Von diesem Ausgangspunkt sind nunmehr die Probleme des § 289 zu untersuchen.

§ 9. Die Teilbarkeit des Geständnisses nach § 289 ZPO

I. DIE AUSLEGUNG VON § 289 ZPO

A. Unteilbarkeit

Die Regelung des § 289 ZPO findet heute im Schrifttum nur wenig Beachtung. Irgendeine Kontroverse über ihre Interpretation gibt es nicht. Das war kurz nach Einführung der ZPO anders.

---

[265] Vgl. *Rosenberg-Schwab*, Zivilprozeßrecht 371—373; *Nagel*, Grundzüge 43; auch *Tietgen*, Gutachten 8.

[266] Vgl. *Pollak*, Geständnis 113.

[267] *Sauer*, Prozeßrechtslehre 93. Vgl. hierzu auch die modernen Bestrebungen, zur Beschleunigung des Zivilprozesses die „Einheit der Verhandlung" aus dem Strafprozeß zu übernehmen (sog. Hauptverhandlung in Zivilsachen).

[268] Vgl. oben § 2 IV; § 6 II A 2.

Verschiedene Autoren lehrten, § 289 habe die Unteilbarkeit des Geständnisses nicht schlechthin aus dem deutschen Recht verbannen wollen[1]. Nach *Endemann* enthält der Grundsatz „eine unverleugbare juristische Wahrheit, die allseitig anerkannt wird"[2]. Daher sei es unredlich, die Einlassung des Beklagten zu zerreißen und nur das Zugeständnis sich anzueignen, die bestreitende Gegenbehauptung dagegen der Beweislast des Gegners zurückzuschieben[3]. An diesem Auslegungsgrundsatz habe § 289 nichts geändert. § 289 Abs. 2 bestätige die freie Beurteilung, und § 289 Abs. 1 widerspreche nicht der richtig verstandenen Regel der Unteilbarkeit des Geständnisses. Aus den Übertreibungen des Grundsatzes im französischen Recht sei kein Einwand gegen die Regel selbst herzuleiten[4]. Die Verfasser des BGB sind wohl zu Unrecht verdächtigt worden, diese Meinung zu teilen[5]. Sie haben im Rahmen der zunächst vorgesehenen eingehenden Regelung der Beweislast[6] lediglich darauf hingewiesen, daß die französische Jurisprudenz in einer Einzelfrage auf Grund des Art. 1356 C. c. zum gleichen Ergebnis gelange wie ihr Entwurf[7].

Die eingangs geschilderte Ansicht besagt im Grunde nur, daß § 289 nicht bestimmt sei, allgemein gültige Auslegungsgrundsätze über den Haufen zu werfen[8]. Davon zu scheiden ist die Auffassung, die deutschen Gesetzesverfasser hätten nur irrtümlich geglaubt, mit § 289 das Unteilbarkeitsgebot zu beseitigen, ihm vielmehr bloß den richtigen Inhalt gegeben. Sie wurde in Italien durch *Lipari* vertreten[9]. Wie dem italienischen Recht, so hat er aber wohl auch dem deutschen Gewalt angetan[10]. Bei uneingeschränkter Anwendung der Beweislastregeln kann von Unteilbarkeit des Geständnisses keine Rede mehr sein[11]. Das haben besonders italienische Autoren hervorgehoben[12].

---

[1] Vgl. *Kitz,* Qualifiziertes Geständnis 11—12.

[2] *Endemann,* Lehrbuch I, 505, Anm. 11.

[3] *Endemann,* a. a. O. 504—505; vgl. auch *Dernburg,* Bürgerliches Recht I, 522.

[4] *Endemann,* a. a. O. 505, Anm. 11; 508, Anm. 23.

[5] Von *Betzinger,* Beweislast 100, Anm. 2.

[6] Vgl. *Blomeyer,* Gutachten 4—5.

[7] Vgl. *Motive BGB* I, 384, oben § 3 III A 2 a und *Dernburg* a. a. O.

[8] *Endemann,* Lehrbuch I, 504, Anm. 10, verweist ausdrücklich auf § 133 BGB; vgl. auch 508, Anm. 23 und *Siegrist,* Grundfragen 313.

[9] *Lipari,* Indivisibilità, Riv. dir. proc, civ. 1925 I, 131, Anm. 1; vgl. auch 144—145.

[10] Vgl. oben § 6 I A 3 a aa.

[11] Vgl. oben § 6 I B; § 7 II.

[12] Gegen *Lipari* vor allem *Micheli,* Onere della prova 411—412, 417.

B. Teilbarkeit

Die allgemeine Ansicht ist heute eine andere. Im Einklang mit den Motiven[13] wird gelehrt, § 289 habe allein den Zweck, die Unteilbarkeit des gerichtlichen Geständnisses zu beseitigen. Das ergebe der erste Absatz der Bestimmung[14], der nur noch historische Bedeutung habe[15], während der zweite ein Bild „trauriger Hilflosigkeit" biete[16], bzw. unrichtig sei[17]. In den meisten modernen Lehrbüchern und Kommentaren tauchen Begriff und Problem der Unteilbarkeit gar nicht mehr auf[18], und die Kommentierung von § 289 ist auch sonst sehr knapp gehalten. Ähnlich wie in Frankreich Art. 1356 Abs. 3 C. c. wird die deutsche Regelung zwar als geltendes Recht dargestellt, aber nicht weiter begründet oder kritisiert, höchstens durch einige Beispiele erläutert. Neuere Rechtsprechung zu § 289 ist nirgends nachgewiesen[19].

1. Grundregeln

Die im Schrifttum zu § 289 vertretenen Grundsätze lassen sich wie folgt zusammenfassen[20]. *Absatz 1:* Dem Zugeständnis wird ein *„selbständiges Angriffs-* oder *Verteidigungsmittel"* beigefügt. Der Begriff wird bestimmt wie die *Beweislast*[21]. Es ist deshalb ein „selbständiger, von der Wahrheit der Angriffstatsachen unabhängiger Tatbestand", der „für sich allein rechtsbegründend, rechtsvernichtend, rechtshindernd oder rechtserhaltend" wirkt[22]. Zugeständnis und Zu-

---

[13] Vgl. oben § 7 III.

[14] *Wieczorek,* ZPO II 1, § 289, Anm. A; *Stein-Jonas,* Kommentar I, § 289, Anm. I; *Rosenberg,* Beweislast 270; *Leonhard,* Beweislast 278; *Betzinger,* Beweislast 100—101; *Goldschmidt,* Zivilprozeßrecht 106; *Kleinfeller,* Lehrbuch 335, Anm. 7; *Planck,* Lehrbuch I, 325—326; *Weismann,* Lehrbuch I, 113; *Oertmann,* Grundriß 154; *Stölzel,* Schulung I, 142; *Römer,* Qualifiziertes Geständnis, AcP 62 (1879) 149; *v. Canstein,* Geständnis, ZZP 1 (1879) 314. Vgl. aber *Korsch,* Beweislastregeln 104: „. . . aus § 289 Abs. 1 läßt sich per argumentum e contrario ebensowenig wie ex analogia irgend ein sicherer Schluß herleiten."

[15] *Förster-Kann,* ZPO I, § 289, Anm. 1.

[16] So *Rosenberg,* Qualifiziertes Geständnis, AcP 94 (1903) 52; vgl. auch *Hellwig,* System I, 440 („nichtssagende Vorschrift").

[17] So *Goldschmidt,* Zivilprozeßrecht 106.

[18] Vgl. z. B. *Schönke-Kuchinke,* Zivilprozeßrecht 228; *Rosenberg-Schwab,* Zivilprozeßrecht 577; *Blomeyer,* Zivilprozeßrecht 338; *Baumbach-Lauterbach,* ZPO, § 289, Anm. 1—3.

[19] Einzig *Wieczorek,* ZPO II 1, § 289, Anm. B weist auf einige RG-Entscheidungen aus den Jahren 1902—1908 hin.

[20] Vgl. *Furno,* Contributo 115, 117.

[21] *Rosenberg,* Beweislast 75.

[22] *Stein-Jonas,* Kommentar I, § 289, Anm. I; *Baumbach-Lauterbach,* ZPO, § 289, Anm. 2; § 146, Anm. 2.

satz haben verschiedenen Tatbestand[23]. Ein Beispiel ist der Zusatz der Zahlung[24]. Lösung in diesen Fällen: Das Zugeständnis behält seine Wirkung[25], die Zusätze sind vom Gestehenden zu beweisen. *Absatz 2:* Einer „einräumenden Erklärung" werden „andere zusätzliche oder einschränkende Behauptungen" beigefügt. Die Zusätze beziehen sich hier auf denselben Tatbestand[26]. Dann entscheidet zunächst die Auslegung der Erklärung, inwieweit ein Geständnis anzunehmen ist[27]. Danach fragt es sich weiter, ob der Gegner durch dieses Zugeständnis nach § 288 völlig von der ihm obliegenden Beweislast befreit ist (wie im Fall des Abs. 1), oder ob er dennoch seine Behauptungen ganz oder zum Teil zu beweisen hat[28]. In der Terminologie geht die Tendenz heute dahin, den ersten Fall als *qualifiziertes Geständnis,* den zweiten dagegen als *motiviertes Leugnen* zu bezeichnen[29]. Grundsätzlich herrschen aber in der Sache wie im Ausdruck immer noch größte Unklarheit und Uneinheitlichkeit[30]. Welche der o. a. Alternativen vorliegt, ist eine Frage der *Beweislast;* das ist gemeint, wenn der Gesetzgeber auf die „Beschaffenheit des einzelnen Falles" verweist[31].

Gemäß § 289 bleibt also eine einräumende Erklärung ein Geständnis im Sinne des § 288, soweit sie mit der Behauptung des Gegners übereinstimmt[32]. Das gilt auch für den Fall des motivierten Leugnens nach Absatz *zwei.* Wird z. B. gegenüber der Darlehensklage Schen-

---

[23] *Stein-Jonas, Baumbach-Lauterbach,* a. a. O.

[24] *Stein-Jonas,* a. a. O.; weitere Beispiele bei *Baumbach-Lauterbach,* ZPO, § 289, Anm. 2; *Zöller,* ZPO, § 289, Anm. 1.

[25] *Rosenberg-Schwab,* Zivilprozeßrecht 577; *Blomeyer,* Zivilprozeßrecht 338; *Bernhardt,* Zivilprozeßrecht 217; *Bruns,* Zivilprozeßrecht 252.

[26] *Stein-Jonas,* Kommentar I, § 289, Anm. II.

[27] *Stein-Jonas,* a. a. O., Anm. II 1; vgl. auch *Thomas-Putzo,* ZPO, § 289; *Rosenberg-Schwab,* a. a. O.

[28] *Stein-Jonas,* a. a. O., Anm. II 2; *Blomeyer,* Zivilprozeßrecht 338.

[29] *Rosenberg,* Beweislast 243; *Stein-Jonas,* a. a. O.; *Baumbach-Lauterbach,* ZPO, § 289, Anm. 3; *Bruns,* Zivilprozeßrecht 252; *Kleinfeller,* Lehrbuch 336, Anm. 8; *Stein,* Grundriß 172.

[30] Vgl. *Blomeyer,* a. a. O. (motiviertes Leugnen „Sonderfall des qualifizierten Geständnisses"); ähnlich *Hellwig,* System I, 439 (qualifiziertes Geständnis liegt vor, wenn das Geständnis „Zusätze enthält"); *Planck,* Lehrbuch I, 325 (qualifiziertes Geständnis = „Zugestehen mit hinzugefügter Behauptung"). Anders *Goldschmidt,* Zivilprozeßrecht 105 (nur in den Fällen des § 289 Abs. 1 ist ein qualifiziertes Geständnis gegeben); *Oertmann,* Grundriß 154 (nur die im Text als motiviertes Leugnen bezeichneten Fälle stellen qualifizierte Geständnisse dar); *Betzinger,* Beweislast 99 (Gegensatz liegt nur in der Formulierung: Nein . . . denn, ja . . . aber).

[31] Nach *Rosenberg,* Beweislast 270, ist das allgemeine Meinung.

[32] *Blomeyer,* a. a. O.; *Rosenberg-Schwab,* Zivilprozeßrecht 577; *Lent-Jauernig,* Zivilprozeßrecht § 44 I; *Nikisch,* Zivilprozeßrecht 262.

kung des Geldes behauptet, so muß der Kläger zwar den Vertragsinhalt beweisen, die *Geldhingabe* aber ist unstreitig[33]. Auch motiviertes Leugnen braucht also keineswegs Unteilbarkeit der Erklärung mit der Folge des alles oder nichts zu bedeuten[34].

Der Umfang des Geständnisses bestimmt sich nach dem Verhältnis Anspruch : Einrede. In jedem Falle führt der Gestehende mit der Zusatzbehauptung neue Tatsachen in den Prozeß ein. Bei der Einrede sind das Tatsachen, die einen neuen Anspruch, einen *Gegenanspruch* erzeugen. Das *tatsächliche* Vorbringen des Gegners bleibt davon unberührt. Anders liegt es, soweit sich die Zusatzbehauptung gegen eben dieses Vorbringen selbst richtet[35].

Damit gilt heute kaum etwas anderes als schon nach gemeinem Recht[36]. Für die deutsche ZPO ist im Grunde „jede Erörterung der Lehre von der Verteilung der Beweislast eine Darstellung des qualifizierten Geständnisses überhaupt"[37]. Das gilt auch umgekehrt. Diese Studie soll und kann jedoch nicht die Lehre von der Beweislast erörtern, vielmehr nur die Berechtigung ihrer Anwendung in einem Teilbereich prüfen. Daher genügt es, die mit dem Begriff des qualifizierten Geständnisses verbundenen Streitfragen lediglich kurz zu skizzieren.

2. *Einzelfälle*

Im Gegensatz zu Frankreich und Italien hat der Gesetzgeber in Deutschland davon abgesehen, eine Grundregel der Beweislastverteilung aufzustellen[38]. Dennoch gilt nach deutschem Recht wesentlich das gleiche wie nach Art. 1315 C. c. und Art. 2697 C. civ.[39]

Es ist allgemeine Meinung, daß jede Partei die Beweislast für diejenigen Tatsachen trägt, die die Merkmale der ihr günstigen Norm ausmachen[40]. Die weitaus herrschende *Normentheorie* nimmt daher an, daß der Kläger die Beweislast für die rechtsbegründenden Tatsachen, der Beklagte dagegen die Beweislast für die rechtshindernden,

---

[33] *Blomeyer, Rosenberg-Schwab,* a. a. O.; *Hellwig,* System I, 439—440; *Stein-Jonas,* Kommentar I, § 289, Anm. II; *Rosenberg,* Beweislast 103—104, 281—282; anders *Lepa,* Beweislast 94, mit unzutreffender Berufung auf OLG *Rostock,* OLGE 21 (1910) 206.

[34] Vgl. oben § 3 III A 2 a.

[35] Vgl. schon *v. Canstein,* Geständnis, ZZP 1 (1879) 315 ff. (Anm. 79); *Siegrist,* Grundfragen 296—297.

[36] Vgl. oben § 7 II.

[37] *Rosenberg,* Beweislast 244; *Micheli,* Onere della prova 417.

[38] Vgl. aber §§ 193—198 des 1. Entwurfs zum BGB und *Blomeyer,* Gutachten 4—5, 53; *Pohle,* Beweislast 323.

[39] Vgl. *Pohle,* a. a. O.

[40] *Rosenberg,* Beweislast 98.

rechtshemmenden und rechtsvernichtenden Tatsachen trage[41]. Die Natur der Tatsache beurteilt sich nach dem im Einzelfall zur Anwendung kommenden *Rechtssatz*. Die Normentheorie geht dabei von der Voraussetzung aus, daß die gesamte Rechtsordnung sich darstellt „als ein Grundstock allgemeiner Normalregeln, in der Wirkung beschränkt durch eine große Menge immer feiner sich verästelnder Ausnahmen"[42]. Das Prinzip von Regel und Ausnahme liegt gedanklich auch der Beweislastverteilung zugrunde. Dementsprechend sind *Grundnormen* (= rechtsbegründende Normen) und *Gegennormen* (= rechtshindernde, rechtshemmende und rechtsvernichtende Normen) zu unterscheiden. Die Gegennorm enthält den Tatbestand der Grundnorm, darüber hinaus aber noch ein oder mehrere zusätzliche Merkmale, aus denen sich die Gegenwirkung ergibt. Liegt der Tatbestand der Regelnorm vor, so wird diese angewendet, falls nicht die Voraussetzungen der Ausnahmenorm bewiesen werden. Was Regel und was Ausnahme ist, ergibt aber nicht die *tatsächliche Wahrscheinlichkeit*, sondern die *Fassung des Gesetzes*[43]. Die Ausnahmen haben die Gesetzesverfasser nach der h. M. durch eine sorgsame Wortwahl und den Gebrauch bestimmter Wendungen erkennbar gemacht[44].

Dieser herrschenden Meinung steht gegenüber die sogenannte Vollständigkeitstheorie, die die Beweislast des Klägers erweitert. Er soll auch das Fehlen der Voraussetzungen von rechtshindernden Normen zu beweisen haben. Diese Mindermeinung bestreitet die Berechtigung und Möglichkeit der Unterscheidung zwischen rechtsbegründenden und rechtshindernden Normen[45]. In der Tat ist der Begriff der rechtshindernden Norm manchen ausländischen Rechten unbekannt[46] und wohl als Zirkelschluß anzusehen[47].

Wie die Beweislast bei einer komplexen Parteierklärung zu verteilen ist, hängt davon ab, was zum *Klagegrund* gehört. Das ist oft ein sehr verwickeltes Problem. Die Schwierigkeiten treten auf beim Streit über den Inhalt eines Rechtsgeschäfts. Es geht dabei immer wieder um die Frage, was das Wesen des jeweiligen Vertrags, den „Regeltatbestand"[48], ausmacht. Hier stehen sich seit langem die sog. „Leug-

---

[41] Vgl. statt aller *Rosenberg*, a. a. O. 98 ff.

[42] So *Fitting*, Beweislast, ZZP 13 (1889) 48, der die h. M. begründet hat.

[43] *Rosenberg*, Beweislast 125—126; *Lepa*, Beweislast 47—48; *Leonhardt*, Beweislast 119, 191.

[44] Vgl. oben § 8 II A 2 und *Rosenberg*, a. a. O. 126—127; *Lepa*, a. a. O. 113—114. Kritisch *Kohler*, Zivilprozeßrecht 316; *Wach*, Beweislast, ZZP 29 (1901) 375.

[45] Vgl. *Lepa*, a. a. O. 52—56.

[46] *Pohle*, Beweislast 322.

[47] *Leipold*, Beweislastregeln 42; *Bruns*, Zivilprozeßrecht 279.

[48] *Schönke-Kuchinke*, Zivilprozeßrecht 228—229.

nungs-" und die sog. „Einredetheorie" gegenüber, von denen aber weder die erste stets dem Kläger, noch die zweite stets dem Beklagten die Beweislast auferlegt[49]. Streitig sind beispielsweise vier Fallgruppen[50].

a) Abbedungene Dispositivnorm

Streitig ist, wer beweisen muß, daß *bei* Abschluß eines Vertrages eine kraft Gesetzes dispositive Norm ausgeschlossen wurde. Beispiel: Der Darlehenschuldner wendet die Vereinbarung einer vom Gesetz abweichenden Kündigungsfrist ein, vgl. § 609 Abs. 2 BGB. Nach einer Mindermeinung muß der Kläger hier das Fehlen einer solchen Vereinbarung beweisen[51]. Nach der herrschenden Meinung hat der Beklagte die Beweislast für die Sonderabrede[52].

b) Vereinbarte Bedingung oder Befristung

In der Frage, wer eine *bei* Vertragsabschluß angeblich vereinbarte Bedingung bzw. Befristung zu beweisen habe, streiten sich Leugnungs- und Einredetheorie. Die Leugnungstheorie macht einen Unterschied zwischen aufschiebender und auflösender Bedingung. Im Bestreitungsfalle sei bei der ersteren der Kläger dafür beweispflichtig, daß diese Bedingung *nicht* vereinbart worden sei. Dagegen müsse der Beklagte die Beweislast übernehmen, wenn er eine auflösende Bedingung behauptet habe[53]. Die Einredetheorie dagegen stellt beide Arten der Bedingung zur Beweislast des Beklagten[54]. Die Stellungnahmen für die Leugnungstheorie überwiegen[55].

c) Vertretung

Leugnungs- und Einredetheorie divergieren auch darin, wie die Beweislast zu verteilen sei, wenn der Beklagte auf die gegen ihn gerichtete Klage erwidert, er habe den Vertrag nicht im eigenen, sondern im fremden Namen geschlossen. Nach der ersteren muß der Kläger die Unwahrheit[56], nach der zweiten der Beklagte die Wahrheit

---

[49] *Rosenberg*, Beweislast 244. *Korsch*, Beweislastregeln 117, hebt hervor, daß der Streit früher hauptsächlich darum ging, ob im Falle des „non liquet" der Kläger oder der Beklagte näher zum *Eide* sei, vgl. oben § 8 II A 2.

[50] Nach *Lepa*, Beweislast 94.

[51] *Leonhard*, Beweislast 290.

[52] *Lepa*, Beweislast 96—99 mit Nachweisen.

[53] *Leonhard*, a. a. O. 315—318; *Korsch*, Beweislastregeln 116—117.

[54] *Rosenberg*, Beweislast 308—309; *Betzinger*, Beweislast 101—102.

[55] *Rosenberg*, a. a. O.

[56] *Leonhard*, Beweislast 325.

der Behauptung beweisen[57]. Die letztere Ansicht ist die wohl herrschende[58].

d) Kundenüblicher Kaufpreis

Streitig ist die Verteilung der Beweislast weiter dann, wenn der Kläger in Ermangelung einer ausdrücklichen Vertragsklausel den kundenüblichen Kaufpreis verlangt, der Beklagte aber die Vereinbarung eines niedrigeren Entgelts behauptet. Die herrschende Meinung fordert vom Kläger den Beweis, daß die Behauptung des Beklagten unzutreffend sei[59].

II. DIE BEDEUTUNG VON § 266 ABS. 2 ÖZPO

Das österreichische Recht kennt solche Schwierigkeiten nicht. Die Kategorien „qualifiziertes Geständnis" und „motiviertes Leugnen" dienen hier nur zur *Kennzeichnung* von zwei Arten der in § 266 Abs. 2 ÖZPO geregelten komplexen Parteierklärungen[60]. Anders als nach deutschem Recht hat der Richter die Wirkung solcher Erklärungen „nach seinem durch sorgfältige Erwägung aller Umstände geleiteten Ermessen" zu beurteilen. Dieses richterliche Ermessen ist inhaltlich der *freien Beweiswürdigung* gleich[61]. Es entscheidet also die Lage des *Einzelfalles*[62], jedoch in einem völlig anderen Sinne als nach § 289 Abs. 2 ZPO. Die „Teilbarkeit" ist nach österreichischem Recht eine Frage der Beweis*würdigung*, d. h., *Tatfrage*, nicht wie im deutschen Recht der Beweis*last*, d. h., *Rechtsfrage*. Im ausländischen Schrifttum wird dagegen oft Identität der deutschen und österreichischen Bestimmung angenommen[63].

Das österreichische Recht geht damit noch viel weiter als das italienische, indem es die freie Beweiswürdigung ohne jede Einschränkung anordnet[64]. Dabei ist nicht zu verkennen, wie auch hier noch die in § 266 Abs. 1 ÖZPO aus dem deutschen Recht (§ 288 Abs. 1 ZPO) übernommene verfehlte Auffassung des Geständnisses[65] zu gekünstelten Konstruktionen zwingt. Wer das Geständnis nicht als *Beweismittel* anerkennt, kann in bezug auf das „qualifizierte Geständnis" nicht

---

[57] *Rosenberg*, a. a. O. 315—317.
[58] *Rosenberg*, a. a. O. 316.
[59] *Rosenberg*, a. a. O. 287—288; *Lepa*, Beweislast 109—110.
[60] Vgl. *Fasching*, Kommentar III, § 266, Anm. 6.
[61] *Fasching*, a. a. O.
[62] *Fasching*, a. a. O.
[63] Vgl. *Micheli*, Onere della prova 410, Anm. 89; *Cappelletti*, Testimonianza I, 254; *Furno*, Confessione 906, Anm. 104; *Siegrist*, Grundfragen 313; *Fragistas*, Grundzüge 57, Anm. 1; 58.
[64] Vgl. oben § 6 II.
[65] Vgl. oben § 8 II B.

eigentlich von einer Beweiswürdigung sprechen[66]. Deshalb handelt es sich nach einer im Schrifttum vertretenen Meinung in § 266 Abs. 2 ÖZPO auch um eine spezielle Form der Beweiswürdigung, denn Beweisergebnisse liegen ja noch nicht vor[67]. Diese Beweiswürdigung *vor* der Beweiswürdigung soll nur die „Beweisbedürftigkeit" feststellen und geht daher dem Beweisverfahren voraus[68]. Als ob der Grundsatz der *Verhandlungswürdigung* dem österreichischen Recht unbekannt wäre[69]!

III. STELLUNGNAHME

Kritik an § 289 ZPO und seiner heute üblichen Auslegung ist möglich unter drei Gesichtspunkten. Einmal erscheint die Vorschrift, und insbesondere der mit ihr verknüpfte Begriff des qualifizierten Geständnisses, als überflüssig und irreführend (s. unten A). Sodann ist die Bestimmung nicht geeignet, die anstehenden Probleme zu lösen (s. unten B). Schließlich soll auf der Basis des im vorigen § Erarbeiteten dargelegt werden, daß § 289 ZPO mit der die ZPO heute beherrschenden Prozeßauffassung unvereinbar ist (unten C).

A. § 289 ZPO ist überflüssig

1. Die Vorschrift

Nach der heute (wie auch schon vor Entstehung der ZPO) herrschenden Lehre ergibt sich die erstaunliche Konsequenz, daß die beiden Absätze des § 289 gegeneinander austauschbar sind.

Das „selbständige Angriffs- oder Verteidigungsmittel" im ersten Absatz wird bestimmt wie die Beweislast[70]. Für die „Beschaffenheit des einzelnen Falles" nach Absatz zwei gilt aber nichts anderes[71]. Dem kann nicht entgegengehalten werden, daß im zweiten Absatz die Beweislastfrage erst gestellt werde, nachdem zuvor durch Auslegung geklärt sei, inwieweit ein Geständnis vorliege[72]. Denn das Resultat dieser „Auslegung" hängt nach der herrschenden Lehre wiederum von den Beweislastregeln ab. Gestehen kann man nur solche Tatsachen, die zur Beweislast des Gegners stehen[73]. Im Ergebnis wird also doch nur eine einzige Frage geprüft, nämlich die der Beweislast.

---

[66] Vgl. oben § 8 II B.
[67] *Fasching*, Kommentar III, § 266, Anm. 6, 7.
[68] *Fasching*, a. a. O.
[69] Vgl. §§ 272 Abs. 1 ÖZPO, 286 Abs. 1 ZPO und dazu oben § 8 I.
[70] Vgl. oben I B 1.
[71] Vgl. oben I B 1.
[72] Vgl. oben I B 1.
[73] Vgl. oben § 8 II B.

Natürlich muß vorher festgestellt werden, was überhaupt erklärt worden ist. Aber das gilt *immer;* auch für Absatz eins[74].

§ 289 Abs. 1 kann so als ein Sonderfall von Abs. 2 gedacht werden. Die „einräumende Erklärung" ist hier ungeachtet des „selbständigen Angriffs- oder Verteidigungsmittels" *immer* als ein (qualifiziertes) Geständnis anzusehen[75]. Umgekehrt kann aber auch der zweite Absatz ein Sonderfall des ersten sein, weil „andere zusätzliche oder einschränkende Behauptungen" — außer selbständigen Angriffs- oder Verteidigungsmitteln — aus dem „Geständnis" *immer* ein motiviertes Leugnen machen[76].

Besagen beide Absätze des § 289 nach der herrschenden Lehre dasselbe, so bedeutet die Vorschrift insgesamt — gar nichts. Da sämtliche Tatbestandsmerkmale mit Hilfe der Beweislastregeln ausgefüllt werden, läßt sich die Bestimmung auf folgende nichtssagende Formel reduzieren: „Für die Zusatzbehauptung trägt diejenige Partei die Beweislast, die dafür die Beweislast trägt." Oder: Die Beweislast trägt, wer sie sonst trägt[77].

Daß nun mit § 289 die Geltung von Beweislastregeln im Zivilprozeß angeordnet werden soll, wird niemand ernsthaft vertreten wollen. Als einziger Zweck der Vorschrift verbleibt damit die ausdrückliche Ablehnung des französischen Unteilbarkeitssatzes. Jedoch hätte es auch dazu einer ausdrücklichen Bestimmung nicht bedurft, denn bei uneingeschränkter Anwendung der Beweislastregeln ist solche Unteilbarkeit ohnehin ausgeschlossen[78].

Folgt man daher der Auslegung der h. M., so ist § 289 entbehrlich. Dieses merkwürdige Ergebnis widerspricht nicht den Intentionen der Gesetzesverfasser. Die Bestimmung sollte nach ihrem Willen eine eigenständige Bedeutung gar nicht haben und insbesondere die Lehre von der Beweislast unberührt lassen. Die Klärung und Fortentwicklung der Theorie vom qualifizierten Geständnis wurde ausdrücklich der Praxis und der Wissenschaft zugewiesen. Wenn man sich dennoch dezidiert gegen die Unteilbarkeitsregel aussprach, so nur, weil man dies im Interesse der *Rechtseinheit* für geboten hielt[79].

---

[74] *Korsch,* Beweislastregeln 104, sieht in Abs. 2 des § 289 ZPO eine bloße Auslegungsregel; vgl. auch *Planck,* Lehrbuch I, 325.

[75] So wohl die oben I B 1 geschilderte herrschende Ansicht.

[76] So *Goldschmidt,* Zivilprozeßrecht 106.

[77] Vgl. oben § 7 II B!

[78] Vgl. oben § 7 II.

[79] Vgl. oben § 7 III. *Schwartz,* Zivilprozeßgesetzgebung 746, vertritt die Ansicht, die deutsche ZPO insgesamt sei mehr ein Produkt des Wunsches nach Rechtseinheit „als eine nüchterne Beratung zu gesunder Gestaltung des deutschen Rechtsganges".

Die herrschende Ansicht zu § 289 ist aber auch irreführend. Sie erweckt den Eindruck, als sei die Parteiaussage im deutschen Recht als *Beweismittel* nicht anerkannt und werde deshalb lediglich unter Beweislastgesichtspunkten betrachtet, nicht jedoch selbst als Beweis gewürdigt[80]. Im Schrifttum zu § 289 fehlt jeder Hinweis, daß die Erklärung der Partei zunächst gemäß § 286 auf ihren Beweiswert zu prüfen sei, und die Beweislastregeln erst bei einem „non liquet" angewendet werden dürften. Man geht sogleich von den Beweislastregeln aus, ohne das näher zu begründen.

Dieser Ansatz mag Berechtigung gehabt haben, solange es den Haupteid noch gab. Damals war jede wertende Tätigkeit des Richters ausgeschlossen und deshalb die Beweislast das allein Entscheidende. Seit aber der Eid durch die Parteivernehmung ersetzt wurde, müßten Parteierklärungen zuallererst unter dem Gesichtspunkt der Beweis*würdigung* gesehen werden. Für § 289 hat danach die Ära der Parteivernehmung anscheinend noch gar nicht begonnen[81].

2. Die Begriffe „Qualifiziertes Geständnis" und „Motiviertes Leugnen" insbesondere

Im Jahre 1878 schrieb *v. Canstein,* daß die Lehre vom „qualifizierten" Geständnis „so viel Staub aufgewirbelt" habe[82]. In der Folgezeit ist der Begriff dann in dieser Staubwolke verschwunden[83]. Nahezu jeder Autor verwendet ihn in einer anderen Bedeutung. Was bei dem einen qualifiziertes Geständnis heißt, gilt dem anderen als motiviertes Leugnen und umgekehrt[84]. Manche verwarfen deshalb den Begriff mitsamt der Lehre in Bausch und Bogen. Der Ausdruck sei nur geeignet, „die Sache in das unrechte Licht zu setzen"[85]. Es handele sich bei diesen Erklärungen gar nicht um Geständnisse, vielmehr um den bloßen „Schein eines Geständnisses"[86]. Dafür hat die italienische Lehre später schon auf begrifflicher Basis die Begründung liefern können[87].

Der Vorwurf scheint nun das heutige deutsche Schrifttum nicht mehr zu treffen. Soweit eine herrschende Ansicht festgestellt werden

---

[80] Vgl. z. B. *Wieczorek,* ZPO II 1, § 289, Anm. B.

[81] Diese Tatsache wird das Thema des Abschnitts C 1 sein.

[82] *v. Canstein,* Geständnis, ZZP 1 (1879) 313, Anm. 75.

[83] Vgl. schon *Bolgiano,* Qualifiziertes Geständnis, Zeitschr. f. Zivilr. u. Proz. 16 (1859) 71.

[84] *Bolgiano,* a. a. O. 80; *Wetzell,* System 152. Zur Uneinheitlichkeit der heute gebräuchlichen Terminologie oben I B 1.

[85] *Langenbeck,* Beweisführung 332, Anm. a; auch *Endemann,* Zivilprozeßrecht 765, Anm. 14.

[86] So *Wetzell,* System 152, für das „indirekte" Leugnen.

[87] Vgl. oben § 6 I A 3 a.

kann, betrachten die Autoren nicht mehr die *Gesamterklärung* (Zugeständnis + Zusatz) als Geständnis, wie dies früher vielfach der Fall war, und wie es in Frankreich noch heute geschieht[88]. Vielmehr nimmt man an, daß ein (qualifiziertes) Geständnis nur insoweit gegeben ist, als es mit der Behauptung des Gegners übereinstimmt. Der Umfang dieser Übereinstimmung beurteilt sich nach den Beweislastregeln[89]. Wenn dem aber so ist, dann sind die Ausdrücke „qualifiziertes Geständnis" und „motiviertes Leugnen" gegeneinander austauschbar wie die beiden Absätze von § 289 ZPO.

Die Übergänge zwischen beiden sind nach der h. M. fließend; auch im motivierten Leugnen kann noch ein beschränktes qualifiziertes Geständnis stecken[90]. Im Einzelfall mag das eine oder das andere überwiegen. Entscheidend dafür ist, inwieweit nach der Zusatzbehauptung noch der Tatbestand einer Grundnorm bestritten erscheint, oder schon die Merkmale einer Gegennorm betroffen sind[91]. Danach kann ein Scheingeständnis, ein teilweises oder ein volles Geständnis gegeben sein[92]. Was vorliegt, ist aber anfangs noch ungewiß und vielfach streitig. Ob der „Gestehende" noch „Nein, denn . . ." oder schon „Ja, aber . . ." gesagt hat[93], läßt sich erst im nachhinein feststellen und ist nicht Tatfrage, sondern das Ergebnis einer mehr oder minder komplizierten rechtlichen Erwägung. Deshalb kann man das, was qualifiziertes Geständnis heißt, auch motiviertes Leugnen nennen und umgekehrt[94]. Hierher wohl rührt die herrschende Begriffsverwirrung.

Desungeachtet erweckt die hier behandelte Dichotomie den Eindruck, als ließen sich über diese Begriffe die Probleme der gemischten Parteierklärungen „auf einen Hauptnenner bringen und damit einer einheitlichen Lösung zuführen"[95]. In Wirklichkeit sagen die Ausdrücke über die Methode, d. h., den Lösungs*weg*, überhaupt nichts aus. Sie sind nichts als ein *Name* für ein *Ergebnis*, das nach anderen Kriterien, den Beweislastregeln, gefunden wird. Hinter den Bezeichnungen können sich die verschiedenartigsten Einzelprobleme verbergen[96]. Im Grunde wird hier nur eine überlieferte Terminologie mit-

[88] Vgl. oben § 3 III A 2.

[89] Vgl. oben 1 und I B 1.

[90] Vgl. oben I B 1.

[91] Vgl. oben I B 2.

[92] Vgl. *Siegrist*, Grundfragen 297.

[93] Vgl. *Betzinger*, Beweislast 99.

[94] *Endemann*, Zivilprozeßrecht 765, Anm. 14. Vgl. auch *Sauer*, Prozeßrechtslehre 158: „Jede Differenzierung in Gruppen hat nur Wert, wenn diese ein verschiedenes Wesen und verschiedene Wirkung besitzen."

[95] *Lepa*, Beweislast 93.

[96] *Lepa*, a. a. O.

geschleppt, die, genau wie § 289, entbehrlich ist und darüber hinaus ungerechtfertigte Schlußfolgerungen nahelegt[97].

Abschließend sei noch festgestellt, daß ein „aveu qualifié" im Sinne des französischen Rechts nach der deutschen Terminologie überwiegend gerade *kein* qualifiziertes Geständnis, sondern hauptsächlich motiviertes Leugnen darstellt[98], während in den Fällen des „aveu complexe" ein reines qualifiziertes Geständnis vorliegt[99] (§ 289 Abs. 1)[100].

B. § 289 ZPO löst das Problem nicht

Nach allem braucht es wenig, um einzusehen, daß durch § 289 die Probleme der gemischten Parteierklärungen nicht gelöst werden. Sie werden nur zugeschüttet. Der Gesetzgeber wie auch die seinerzeit herrschende Lehre haben ihr Ziel erreicht und den *Begriff* der Unteilbarkeit beseitigt. Die *Problematik*, die hinter ihm steht, ist jedoch lediglich auf das Gleis der Beweislast verschoben worden[101]. Will man nicht zu unbilligen Ergebnissen gelangen, so bedarf der Grundsatz der Teilbarkeit wie der der Unteilbarkeit der Einschränkung. Dem dient die Theorie vom „indirekten" Leugnen[102]. An die Stelle der dubiosen Frage: Unteilbarkeit oder nicht? tritt dann die nicht minder dubiose, „was das Wesen der Einrede bilde"[103], oder inwieweit sie „ein Geständnis der Klage enthalte"[104].

In der Sache selbst ändert sich dadurch fast nichts. Das zeigt ein Vergleich mit der italienischen Rechtsprechung zu Art. 1360 des Codice civile von 1865[105]. Obwohl die italienischen Gerichte von einer der deutschen Regelung entgegengesetzten Vorschrift ausgingen, gelangten sie zu ähnlichen Lösungen, wie das deutsche Schrifttum zu

[97] Vgl. *Wendt*, Wie etwas heißt, AcP 103 (1908) 421.

[98] Vgl. oben § 3 III A 2 a.

[99] Vgl. oben I B 1.

[100] Unrichtig daher *Umar*, Divisibilité, Schweiz JZ 1966, 151. Er nimmt an, daß sich das Problem der Unteilbarkeit in Deutschland zwar nicht bei einem „aveu qualifié", wohl aber bei einem „aveu complexe" (beides im Sinne der frz. Terminologie) stelle, und daß *hier* der Streit zwischen Leugnungs- und Einredetheorie eine Rolle spiele. Eine zutreffende Darstellung des deutschen Rechts gibt dagegen die Zusammenfassung seiner eigenen Meinung a. a. O. 154. Im übrigen muß jeder Versuch eines genauen Vergleichs der deutschen und französischen Begriffe scheitern, da sowohl die ersteren als auch die letzteren nur *Leerformen* für die (nach anderen Gesichtspunkten) gefundenen Ergebnisse darstellen.

[101] So schon *Diana*, Confessione qualificata, Foro it. 1903 I, 285, Anm. 10.

[102] *Furno*, Contributo 117.

[103] So *v. Canstein*, Geständnis, ZZP 1 (1879) 315, Anm. 79.

[104] So schon *Gönner*, Handbuch II, 224—240.

[105] Vgl. *Furno*, Contributo 118; *Chiovenda*, Istituzioni II, 344.

§ 289[106]. Das deutet auf etwas anderes hin. Im Grunde werden die Fälle gar nicht nach einer gesetzlichen Regel entschieden, gleich wie diese aussieht. Unteilbarkeit wie Teilbarkeit hängen in Wirklichkeit von der freien Würdigung des Richters ab[107]. Das hat schon das französische Beispiel gezeigt[108]. Daß es im deutschen Recht nicht anders sein kann, ist nunmehr darzulegen.

C. § 289 ZPO ist unvereinbar mit der heutigen Auffassung vom Prozeßzweck

Der stärkste Einwand gegen die Regelung in § 289 ZPO ist die Tatsache, daß sie mit der heutigen Auffassung vom Zivilprozeß im Widerspruch steht. Das zeigt sich am Verhältnis der Vorschrift zu den Institutionen, in denen die moderne Prozeßidee ihren deutlichsten Niederschlag gefunden hat, der Parteivernehmung und der Wahrheitspflicht der Parteien (s. unten 1. und 2.). Beide Themen sind letztlich Teilaspekte des Hauptproblems, der Frage nach dem Geltungsbereich der Beweislastregeln im Zivilprozeß von heute (s. unten 3.).

1. § 289 ZPO und die Parteivernehmung

a) Die Stellung von § 289 ZPO im System des Formalbeweises

§ 289 ist der deutlichste Kristallisationspunkt des formalen Beweissystems in der ZPO. Das Prinzip des „nemo testis in re sua suditur“[109] hat hier gleich in zweifacher Weise Ausdruck gefunden. Die Parteierklärung bleibt ohne jeden Beweiswert, soweit sie der Partei selbst günstig ist, während der Teil ihrer Aussage, der ihr zum Nachteil gereicht, unmittelbar in gesetzliche Beweiskraft erwächst. Daß hier im deutschen (und österreichischen) Recht nicht von gesetzlichem Beweis, sondern von Wegfall der „Beweisbedürftigkeit“ gesprochen wird, ist lediglich ein Wortspiel[110].

Mit § 289 wird das o. a. Prinzip des Legalbeweises weit strenger durchgeführt als mit Art. 1356 Abs. 3 C. c. Der Unteilbarkeitssatz will die in bestimmten Fällen als unbillig empfundenen Konsequenzen des Mißtrauens gegenüber der Partei dadurch vermeiden, daß er auch ihrer „pro se declaratio“ gesetzliche Beweiskraft verleiht. Art. 1356 Abs. 3 C. c. stellt insofern schon als Legalregel eine Ausnahme vom Formalprinzip dar[111]. Das gilt um so mehr für die Auslegung,

---

[106] Vgl. *Micheli*, Onere della prova 410, Anm. 89; *Furno*, Contributo 116 und oben § 6 I B.

[107] *Micheli*, a. a. O. 415.

[108] Vgl. oben § 3 IV.

[109] Vgl. oben § 2 I.

[110] Dazu oben § 8 II B.

[111] Vgl. oben § 3 I.

die die Unteilbarkeitsregel in der französischen Praxis und der italienischen Lehre gefunden hat, und die heute in Italien Gesetz ist. Die Unteilbarkeit der Erklärung soll die gesetzliche Formalwirkung des Geständnisses paralysieren und seinen Beweiswert von der freien Würdigung des Richters abhängig machen[112]. Außerdem wird das Geständnis sofort wieder teilbar, wenn anderweitige Beweise vorliegen. Welche Stärke diese Beweise erreichen müssen, steht wiederum im Ermessen des Gerichts[113].

Diese Tatsachen sind von den Vätern der ZPO verkannt worden[114]. Mit dem Teilbarkeitsgrundsatz wollten sie den angeblichen Formalismus der Unteilbarkeitsregel vermeiden und haben ihn nur um so konsequenter verwirklicht[115]. Wenn nach § 289 die zugestandenen Tatsachen wie nach § 288 „keines Beweises" bedürfen, so taucht auch beim „qualifizierten" Geständnis eine Beweisfrage überhaupt nicht auf. Die Parteierklärung wird sofort den Beweislastregeln unterworfen. Soweit also ein Geständnis vorliegt, ist jeder anderweitige Beweis überhaupt ausgeschlossen. Während der Unteilbarkeitssatz das Legalsystem letztlich in das System der freien Würdigung überleitet, wird es durch den Teilbarkeitsgrundsatz gerade stabilisiert.

Das zeigt auch der Zusammenhang von § 289 mit dem Eidesrecht, auf den schon hingewiesen wurde[116]. Die Bestimmung ergänzte früher den Mechanismus der Eidesdelation. Sie stellte klar, daß die Befugnis zur Eideszuschiebung nicht unter Berufung auf eine frei zu würdigende Beweiskraft der Parteiaussage beschnitten werden dürfe. Beweiswert hat nur die *beschworene* Parteiaussage[117]. Im übrigen muß der „Unterschied zwischen klagbegründenden und klagaufhebenden Tatsachen" in jedem Fall „seine Geltung behaupten"[118].

b) Die Überwindung des Geständnisrechts in der Parteivernehmung

Der Gesetzgeber hat 1933 nur das Eidesrecht, nicht auch das Geständnisrecht beseitigt. Daß die §§ 288 ff. den §§ 445 ff. ebenso widersprechen wie die Formalwirkung des Eides, ist bisher auch in Rechtsprechung und Schrifttum kaum beachtet worden. Dazu hat gewiß die unklare Stellungnahme des Gesetzgebers selbst beigetragen. § 445 bestätigt mit seiner scharfen Betonung der Beweislast[119] schein-

[112] Vgl. oben § 6 I A 3 a bb, b aa, C.
[113] Vgl. oben § 3 III B; § 6 I A 3 c bb.
[114] Vgl. *Furno,* Contributo 116; *Zink,* Sachverhaltsermittlung I, 40—41.
[115] Vgl. dazu oben § 8 II B.
[116] Vgl. oben § 8 II A 3, auch § 9 III A 1.
[117] Vgl. oben § 2 I.
[118] Vgl. oben § 7 III.
[119] Dazu oben § 8 II C 2.

bar die Geltung des § 289. In Wirklichkeit widerspricht diese Anwendung der Beweislastregeln Sinn und Zweck der Parteivernehmung[120].

Die Uneinheitlichkeit der ZPO in bezug auf den Beweiswert der Parteierklärung hat auch der Bundesgerichtshof verkannt, als er dem Problem konfrontiert wurde, ob Erklärungen einer Partei im Rahmen ihrer Vernehmung nach § 445 ein Geständnis enthalten könnten. Das Gericht hat die Frage für den Anwaltsprozeß bejaht[121] und ist damit von einer früheren Entscheidung des Reichsgerichts[122] abgerückt.

Der BGH geht davon aus, daß die Partei auch im Anwaltsprozeß Herr des Rechtsstreits bleibe. Der Rechtsanwalt sei nur ihr Vertreter und deshalb schreibe § 137 Abs. 4 vor, daß auch ihr selbst auf Antrag das Wort zu gestatten sei. Diese Bestimmung zeige, daß tatsächliche Erklärungen der Partei auch im Anwaltsprozeß zu berücksichtigen seien. Deshalb komme es entgegen der Ansicht des RG nicht darauf an, ob der Prozeßbevollmächtigte sich die Erklärung seiner Partei zu eigen mache[123].

Eine so formale Begründung ist auf dem Boden der ZPO heute nicht mehr möglich. Die Berufung auf § 137 Abs. 4 geht fehl, weil diese Vorschrift aus einer Zeit stammt, als es die Parteivernehmung in der ZPO noch gar nicht gab. Schon dem Wortlaut nach ist die Bestimmung auf die Parteivernehmung nicht anwendbar. Bei dieser wird nicht der Partei „auf Antrag", „neben dem Anwalt" das Wort „gestattet"[124]. Auch dem Sinn nach geht § 137 Abs. 4 von der Vorstellung aus, eine Parteierklärung könne immer nur Streitstoff, nie Beweisstoff sein. Diese seit 1933 überholte Auffassung liegt auch noch der Ansicht zugrunde, die § 137 Abs. 4 heute auf die mündliche Verhandlung beschränken will, und diese in einem Gegensatz zur Beweisaufnahme sieht[125]. Daß dieser Gegensatz nicht besteht, ergibt sich aus dem Begriff der „Verhandlungswürdigung"[126].

Im übrigen ließe sich die These des BGH nur mit einem weiteren formalen Argument stützen. Es könnte lauten: Zwar ordnet § 453 Abs. 1 die freie Würdigung der Parteiaussage an, aber er verweist auf § 286 und damit auch auf § 286 Abs. 2, der die in der ZPO

[120] Vgl. oben § 8 II C 2.

[121] BGHZ 8, 235 (238) = NJW 1953, 621 m. Anm. *Lent.*

[122] RG JW 1936, 1778 m. Anm. *Herriger* (1779); auch RG JW 1938, 1272; RG Warn. Rspr. 1940, Nr. 95.

[123] Vgl. auch BGH VersR 1966, 269; 1969, 58; *Johannsen,* LM Nr. 1 zu § 288 ZPO.

[124] Vgl. *Lent,* Anmerkung, NJW 1953, 621.

[125] So *Lent,* a. a. O. Gegen ihn *Cappelletti,* Testimonianza II, 638, Anm. 45.

[126] Vgl. oben § 8 I.

selbst enthaltenen Beweisregeln unberührt läßt. Die §§ 288 ff. könnten solche Beweisregeln darstellen[127]. Im deutschen Prozeßrecht findet sich dieses Argument wohl deshalb nicht, weil nach herrschender Meinung die Vorschriften über das Geständnis keine Beweisregeln sind. Aber auch wenn man den gegenteiligen Standpunkt vertritt[128], so stützt das die These des BGH keineswegs. Die Widerlegung der genannten Argumente ergibt sich sodann aus Sinn und Zweck der Parteivernehmung.

Mit der Parteivernehmung soll der *wahre* Sachverhalt aufgeklärt werden, vgl. §§ 451, 395 Abs. 1. Zu diesem Zweck ist die Parteivernehmung an die Stelle des Parteieides gesetzt worden, damit sich das Gericht „von der Wahrheit oder Unwahrheit der zu erweisenden Tatsache *überzeugen*" kann, vgl. § 452 Abs. 1. Wären in der Parteivernehmung bindende Geständnisse möglich, so würde damit der Zweck wieder vereitelt, der mit der Abschaffung des Parteieides verfolgt wurde. Das wird besonders klar, wenn man die eigenartige Vorschrift des § 290[129] ins Auge faßt. Soll die Partei an ihre Äußerung gebunden bleiben, wenn sie den dort geforderten doppelten Beweis nicht erbringen kann? Vernimmt der Richter beide Parteien und erörtert den Sachverhalt mit ihnen, so kann sich eine Partei leicht einmal in Widersprüche verwickeln[130] und dann eine frühere Aussage berichtigen wollen. Gerade diesem Verhalten kann der Richter im Wege der freien Würdigung gewichtige Indizien entnehmen. Wäre hier § 290 anwendbar, so könnte die Partei gemäß § 452 auf eine von ihr selbst als falsch bezeichnete Aussage sogar vereidigt werden. Oder soll dieser Teil der Vernehmung dann von der Beeidigung ausgenommen werden, was im Gesetz gar nicht vorgesehen ist[131]?

Die Parteivernehmung soll ferner einen *einheitlichen* Lebenssachverhalt herausarbeiten. Die Partei hat daher ihre Aussage im *Zusammenhang* zu machen, §§ 451, 396. Dieser Zielsetzung würde es zuwiderlaufen, wenn innerhalb der Aussage zwischen Äußerungen unterschieden werden müßte, die das Gericht binden, und solchen, die der freien Würdigung unterliegen. Außerdem würde durch ein Geständnis die *Beweisbedürftigkeit* der zugestandenen Tatsache wegfallen. Soll das Gericht dann den Gegner insoweit nicht mehr vernehmen dürfen, selbst wenn seine Vernehmung bereits angeordnet war? Zwar widerspräche eine solche Zerreißung der Vernehmung wohl nicht den in § 445 zum Ausdruck gekommenen Grundgedanken der Gesetzes-

---

[127] Vgl. *Cappelletti,* a. a. O. 639.

[128] Vgl. oben § 8 II B.

[129] Sie wird unten 2 näher untersucht werden.

[130] Vgl. oben § 8 II C 2.

[131] *Lent,* Anmerkung, NJW 1953, 622.

verfasser[132]. Sie würde aber wie § 445 selbst Wesen und Zweck der Parteivernehmung zuwiderlaufen[133].

Was für § 288 gilt, gilt natürlich ebenso für § 289. Wo es um die wirklichkeitsgetreue Ermittlung eines einheitlichen Lebenssachverhalts geht, können gerade die Bestimmungen über das „qualifizierte" Geständnis keine Anwendung finden. So ist die Rechtsprechung (wegen § 617) in Eheprozessen über § 289 hinweggegangen und hat z. B. dem Scheidungskläger die Widerlegung des Notwehreinwandes auferlegt[134]. Der Richter dürfe hier nicht „einzelne Teile des Vorgangs herausgreifen"[135]. Damit gilt im Ergebnis nichts anderes als die Unteilbarkeit des Geständnisses!

Die §§ 288 ff. sind daher für den Anwendungsbereich der §§ 445 ff. außer Kraft gesetzt[136]. Die Bestimmungen über die Parteivernehmung besagen insoweit das genaue Gegenteil der italienischen förmlichen Parteibefragung, die nur den Zweck hat, ein bindendes Geständnis zu erreichen. Wie das „interrogatorio formale" keinen frei gewürdigten Beweis hervorbringen kann[137], so kann bei der Parteivernehmung kein bindendes Geständnis abgegeben werden. Nach dem Ergebnis der Parteivernehmung mag der Beweis erbracht sein, aber es handelt sich dann nicht um einen „Beweis durch Geständnis"[138].

Dies gilt in gleicher Weise für den Anwalts- wie für den Parteiprozeß, und was für die Parteivernehmung gesagt wurde, trifft ebenso zu für die Parteianhörung (nach § 141)[139]. Letzteres ergibt sich

---

[132] Zur Zerreißung der Vernehmung durch Anwendung der Beweislastregeln, s. oben § 8 II C 2.

[133] *Lent,* a. a. O.

[134] RG Gruch. 59 (1915) 923 (924); RG Warn. Rspr. 1927, Nr. 184. Zum Notwehreinwand als Fall des § 289 Abs. 1, s. *Zöller,* ZPO, § 289, Anm. 1.

[135] RG Gruch. a. a. O.

[136] So schon RG JW 1936, 1778, allerdings nur für den Anwaltsprozeß.

[137] Vgl. oben § 5 II B 1.

[138] Vgl. RG a. a. O. 1779.

[139] Das Schrifttum zu der behandelten Frage ist uneinheitlich, geht jedoch allgemein nicht so weit wie der Text. Für die *Parteivernehmung* wird die Möglichkeit eines Geständnisses generell verneint von *Lent,* Anmerkung, NJW 1953, 622; *Rosenberg-Schwab,* Zivilprozeßrecht 577, 629; *Blomeyer,* Zivilprozeßrecht 337; *Bruns,* Zivilprozeßrecht 349; *Stein-Jonas,* Kommentar I, vor § 445, Anm. II; a. A. *Johannsen,* LM Nr. 1 zu § 288 ZPO; *Zöller,* ZPO, § 288, Anm. 2, und wohl auch *Baumbach-Lauterbach,* ZPO, § 288, Anm. 1 C (folgen dem BGH). Im *Anwaltsprozeß* allgemein wird ein wirksames Geständnis der Partei selbst für unmöglich gehalten von *Wieczorek,* ZPO II 1, § 288, Anm. B III a; *Rosenberg-Schwab,* a. a. O. 577; a. A. hier *Stein-Jonas,* a. a. O. § 78, Anm. VI; *Baumbach-Lauterbach,* ZPO, § 288, Anm. 1 C; *Schönke-Kuchinke,* Zivilprozeßrecht 228; *Zöller,* ZPO, § 288, Anm. 2.

aus der Unmöglichkeit, heute noch zwischen Sachaufklärung und Beweis zu unterscheiden. Mit beiden Arten der Parteivernehmung soll letztlich das gleiche Ziel erreicht werden[140]. Allerdings darf man aus der Identität keinen formalen und systemwidrigen Schluß ziehen. Wenn die Parteianhörung wie die Parteivernehmung der freien Beweiswürdigung unterliegt, so folgt daraus nicht, daß deshalb ein Geständnis auch im Rahmen der Partei*vernehmung* möglich sein muß[141]. Das Umgekehrte ist richtig. Seit Einführung der Parteivernehmung kann es auch bei der Partei*anhörung* keine gesetzlich bindenden Geständnisse mehr geben.

Auch die Rechtsprechung des BGH ist insoweit nicht widerspruchsfrei. Sie geht einerseits davon aus, daß die Parteivernehmung Beweisstoff, die Anhörung nach § 141 dagegen (nur) Streitstoff sei[142]. Andererseits soll dennoch bei der Parteivernehmung ein Geständnis möglich sein. Sollte die Parteivernehmung doch dem Beweise *und* der streitigen Verhandlung dienen[143], die Parteianhörung dagegen *nur* dem letzteren? Beides erscheint kaum vertretbar. Es verträgt sich weder mit dem unstreitigen Charakter der Parteivernehmung als Beweismittel, noch mit dem Grundsatz der „Verhandlungswürdigung".

Das Geständnis im Zivilprozeß unterscheidet sich daher von dem frei gewürdigten Geständnis des Ehe- und Kindschaftsprozesses (§§ 617, 640) nicht mehr. Auch „qualifizierte" Geständnisse sind heute nicht mehr möglich. Wie die freie Würdigung der Parteiaussage in Frankreich den Unteilbarkeitsgrundsatz aufgelöst hat[144], so hat sie in Deutschland den Teilbarkeitsgrundsatz überwunden.

Auch für das österreichische Recht wird der Standpunkt vertreten, daß ein Geständnis der Partei nur im *Anwaltsprozeß* ausgeschlossen ist, vgl. *Fasching*, Kommentar III, vor § 371, S. 515. Dort wird die weitergehende Ansicht von *Rosenberg*, Lehrbuch 593 (jetzt *Rosenberg-Schwab*, a. a. O. 629, s. oben) unter Berufung darauf abgelehnt, daß § 371 ÖZPO anders gefaßt sei als § 452 Abs. 1 ZPO. Dabei wird verkannt, daß *Rosenberg* seine Begründung nicht nur auf § 452 Abs. 1, sondern auch auf § 453 Abs. 1 stützt (vgl. Lehrbuch 549; *Rosenberg-Schwab*, a. a. O. 577). Die durch § 453 Abs. 1 angeordnete freie Würdigung aber gilt zweifellos auch im österreichischen Recht, vgl. §§ 381, 377 ÖZPO. Zustimmung zu *Rosenbergs* Argument bei *Blomeyer*, a. a. O. Anm. 6.

140 Vgl. oben § 8 II C 3.

141 So aber *Herriger*, Anmerkung, JW 1936, 1779 und, ihm folgend wohl auch BGHZ 8, 235 (238).

142 BGH NJW 1960, 100, Nr. 14.

143 So tatsächlich BGHZ 42, 230 (231) = NJW 1965, 106, Nr. 8 (wörtlich zitiert oben S. 119, Anm. 207).

2. § 289 ZPO und die Wahrheitspflicht

Die unter 1 als Ergebnis aufgestellte These läßt sich auch auf § 138 Abs. 1 und seine Auswirkungen auf den Prozeß stützen.

a) § 289 ZPO als wahrheitsfeindliche Bestimmung

Ist nach der formalen Prozeßauffassung die Erklärung der Partei im Normalfall ohne jeden Beweiswert, so folgt daraus auch, daß die Partei keine Wahrheitspflicht trifft[145]. Der Richter glaubt ihr nicht und darf ihr auch nicht glauben[146]. Er hat vielmehr abzuwarten, ob die Behauptung bestritten oder durch *Geständnis* festgestellt wird[147]. Auch das Geständnis hat mit der Wahrheit der zugestandenen Tatsachen nichts zu tun, denn es ist *Dispositionsakt,* nicht Beweis[148]. Dem Geständnisrecht der ZPO liegt die Vorstellung zugrunde, daß die Parteien über Tatsachen ohne Rücksicht auf deren Wahrheit disponieren können[149]. Während die gesetzliche Beweisregel darauf beruht, daß ein Geständnis in der Regel wahr ist[150], legt die Dispositionstheorie gerade die seltene Ausnahme zugrunde, daß der Gestehende eine unwahre Tatsache feststellen lassen will[151]. In letzter Konsequenz bedeutet diese Auffassung, daß die Parteien dem Richter durch ihr Geständnis einen Tatbestand aufzwingen können; „etwa, daß wir zu Karl des Großen Zeiten leben"[152].

Gestützt wurde diese Ansicht früher auf § 290[153] und auf § 289. Nach § 290 genügt zum Widerruf des Geständnisses (auch in zweiter Instanz, § 532) nicht der Beweis seiner Unwahrheit, sofern nicht gleichzeitig nachgewiesen wird, daß das Geständnis auf einem Irrtum

---

[144] Vgl. besonders oben § 3 III B 4.

[145] Vgl. schon oben § 8 II A 3.

[146] Vgl. oben § 8 II A 3, § 5 III. Aus diesem Grunde wurde früher die Möglichkeit des Prozeßbetruges durch Parteilüge geleugnet, vgl. *Wach,* Grundfragen 33; *Brüggemann,* Judex 65.

[147] *Wach,* a. a. O. 34.

[148] Vgl. oben § 8 II, B.

[149] Vgl. oben § 8 II A 3.

[150] Vgl. oben § 8 II B.

[151] *Siegrist,* Grundfragen 287—288, 303; *Liebman,* Manuale II 1, 144—145.

[152] *Kohler,* Prozeß 21; vgl. auch *Hellwig,* System I, 415.

[153] Vgl. *Siegrist,* Grundfragen 301—302.

[154] Wie wenig es beim Geständnis auf die Überzeugung des Richters von Wahrheit oder Unwahrheit ankommt, zeigt die Tatsache, daß dieser doppelte Beweis früher ohne Rücksicht auf § 446 a. F. (dazu oben § 8 II A 1) auch durch Eid geführt werden konnte, vgl. *Hellwig,* a. a. O. 439, Anm. 16.

beruhte[154]. § 289 geht davon aus, daß die Partei lügt und zwingt sie zum Lügen.

Die Vorschrift ist der deutlichste Ausdruck des Grundsatzes, daß eine Parteibehauptung nur dann Beweiswert hat, wenn sie der Partei selbst ungünstig ist[155]. Sie begründet eine *Vermutung teilweiser Wahrhaftigkeit*[156]. Solange die Wahrheitspflicht nicht gesetzlich bestimmt war, wurden die Fälle des § 289 mit Vorliebe benutzt, um eine Wahrheitspflicht der Partei überhaupt ad absurdum zu führen: „Wäre es nun nicht widersinnig, wollte man den Beklagten verpflichten, den an sich wahren Klaggrund zuzugestehen und sich damit die Bürde des vielleicht nicht zu erbringenden Beweises der ebenso wahren Einrede aufzuerlegen, welche der gewissenlose Gegner nicht einräumt oder der gewissenhafte deshalb nicht einräumen kann, weil er von den Einredetatsachen nichts weiß?“[157]. Bei solcher Lage handele ein Anwalt nicht unehrenhaft, wenn er zunächst den Klaggrund leugne[158]. Das Zerhacken des einheitlichen Sachverhalts mit Hilfe der Beweislastregeln und der Ausschluß der freien Würdigung provozieren so die Prozeßlüge[159].

Hier wird verständlich, warum der beweislastgebundene Haupteid eine „Meineidsseuche“ zur Folge haben mußte, die ein Grund seiner Ersetzung durch die Parteivernehmung gewesen ist[160]. Vor Einführung der Parteivernehmung lag hier einer der stärksten Gründe für den Unteilbarkeitssatz[161]. Er beseitigt den Zwang zur Lüge, indem er verhindert, daß die „Offenheit zu einer Falle werde“[162]. Andererseits werden mit der einschränkungslosen Unteilbarkeit der Parteierklärung die unbilligen Konsequenzen der abstrakten Beweislastverteilung allzu formal abgeschnitten[163]. Das darf indes nicht dazu führen, deshalb einfach die Teilbarkeit zur Regel zu

---

[155] Außer im Falle des Parteieides, vgl. oben 1 a.

[156] *Carnelutti*, Sistema I, 760; vgl. auch *Furno*, Contributo 116 und oben § 8 II C 3.

[157] *Wach*, Defensionspflicht, GrünhutZ 6 (1879) 549; ähnlich Grundfragen 42; Vorträge 218—219. Vgl. den Grundsatz des „nemo tenetur edere contra se“ (oben § 2 II C; § 5 III; § 8 II A 3).

[158] *Wach*, Grundfragen 42.

[159] So schon *v. Bar*, Recht und Beweis 27—28; *Zink*, Sachverhaltsermittlung I, 114 ff. (135); *Mendelssohn-Bartholdy*, Rechtsnachfolge, RheinZ 7 (1915) 154; *Gautschi*, Beweislast 11.

[160] Vgl. *Rosenberg*, Referat 672 und *Zink*, a. a. O. 127.

[161] Vgl. oben § 6 I A 3 b cc.

[162] *Zink*, a. a. O. 147; *Planck*, *Bemerkungen*, Krit. Viertelj. Schr. 4 (1862) 257, 259.

[163] *v. Bar*, Recht und Beweis 27, Anm. 22; *Siegrist*, Grundfragen 312.

machen, wie es im deutschen Recht geschehen ist[164]. Eine Vermutung bloß *teilweiser* Wahrheit ist als Regel genausowenig zu rechtfertigen wie die französische These von der *einheitlichen* Beweiskraft der Parteiaussage[165]. „Nur eine freie Würdigung des Einzelfalles kann gerecht entscheiden"[166]. Das hat die Entwicklung der Unteilbarkeitslehre gezeigt[167]. Nunmehr ist darzulegen, daß § 138 Abs. 1 den Teilbarkeitsgrundsatz in gleicher Weise beeinflußt.

b) Die Überwindung des Geständnisrechts in der Wahrheitspflicht

Der Novellengesetzgeber von 1933 hat mit der Parteivernehmung gleichzeitig die Wahrheits- und Vollständigkeitspflicht der Parteien eingeführt. Das Geständnisrecht jedoch ist davon bis heute äußerlich unberührt geblieben. Im Schrifttum wurde bezeichnenderweise früher einmal die Ansicht vertreten, daß die Wahrheitspflicht zurücktreten müsse, wenn anderenfalls wegen § 289 ein unbilliges Ergebnis nicht zu vermeiden sei. So sollte der Schuldner, der seine Quittung verloren oder verlegt hat, den Klaggrund leugnen dürfen, um Zeit zur Suche der Quittung zu gewinnen[168]. Diese Ansicht erklärt sich aus der Widersprüchlichkeit der Prozeßgrundsätze, die § 138 Abs. 1 und § 289 zugrundeliegen. Der Gesetzgeber hat nicht nur versäumt, das Verhältnis von Wahrheitspflicht und Geständnis ausdrücklich klarzustellen[169]. In § 445 einerseits und §§ 451, 395 Abs. 1, 138 Abs. 1 andererseits ist der Widerspruch von Dispositionsakt[170] und Wahrheitserforschung sogar in die Novellengesetzgebung von 1933 selbst eingegangen.

Der Widerspruch ist auch dem Bundesgerichtshof nicht aufgefallen, als er die Frage zu klären hatte, inwieweit § 290 durch die Novelle von 1933 berührt worden sei[171]. Der Zusammenhang dieser Bestim-

---

164 Und wie es *Umar*, Divisibilité, Schweiz JZ 1966, 154 auch für den französischen Rechtskreis vorschlägt.

165 Vgl. oben § 3 II A und *Carnelutti*, Sistema I, 760.

166 *v. Bar*, Recht und Beweis 27, Anm. 22.

167 *v. Bar*, a. a. O. verkennt, daß der Unteilbarkeitsgrundsatz in der französischen Praxis nie den absoluten Inhalt des Art. 1356 Abs. 3 C. c. hatte (vgl. oben § 3 IV), sondern von der Rechtsprechung nach Lage des Einzelfalls modifiziert wurde.

168 Vgl. *Bernhardt*, Sachverhaltsaufklärung 28, und dazu das Zitat von *Wach* oben a.

169 Vgl. hierzu oben § 8 II A 4.

170 Zur Nachwirkung der Lehre vom Dispositionsakt in der deutschen Parteivernehmung, s. oben § 8 II C 2.

171 Vgl. BGHZ 37, 154 = NJW 1962, 1395 = JZ 1963, 258 m. Anm. *Bernhardt* (245) = ZZP 75 (1962) 362 m. Anm. *Schneider* (363) = LM

mung mit der Lehre vom Dispositionsakt wurde schon angedeutet[172]. Auch die Revision hatte den BGH darauf hingewiesen, indem sie ausführte, „eine Partei könne über den Prozeßstoff nicht in dem Sinne verfügen, daß sie dem Gericht bewußt etwas Unwahres vortrage"[173]. Der Senat räumte denn auch ein, daß § 290 „ursprünglich wohl nur als Folgerung aus der Verfügungsbefugnis der Partei gedacht war", und die Vorschrift dem Wahrheitsgebot im Prinzip widerspreche[174], wich jedoch der grundsätzlichen Problematik aus. Vielmehr meinte das Gericht, daß trotz § 138 Abs. 1 weiterhin der Nachweis eines Irrtums gefordert werden müsse. § 290 stelle insoweit eine Sonderregelung dar, die weder durch die Novelle von 1933 noch durch spätere Gesetze ausdrücklich geändert worden sei. Nach Meinung des BGH ist § 290 sogar mit dem Grundsatz der Wahrheitspflicht vereinbar. Die Vorschrift könne nämlich insofern als eine Sanktion für deren Verletzung aufgefaßt werden, als sie die Partei an ihrer unwahren Erklärung festhalte.

Damit ist der Knoten mehr durchgehauen als gelöst, und dem BGH ist mit Recht „Gesetzespositivismus" und „Buchstabenauslegung"[175] vorgeworfen worden. Abgesehen davon, daß ein Gesetz auch anders als durch ausdrückliche Abänderung des Gesetzestextes aufgehoben werden kann[176], hat das Gericht einmal mehr die Uneinheitlichkeit der ZPO verkannt, die eine solche Argumentation heute nicht mehr zuläßt[177]. Wahrheitserforschung und Dispositionsbefugnis der Parteien über Tatsachen sind miteinander unvereinbar[178]. Man kann nicht der Partei eine Pflicht zur Wahrheit auferlegen (§ 138 Abs. 1) und gleichzeitig davon ausgehen, daß sie lügt (§§ 288, 290)[179] oder nur teilweise die Wahrheit sagt (§ 289). Auf diese Weise provoziert man die Prozeßlüge (§ 289), die man gerade verhindern will (§ 138

Nr. 1 zu § 290 ZPO m. Anm. *Johannsen;* neuestens BGH VersR 1970, 826 (827).

172 Oben a.

173 BGHZ 37, 154.

174 BGHZ 37, 155.

175 *Bernhardt,* Wahrheitspflicht, JZ 1963, 245; *Schneider,* Anmerkung, ZZP 75 (1962) 364.

176 Vgl. BVerfGE 3, 225 (243).

177 *Bernhardt,* a. a. O.; auch Zivilprozeßrecht 217.

178 Vgl. aber *Schneider,* Anmerkung, ZZP 75 (1962) 364, der annimmt, daß der Gesetzgeber von 1933 mit der Wahrheitspflicht nichts wesentlich Neues eingeführt habe, da eine solche Pflicht auch vorher schon anerkannt gewesen sei. Dagegen mit Recht *Bernhardt,* a. a. O. 246; vgl. auch *Esser,* Grundsatz und Norm 157—158.

179 Vgl. schon oben § 8 II C 3.

Abs. 1). Das Streben nach Wahrheit muß auch in den Einzelregelungen zum Ausdruck kommen[180]. Zwischen der Dispositionstheorie des Geständnisrechts und dem Wahrheitsgebot ist darum eine Entscheidung zu treffen.

Die ganze Lehre vom Dispositionsrecht der Parteien ist unhaltbar. *Kohler* hat sie einen „vollständigen Irrgang“ genannt[181]. Über Tatsachen kann man schon begrifflich nicht disponieren[182]. Sie sind entweder wahr oder nicht wahr und können nicht nach Belieben ungeschehen gemacht werden. Auch aus dem Recht der Partei, über den Prozeßgegenstand zu verfügen, folgt nicht ihre Befugnis, über die zugrundeliegenden Tatsachen zu disponieren[183]. Es steht dem Kläger frei, eine Klage zu erheben oder fallen zu lassen, dem Beklagten, einen Anspruch anzuerkennen oder sich zu verteidigen. Aber „es ist unrichtig, wenn man annimmt, die Parteien hätten von Haus aus ein Recht auf *ihre* Tatsachen und *ihre* Beweismittel“[184]. Daher kann keine Partei verlangen, daß eine von ihr im Prozeß behauptete Tatsache nur zu ihren Gunsten verwertet werden dürfe[185].

Das gilt um so mehr, seit mit der Warheitspflicht ein neuer Prozeßzweck im Gesetz Ausdruck gefunden hat[186]. Wenn ein gerechtes Urteil auf einem wahren Sachverhalt aufgebaut sein muß, darf den Parteien nicht gestattet werden, dem Richter eine Entscheidung über einen fiktiven Tatbestand abzunötigen[187]. Erklärt sich eine Partei über Tatsachen, so kann dies heute keine an den *Gegner* gerichtete *Willens*erklärung, sondern nur noch eine dem *Gericht* gegenüber abgegebene *Wissens*erklärung sein[188]. Wer über sein Recht verfügen will,

---

[180] *v. Hippel,* Wahrheitspflicht 264—265; *Esser,* a. a. O. Zum Wahrheitsgebot als „lex imperfecta“, vgl. auch *Brüggemann,* Judex 65; *Furno,* Contributo 47.

[181] *Kohler,* Prozeß 19, 20; vgl. auch *Hellwig,* System I, 438: Wäre das Geständnis ein Dispositionsakt, so „könnte man dasselbe vom Ausbleiben des Beklagten (§ 331) sagen!“

[182] *Kohler,* a. a. O. 18; *Bernhardt,* Wahrheitspflicht, JZ 1963, 246; Sachverhaltsaufklärung 15; *Siegrist,* Grundfragen 277; *Leonhard,* Beweislast 234—235; *Betzinger,* Beweislast 59—60.

[183] *Kohler, Bernhardt, Leonhard,* a. a. O.; *Lent,* Verteilung, ZZP 63 (1943) 45; *Lent-Jauernig,* Zivilprozeßrecht § 25 VIII 3.

[184] *Kohler,* a. a. O. 17.

[185] RGZ 78, 345 (346); vgl. auch *Lent,* a. a. O.

[186] Vgl. *Baumbach-Lauterbach,* ZPO, § 138, Anm. 2 A.

[187] *Kohler, Prozeß* 18—19; *Bernhardt,* Sachverhaltsaufklärung 30; vgl. auch Wahrheitspflicht, JZ 1963, 247; *Planck,* Lehrbuch I, 350.

[188] *Bernhardt,* a. a. O. 32 bzw. 247.

mag verzichten oder anerkennen[189]. Für „prozessualische Rechtsgeschäfte", d. h., indirekte Verfügungen über den Streitgegenstand durch Vorbringen bewußt unwahrer Behauptungen, besteht nach heutiger Prozeßauffassung kein Rechtsschutzbedürfnis mehr[190]. Anerkenntnis und Geständnis sind scharf auseinander zu halten[191].

Erlogene Behauptungen sind daher unzulässig und für das Gericht unbeachtlich[192], Die Wahrheitspflicht gebietet der Partei, ein bewußt wahrheitswidrig abgegebenes Geständnis zu widerrufen[193]. § 290 kann deshalb seit 1933 keine Geltung mehr beanspruchen, soweit er den Nachweis eines Irrtums verlangt[194]. Die Aufhebung der ungerechtfertigten „praesumtio iuris et de iure", die die „Beweiskraft" des Geständnisses fast so unangreifbar macht wie es früher die Formalwirkung des Eides war[195], ist schon vor Einführung der Wahrheitspflicht gefordert worden[196]. Mit § 138 Abs. 1 ist diese Forderung verwirklicht.

Das wird allerdings nicht allseitig anerkannt[197]. Die Gegenmeinung ist jedoch bezeichnenderweise noch immer in der alten „kontentiösen"

---

[189] *Siegrist,* Grundfragen 281.

[190] *Bernhardt,* a. a. O. 35 bzw. 247; auch Zivilprozeßrecht 141—142.

[191] Faßt man das Geständnis wie das Anerkenntnis als Willenserklärung und Dispositionsakt auf, so unterscheiden sich beide nur scheinbar dadurch, daß sich das Geständnis auf Tatsachen, das Anerkenntnis auf den Anspruch bezieht. In Wirklichkeit „versucht die Partei mit dem gerichtlichen Geständnis auf indirektem Wege zu erreichen, was mit dem Anerkenntnis auf direktem angestrebt" wird *(Pollak,* Geständnis 116; vgl. auch *Betzinger,* Beweislast 59).

[192] *Sauer,* Prozeßrechtslehre 70; *Baumbach-Lauterbach,* ZPO, § 138, Anm. 1 F; *Rosenberg-Schwab,* Zivilprozeßrecht 321; *Stein-Jonas,* Kommentar I, § 138, Anm. 3 a; *Bernhardt,* Zivilprozeßrecht 143; RGZ 154, 299 (303).

[193] *Bernhardt,* Sachverhaltsaufklärung 32.

[194] *Bernhardt,* a. a. O.; *Wieczorek,* ZPO II 1, § 288, Anm. A I b 2, § 290, Anm. A II b, A II c; *Baumbach-Lauterbach,* ZPO, § 290, Anm. 2 B (nicht eindeutig, vgl. aber vor § 288, Anm. 3).

Die Berufung des BGH auf den Sanktionscharakter des § 290 geht fehl, weil die ZPO das Festhalten der Partei an ihrer unwahren Behauptung als Prozeßstrafe nicht kennt, vgl. *Bernhardt,* Wahrheitspflicht, JZ 1963, 247; *Stein-Jonas,* Kommentar I, § 138, Anm. I 3 d.

[195] Vgl. oben § 8 II A 1.

[196] *Schmidt,* Lehrbuch 455; auch *Siegrist,* Grundfragen 305.

[197] Anderer Ansicht *Rosenberg-Schwab,* Zivilprozeßrecht 321, 578; *Blomeyer,* Zivilprozeßrecht 339; *Stein-Jonas,* Kommentar I, § 288, Anm. III 2; § 290, Anm. I; *Arens,* Willensmängel 198.

Prozeßauffassung befangen[198]. So wird gelehrt, daß die Wahrheitspflicht nicht dem Gericht, sondern nur dem *Gegner* gegenüber bestehe[199]. Daraus folgert man, daß unwahre Geständnisse bindend seien, da keine Partei gehindert werde, sich selbst zu schaden[200]. Mit Zustimmung des *Gegners* könne außerdem ein Geständnis jederzeit widerrufen werden[201]. Solche Auffassungen sind auch heute noch ein Produkt der Wortspielerei des Gesetzgebers, der die Natur des Geständnisses als (gesetzliches) *Beweismittel* verkannt hat[202].

Als Ergebnis ist festzuhalten, daß das Geständnis seine formal feststellende Wirkung einbüßt, wenn der Richter berechtigt ist, es auf seinen Wahrheitsgehalt zu überprüfen[203]. Das mag für das „beabsichtigte" Geständnis des § 288 wenig praktische Bedeutung haben[204], ist jedoch um so wichtiger im Falle des „konstruierten" Ge-

---

Zum Teil wird jedoch angenommen, daß die gesetzliche Bindungswirkung bei Geständnissen von unmöglichen und offenkundig unwahren Tatsachen (§ 291) sowie bei Kollusion entfallen müsse, vgl. *Stein-Jonas,* a. a. O., § 288, Anm. III 1, 2. (*Nikisch,* Zivilprozeßrecht 263 stellt den offenkundig unwahren Tatsachen auch diejenigen gleich, die im Prozeß als falsch bewiesen sind).

Das ist zumindest dann inkonsequent, wenn man die Möglichkeit bewußt unwahrer Geständnisse aus der Dispositionsbefugnis der Parteien herleitet (so *Stein-Jonas,* zitiert in der folgenden Anmerkung), vgl. *Siegrist,* Grundfragen 288.

[198] Vgl. besonders *Stein-Jonas,* a. a. O., § 288, Anm. III 2 („Willensmoment", „Dispositionsbefugnis").

[199] Vgl. *Sauer,* Prozeßrechtslehre 176 („Vorrang des Verhandlungsprinzips vor der Wahrheitspflicht"); ähnlich *Johannsen,* LM Nr. 1 zu § 290 ZPO.

[200] *Stein-Jonas,* a. a. O., § 138, Anm. I 1 d, § 288, Anm. III 2; *Lent,* Verteilung, ZZP 63 (1943) 46—47; *Lent-Jauernig,* Zivilprozeßrecht § 26 III; *Johannsen* a. a. O.

Gegen diese Ansicht *Bernhardt,* Wahrheitspflicht JZ 1963, 247; vgl. schon *Wach,* Defensionspflicht, Grünhut Z 6 (1879) 548: Wenn eine Wahrheitspflicht existierte, „müßte (sie) konsequent ebenso sehr dem Richter, wie dem Gegner gegenüber gelten".

[201] *Blomeyer,* Zivilprozeßrecht 338; *Rosenberg-Schwab,* Zivilprozeßrecht 577; *Stein-Jonas,* a. a. O., § 290, Anm. I.

[202] Vgl. oben § 8 II B.

[203] *Bernhardt,* Sachverhaltsaufklärung 33.

[204] Ausdrückliche Geständnisse nach § 288 kommen in der Praxis kaum vor. Häufig sind dagegen Erklärungen, daß man eine Behauptung „nicht bestreiten" wolle. Obwohl auch darin ein Geständnis liegen kann (*Rosenberg-Schwab,* Zivilprozeßrecht 577), wird dies, wahrscheinlich im Hinblick auf § 290, selten angenommen und nur § 138 Abs. 3 angewandt.

ständnisses nach § 289. Hier muß sich insbesondere die *Vollständigkeitspflicht* auswirken, die einen Teilaspekt der Wahrheitspflicht darstellt[205], vgl. § 138 Abs. 1. Jede Partei hat den Sachverhalt in vollem Umfang zu schildern, soweit er ihr bekannt ist. Sie darf sich nicht darauf beschränken, nur das vorzutragen, was ihr günstig erscheint, anderes, dem Gegner Vorteilhaftes dagegen zu verschweigen[206]. Daraus folgt, daß der Kläger nicht einfach nur die Umstände anführen darf, aus denen sich die Entstehung seines Rechts ergibt, um es sodann dem Beklagten zu überlassen, rechtsvernichtende Tatsachen geltend zu machen[207]. Nur „echte" Einreden, die allein auf Vorbringen des Beklagten berücksichtigt werden, sind hiervon auszunehmen[208]. Der Beklagte darf seinerseits nicht bewußt wahrheitswidrig die Entstehungstatsachen ableugnen[209]. Das gilt auch dann, wenn das Bestreiten nur geschieht, weil der Beklagte befürchtet, den Beweis der seiner Meinung nach begründeten Einrede nicht führen zu können[210]. Keine Partei darf sich zum Richter in eigener Sache machen. Es ist Aufgabe des Gerichts, die Berechtigung des Anspruchs festzustellen[211].

Hieraus ergibt sich, daß die in § 289 vorausgesetzte strenge Trennung von klagebegründenden und einredebegründenden Tatsachen heute außer Kraft gesetzt ist[212]. Durch das „Lückenverbot" des § 138 Abs. 1 ist die Partei gehalten, auch solche Tatsachen zu bringen, von

---

Noch seltener dürften ausdrücklich abgegebene *falsche* Geständnisse sein, vgl. *Pollak*, Geständnis 114; *Siegrist*, Grundfragen 288, 303. Letzterer entnimmt dieser Tatsache ein Argument gegen die Lehre vom Dispositionsakt, die gerade auf dieser unwahrscheinlichen Ausnahme aufbaut, vgl. oben a.

[205] Vgl. *Lent-Jauernig*, Zivilprozeßrecht § 26 IV; *Rosenberg-Schwab*, Zivilprozeßrecht 320.

[206] *Lent-Jauernig*, a. a. O.; *Baumbach-Lauterbach*, ZPO § 138, Anm. 2 A; *Rosenberg-Schwab*, Zivilprozeßrecht 319—320; *Bernhardt*, Zivilprozeßrecht 140—141.

[207] *Bernhardt*, Sachverhaltsaufklärung 28; *Lent*, Wahrheits- und Vollständigkeitspflicht, ZAKDR 5 (1938) 198—199; *Kohler*, Zivilprozeßrecht 313. Vgl. auch *Bruns*, Zivilprozeßrecht 242: „Wer von der Äußerung Ja, aber . . . nur das Ja wiedergibt, hat . . . der Wahrheitspflicht zuwidergehandelt."

[208] *Bernhardt*, a. a. O. 18.

[209] Zum Ganzen vgl. *Cappelletti*, Testimonianza I, 388.

[210] *Lent*, Wahrheits- und Vollständigkeitspflicht, ZAKDR 5 (1938) 198, Anm. 14.

[211] *Bernhardt*, Sachverhaltsaufklärung 28—29.

[212] *Lent-Jauernig*, Zivilprozeßrecht § 26 IV (11. Aufl.); *Kohler*, Zivil*prozeßrecht* 313.

denen sie eine ihr ungünstige Rechtswirkung erwarten muß[213]. Tut sie das nicht, so darf der Richter unter Ausschöpfung des vollen Beweisergebnisses den Sachverhalt insoweit ergänzen und Prozeßstoff berücksichtigen, der von keiner Partei vorgebracht ist[214]. Die Regeln der Behauptungs- und Beweislast verlieren dadurch erheblich an Bedeutung[215]. Vor Einführung der Wahrheitspflicht im deutschen Prozeß schrieb *Pollak* über diese Einrichtung, sie erspare den österreichischen Gerichten „fast den ganzen Kontroversenreichtum des deutschen Rechtes über die Beweislast, über die Einteilung der Tatsachen in rechtsbegründende, rechtshindernde und rechtszerstörende, sowie über die Abscheidung des günstigen vom ungünstigen Parteivorbringen im Zusammenhange mit der Lehre vom gerichtlichen Geständnisse“[216]. Die Wahrheitspflicht hat insoweit „die formalistische Struktur des Zivilprozesses im Interesse der Wirklichkeitsnähe überwunden“[217].

Daher ist mit Recht vorgeschlagen worden, die starre Bindung des Gerichts durch das Geständnis auch ausdrücklich aufzugeben und diese Erklärung der freien Würdigung des Richters zu unterwerfen[218]. Bis dahin sollte § 289 unter Berufung auf Abs. 2 der Bestimmung so ausgelegt werden wie § 266 Abs. 2 ÖZPO[219]. Eine solche Lösung erscheint allein systemgerecht. Die Teilbarkeit des Geständnisses kann, wie die Wirksamkeit des Geständniswiderrufs, nur noch von der freien Würdigung des Richters abhängen. Die abweichende Ansicht der Gesetzesverfasser[220] ist nach den Grundsätzen der „objektiven“ Auslegung kein Hindernis[221].

---

213 *Lent-Jauernig*, a. a. O.; *Bernhardt*, Sachverhaltsaufklärung 28; BGH NJW 1961, 826 (828); für das österreichische Recht, vgl. *Pollak*, System 483.

214 *Bernhardt*, a. a. O. 35; vgl. auch *Brüggemann*, Judex 123—124; *Fasching*, Kommentar II, III, § 178 Anm. 3; § 266, Anm. 11.

215 *Lent-Jauernig*, Zivilprozeßrecht § 50 I, § 26 IV (11. Aufl.); *Bernhardt*, Zivilprozeßrecht 141, 143, 222; vgl. auch *Lent-Jauernig*, a. a. O. (15. Aufl.) § 25 VIII 2, 3.

216 *Pollak*, System 482.

217 *Bernhardt*, Sachverhaltsaufklärung a. a. O.; kritisch *Lent-Jauernig*, a. a. O. (15. Aufl.).

218 *Kohler*, Prozeß 28; *Lent-Jauernig*, a. a. O. (11. Aufl.) § 25 VII. Beide sind der Ansicht, daß sich damit für den Regelfall nichts ändern würde. Vgl. auch *v. Hippel*, Wahrheitspflicht 270—271.

219 Siehe oben II. Vgl. auch die gegenüber § 138 Abs. 3 und 4 elastischere Vorschrift des § 267 ÖZPO und *Bernhardt*, Sachverhaltsaufklärung 26.

220 Vgl. oben § 7 III.

221 *Bernhardt*, Wahrheitspflicht JZ 1963, 246.

3. Beweislast, Beweiswürdigung und Prozeßzweck

Die Darstellung hat bisher die Unvereinbarkeit von § 289 mit den Grundsätzen der Parteivernehmung und der Wahrheitspflicht festgestellt. Hinter § 289 und dem Geständnisbegriff steht die Beweislast, hinter Parteivernehmung und Wahrheitspflicht der moderne Prozeßzweck der Ermittlung des wahren Sachverhalts. Schon die Untersuchung des Parteizeugnisses im allgemeinen hat ergeben, daß sich im deutschen Prozeß die Überreste des Formalismus hinter einer sachlich nicht gerechtfertigten Betonung der Beweislastregeln verbergen. Im folgenden soll daher abschließend die Frage geprüft werden, inwieweit die Regeln über die Verteilung der Beweislast der freien Beweiswürdigung und der Erreichung des Prozeßzwecks entgegenwirken.

a) Beweislast und Beweiswürdigung in der herrschenden Meinung

Die Beziehungen zwischen Beweislast und Beweiswürdigung sind bisher kaum untersucht worden[222]. Immerhin gilt es als „gesicherte Erkenntnis", daß zwischen Beweislast und Beweiswürdigung scharf zu trennen ist[223]. Die Beweislastregeln finden Anwendung, wenn eine rechtlich erhebliche Tatsache *nicht* bewiesen wird. Die freie Beweiswürdigung soll dem Richter die Überzeugung davon verschaffen, ob eine behauptete Tatsache als bewiesen anzunehmen ist. Die Regeln über die Verteilung der Beweislast sind danach streng *subsidiär*, d. h., sie regeln die Folgen der *Beweislosigkeit* und kommen daher erst zur Anwendung, wenn die Beweiswürdigung zu keinem Ergebnis geführt hat[224].

Dennoch geht man überwiegend davon aus, daß die Beweislast im Rechtsstreit eine große Bedeutung hat und nennt sie das „Rückgrat des Zivilprozesses"[225]. *Rosenberg* meint, die Beweislast habe zwar unter der Herrschaft der gesetzlichen Beweistheorie eine größere Rolle gespielt als heute unter dem System der freien Beweiswürdigung. Gleichwohl könnten auch freie Beweiswürdigung und Wahrheitspflicht der Parteien ein „non liquet" nicht immer verhindern. Trotz allem könne dem Richter die Tatfrage zweifelhaft bleiben[226]. In einem solchen Fall müsse der Rückgriff auf die Beweislastregeln

---

[222] Vgl. *Schneider*, Beweislast, DRiZ 1966, 286.

[223] *Diederichsen*, Anscheinsbeweis, VersR 1966, 211; *Blomeyer*, Gutachten 2.

[224] *Rosenberg*, Beweislast 62—63; *Blomeyer*, a. a. O.; *Pohle*, Bemerkungen MDR 1949, 386; *Korsch*, Beweislastregeln 83; *Leonhard*, Beweislast 144, 190; *Lepa*, Beweislast 28; vgl. auch oben § 8 I.

[225] *Rosenberg*, a. a. O. 61; *Rosenberg-Schwab*, Zivilprozeßrecht 589.

[226] *Rosenberg*, a. a. O. 63, 65—66; *Leonhard*, a. a. O. 190—191.

das „non liquet“ in der Rechtsfrage vermeiden[227]. In der Aufstellung fester Entscheidungsregeln für den Fall der Beweislosigkeit besteht nach herrschender Auffassung der Wert der Beweislast[228]. Fast allgemein wird daher gefordert, daß die Beweislast *abstrakt*, d. h., durch Rechtsnormen geregelt sein müsse. Ihre „freie“ Verteilung durch den Richter nach Lage des konkreten Prozesses wird — vorwiegend im Interesse der Rechtssicherheit — abgelehnt[229].

Bisher war die Rede von der sog. „objektiven“ Beweislast, d. h. der Frage, *was* bewiesen worden *ist*. Dieser Beweislastbegriff ist erst neueren Datums, wird von manchen aber als der einzig mögliche bezeichnet[230]. Andere messen ihm zumindest die größere Bedeutung zu[231], insbesondere, weil er nicht nur in einem Verfahren mit Verhandlungsmaxime sinnvoll sei[232]. Die Beweislast im objektiven Sinne könne auch niemals mit der Beweiswürdigung vermengt werden[233].

Der „ursprüngliche“ Begriff der Beweislast ist jedoch der „subjektive“, auch Beweisführungslast genannt. Sie beantwortet die Frage, *wer* zu beweisen *hat*. Dieser Begriff liegt der ZPO zugrunde und war früher der allein anerkannte[234]. Auch heute wird er vielfach noch als der ausschließliche bezeichnet[235]. Hier handelt es sich nicht um einen Gesetzesbefehl an den Richter, sondern eine Last (nicht Pflicht)[236] der *Partei:* Sie muß die für ihren Prozeßsieg notwendigen Behauptungen aufstellen (Behauptungslast) und sich um die Beibringung von Beweisen für diese Behauptungen bemühen[237]. So spricht § 445 von einem der Partei „obliegenden Beweis“. Eine solche Obliegenheit der Partei ist naturgemäß nur im Rahmen der Verhand-

---

227 *Rosenberg*, a. a. O. 14, 64.

228 *Rosenberg*, a. a. O. 64—65, 98; *Schneider*, Beweislast, DRiZ 1966, 281—282.

229 *Rosenberg*, *Schneider*, a. a. O.; *Leonhard*, Beweislast 145, 191; *Korsch*, Beweislastregeln 84; *Pohle*, Bemerkungen, MDR 1949, 388—389; *Lepa*, Beweislast 30—31; *Theuerkauf*, Beweislast, MDR 1962, 451.

230 *Leonhard*, a. a. O. 149; *Baumbach-Lauterbach*, ZPO, Anh. zu § 282, Anm. 1 A.

231 *Rosenberg*, a. a. O. 20, 24 ff.; *Schneider*, a. a. O. 281; *Lent-Jauernig*, Zivilprozeßrecht § 50 II.

232 *Rosenberg*, a. a. O. 28 ff.

233 *Rosenberg*, a. a. O. 20, 189.

234 *Rosenberg*, a. a. O. 18, 20.

235 *Stein-Jonas*, Kommentar I, § 282, Anm. IV 2 (nur 18. Aufl., vgl. dagegen 19. Aufl., a. a. O. Anm. IV 1).

236 Vgl. oben § 3 II B.

237 Vgl. *Blomeyer*, Gutachten 4.

lungsmaxime („Beibringungsgrundsatz") denkbar[238]. Hier besteht die Gefahr der Verwechslung mit der Beweiswürdigung[239], da sich die Frage, wer zu beweisen hat, während des gesamten Verfahrens auswirkt.

Indes fordern auch die Befürworter des objektiven Beweislastbegriffs, der Richter müsse die Beweislastregeln schon von Anfang des Prozesses an beachten. Sie dürften bei der Sachaufklärung und Beweiswürdigung keineswegs außer Acht gelassen werden[240]. Auch sonst sei die Beweislast schon während des Verfahrens von weittragender Bedeutung. Man weist ausdrücklich darauf hin, daß sich der Begriff des „selbständigen Angriffs- oder Verteidigungsmittels" nach § 289 sowie der Umfang des Geständnisses nach § 288 nur mit Hilfe von Beweislastkriterien bestimmen lasse[241]. Das gleiche gelte für das Verhältnis von Klagegrund und Einrede, Einrede und Replik[242]. Auch der Begriff der prozessualen Behauptung und der Behauptungslast sei nur mit Hilfe der Beweislastnormen zu gewinnen[243]. Schließlich vermerkt man, daß gemäß § 445 die Beweislast für die Zulässigkeit der Parteivernehmung entscheidend sei[244]. Die in Absatz 2 der Vorschrift unterschiedenen Begriffe des Haupt- und Gegenbeweises ergäben sich nur aus der Anwendung der Beweislastgrundsätze[245]. Auch im Falle der Parteivernehmung nach §§ 448, 287 könne die Beweislast nie ganz außer Acht gelassen werden[246].

b) Die Zerlegung des einheitlichen Sachverhalts mit Hilfe der Beweislastregeln als Ursache des Unteilbarkeitsproblems

Zunächst ist auf die Meinung einzugehen, die die Beweislast schon bei der Sachaufklärung und Beweiswürdigung in Betracht ziehen will.

---

[238] *Blomeyer,* a. a. O.; *Sauer,* Prozeßrechtslehre 69; *Lepa,* Beweislast 12—13.

[239] *Rosenberg,* a. a. O. 20.

[240] *Rosenberg,* a. a. O. 67, 72; *Schneider,* Beweislast, DRiZ 1966, 283—284 (beide erkennen auch eine subjektive Beweislast an, messen jedoch der objektiven die eigentliche Bedeutung zu). Siehe auch *Pohle,* Bemerkungen, MDR 1949, 386.

[241] *Rosenberg,* a. a. O. 75—76; *Schneider,* a. a. O. 284.

[242] *Rosenberg,* a. a. O. 74.

[243] *Rosenberg,* a. a. O. 50, 76.

[244] *Rosenberg,* a. a. O. 23, 67.

[245] *Rosenberg,* a. a. O. 77.

[246] *Rosenberg,* a. a. O. 71, vgl. schon oben § 8 II C 2.

aa) Das aktionenrechtliche Schema

Soll das Urteil auf einem wahren Sachverhalt beruhen, so muß dieser möglichst weitgehend aufgeklärt und wirklichkeitsgetreu in allen Einzelheiten rekonstruiert werden. Der Richter muß von vornherein versuchen, den Sachverhalt als *Ganzes* in den Blick und in den Griff zu bekommen[247]. Er darf nicht nur auf die einzelnen Parteibehauptungen sehen[248]. Erst wenn sich die Behauptungen zu Sachverhaltselementen, „Tatsachen" i. S. v. § 359 Nr. 1, verdichtet haben, soll er in eine Beweisaufnahme eintreten[249].

Dem Erreichen dieses Zieles ist es indes wenig förderlich, wenn der zu ermittelnde Sachverhalt von vornherein von Gericht und Parteien unter juristischen Gesichtspunkten in einzelne Teile zerlegt und dadurch der natürliche Zusammenhang zerstört wird. Das aber geschieht, wenn ein einheitlicher Lebensvorgang mit Hilfe von Beweislastkategorien in selbständige Angriffs- und Verteidigungsmittel, Einreden, Repliken, Dupliken usw. zerpflückt wird[250]. Die herrschende Meinung besteht ja gerade darauf, die Beweislastfrage abstrakt im Anschluß an den anzuwendenden Rechtssatz und nicht konkret von Fall zu Fall zu beantworten[251]. *Rosenberg* selbst hebt hervor, daß eine solche „Aufklärung" unter rechtlichen Gesichtspunkten die tatsächlichen Feststellungen entscheidend beeinflussen kann[252]. Allerdings ist nicht zu verkennen, daß die ZPO auf dem beschriebenen aktionenrechtlichen Schema aufgebaut ist, vgl. §§ 146, 278, 289[253]. Dieses Schema ist konstitutiv für das kontinentale juristische Denken überhaupt[254]. Auf ihm beruht letztlich auch die formale Prozeßauffassung[255]. Die Parteien, bzw. ihre Anwälte, sind gezwungen, in "Posi-

---

[247] *Bernhardt,* Sachverhaltsaufklärung 15; *Brüggemann,* Judex 335; *Wildhagen,* Sachverhalt 60—61; *Lent-Jauernig,* Zivilprozeßrecht § 50 I (11. Aufl.).

[248] Vgl. das Zitat aus RG Gruch. 59 (1915) 924 oben S. 144.

[249] *Brüggemann,* a. a. O.

[250] *Brüggemann, Bernhardt,* a. a. O.; *Osterrieth,* Prozeßtaktik AcP 152 (1952/53) 540; *Wildhagen,* a. a. O. 61.

[251] *Rosenberg,* Beweislast 11: „Die Lehre von der Beweislast ist demnach ein Teil der Lehre von der Rechtsanwendung".

[252] *Rosenberg,* a. a. O. 70; s. auch *Brauer-Schneider,* Zivilrechtsfall 127—129.

[253] *Bernhardt,* Sachverhaltsaufklärung 15; *Brüggemann,* Judex 333—334; *Osterrieth,* Prozeßtaktik, AcP 152 (1952/53) 540; *Lent-Jauernig,* Zivilprozeßrecht § 25 VIII 2.

[254] *Brüggemann, Osterrieth,* a. a. O.

[255] Vgl. *Decugis,* Evolution, Bull. Soc. Leg. Comp. 68 (1938/39) 81.

tionen" zu denken und um den für sie günstigen Tatbestand zu kämpfen[256]. Das führt dazu, daß die Partei immer nur soviel an Tatsachen vorbringt, als ihr zur Begründung ihres Antrags gerade nötig erscheint, und im übrigen sich vielleicht sogar angelegen sein läßt, den Sachverhalt nach Kräften zu verdunkeln[257]. Niemand will dem Gegner unnötig Angriffsflächen bieten. Dadurch würde man nur Gefahr laufen, sich die Beweislast aufzuladen. So wird der Prozeß zum Positionalkampf, der auch die Lüge erlaubt[258]. Die Arbeit des Richters degeneriert zu jenem Relationsschema, dem schon der größte Teil seiner Ausbildung gewidmet ist. Die „Sachverhaltsaufklärung" besteht dabei wesentlich darin, durch tabellarische Gegenüberstellung die bestrittenen Behauptungen herauszufiltern[259].

Hiernach verwundert es nicht, daß die aktionenrechtliche Zerpflükkung des Sachverhalts der älteren Lehre besonders am Herzen lag[260]. „Es wäre ein trauriges Zeichen von Verkommenheit", schreibt *Wach*[261], „wollten wir uns gestatten, in den Beweis der Einrede ... einzutreten, während noch der Klaggrund bestritten und unbewiesen ist". Deshalb auch war der beweislastabhängige Haupteid nach dieser Ansicht für den Zivilprozeß „allemal das charakteristischste" Beweismittel[262]. Seine Zuschiebung und Zurückschiebung macht den Prozeß zum Zweikampf um genau bestimmte Positionen, in dem sich die Erfolgsaussichten exakt abschätzen lassen[263]. Aus dieser Gedankenwelt stammt auch § 289. Nicht umsonst wird das „motivierte Leugnen" auch heute noch oft „negatio per positionem" genannt[264]. Das mittelalterliche Positionalverfahren ist scheinbar noch unter uns[265].

---

[256] *Brüggemann, Osterrieth*, a. a. O.

[257] *Brüggemann, Osterrieth*, a. a. O.; im gleichen Sinne schon *Zink*, Sachverhaltsaufklärung I, 135; *v. Bar*, Recht und Beweis 27—28. Vgl. auch *Lepa*, Beweislast 13; *Schneider*, Relationstechnik, JZ 1957, 617.

[258] Vgl. oben 2 a.

[259] Vgl. *Brüggemann*, a. a. O. 333, der den Wert dieses Verfahrens nicht bestreitet, aber „der Punkt war längst erreicht, wo der Segen droht, in den Fluch umzuschlagen". Nach *Schneider*, a. a. O. 617, 622, ist die Beweislast nicht nur das Rückgrat des Zivilprozesses, sondern auch der Relationstechnik.

[260] Vgl. *Brauer-Schneider*, Zivilrechtsfall 129, 210.

[261] *Wach*, Vorträge 212; auch Entwurf, Krit. Viertelj. Schr. 14 (1872) 358.

[262] *Wach*, Vorträge 217.

[263] Vgl. oben § 8 II A 2, 3 und *Brüggemann*, Judex 59.

[264] Vgl. *Blomeyer*, Zivilprozeßrecht 338; *Hellwig*, System I, 439.

[265] Vgl. *Wildhagen*, Sachverhalt 60—61. Zum Positionalverfahren, *Engelmann*, History 472—473. Dort auch zur „interrogatio per positiones", dem

Von hier aus ist der tiefere Sinn der Unteilbarkeitsregel zu verstehen. Wird durch die Beweislastverteilung der natürliche Zusammenhang des Sachverhalts zerrissen, so soll er durch den Unteilbarkeitssatz zugunsten des Gestehenden wiederhergestellt werden. Das ist der richtige Kern der französischen Ansicht, man dürfe nicht durch Teilung des Geständnisses die Erklärung zerreißen und die Beweislast auf den Gestehenden fallen lassen. Der Gedanke tritt allerdings bei den französischen Autoren nie deutlich hervor, sondern verbirgt sich hinter unsubstantiierten Billigkeitserwägungen[266].

Klar erkannt hat die Wurzel des Problems dagegen das italienische Schrifttum[267]. Ausgangspunkt der italienischen Theorie ist der Gedanke, daß der Kläger zugleich mit seiner Klage *alle Einreden* in den Prozeß einführt, die dieser entgegengesetzt werden könnten. Deshalb wird für die Unteilbarkeit nicht ein *logischer* Zusammenhang, sondern eine *juristische* Beziehung zwischen den Geständnisfakten gefordert. Zugeständnis und Zusatz müssen sich auf das zugrundeliegende streitige Rechtsverhältnis gründen. All dies sind Bemühungen, den durch die Beweislastgrundsätze zerstörten Zusammenhang wiederherzustellen, um unbillige Ergebnisse zu vermeiden. Letztere wurden auch ganz richtig z. B. in einer Förderung der Prozeßlüge durch das Teilbarkeitsprinzip erkannt.

Die einzige Schwäche der älteren italienischen Doktrin liegt dabei darin, die Frage als ein Problem der Rechtsanwendung zu behandeln. Die formalen gesetzlichen Beweislastregeln werden durch ein ebenso formales gesetzliches Prinzip wieder eingeschränkt; der Unteilbarkeitssatz als gesetzliche Beweisregel oder Beweislastregel postuliert, die nun ihrerseits aus Billigkeitsgründen wieder der Einschränkung bedarf. Von einer Unteilbarkeit nicht der Rechtsbeziehung, sondern des *Sachverhalts* ist zunächst genau so wenig die Rede wie in der älteren deutschen Lehre. Schließlich jedoch setzt sich der Gedanke durch, daß an Stelle des Rechtsverhältnisses der diesem zugrundeliegende Sachverhalt zu treten habe. Deshalb kann auch über die Unteilbarkeit nicht mehr abstrakt, sondern nur noch konkret nach Lage des Einzelfalles entschieden werden[268].

In der unzulässigen Vermengung von Tat- und Rechtsfrage besteht das grundsätzliche Mißverständnis der formalen Prozeßauffassung,

---

Vorläufer des ehemaligen französischen „interrogatoire“, vgl. oben § 2 II D 3.

[266] Vgl. oben § 3 II.

[267] Zum folgenden, vgl. oben § 6 I A 3, C.

[268] Vgl. oben § 6 I A 3 c.

wie sie den §§ 288 ff., aber auch dem Unteilbarkeitssatz zugrunde liegt[269]. Auch die Beweislastregeln als solche sind der Versuch, die Tatfrage mit Rechtsnormen zu lösen[270]. Von hierher die irrige Annahme eines Dispositionsrechts über Tatsachen und die Unmöglichkeit, Anerkenntnis und Geständnis sinnvoll zu unterscheiden. Die Tatfrage muß ganz unabhängig von der Rechtsfrage geklärt werden. Anderenfalls läuft man Gefahr, den Sachverhalt von vornherein in das Schema einer Rechtsnorm zu pressen und Wesentliches zu übersehen[271].

bb) Die Überwindung des Schemas

Es ist allerdings sehr zweifelhaft — und das führt uns auf die Ausgangsfrage zurück — ob das aktionenrechtliche Schema der Beweislastregeln den deutschen Zivilprozeß wirklich in dem Maße beherrscht, wie die überwiegende Meinung annimmt. Bedenken erweckt hier schon, daß man sich für diese These auch auf Vorschriften der ZPO beruft, deren Unvereinbarkeit mit dem Prozeßzweck wir glauben nachgewiesen zu haben[272]. Sollte insbesondere § 289 grundsätzliche Bedeutung zukommen, so würde auch das Unteilbarkeitsproblem weiterhin eine große Rolle spielen. Nur in einem Prozeß, der die umfassende Ermittlung der wahren Sachlage weitgehend begünstigt, braucht der „Gestehende" nicht zu befürchten, mit seinen Zusätzen beweisfällig zu bleiben.

In Wirklichkeit läuft nur eine Minderzahl der Zivilprozesse heute noch so schematisch ab[273]. Der Kläger klagt nicht aus einem bestimmten Paragraphen, wie noch das Reichsgericht annahm[274]. Die rechtliche Einordnung und Würdigung ist gerade Sache des Gerichts[275]. Die Partei trägt lediglich einen bestimmten Lebenssachverhalt vor, aus dem sie die in ihrem Antrag umrissene Rechtsfolge abgeleitet wissen will[276]. Im Rahmen der Anträge prüft das Gericht den Prozeßstoff

[269] Zu § 289, vgl. *Furno*, Contributo 118.

[270] Vgl. *Rosenberg*, Beweislast 11; dagegen *Diederichsen*, Anscheinsbeweis, VersR 1966, 212, Anm. 9.

[271] *Bernhardt*, Sachverhaltsaufklärung 15; Zivilprozeßrecht 222.

[272] Zu § 445, vgl. oben § 8 II C 2.

[273] *Brüggemann*, Judex 334; *Osterrieth*, Prozeßtaktik, AcP 152 (1952/53) 541—542; *Wildhagen*, Sachverhalt 61.

[274] Vgl. *Bernhardt*, Sachverhaltsaufklärung 16—17 und die dortige Kritik an der Entscheidung RGZ 147, 253; s. auch RGZ 86, 377 (378—380); 96, 197 (200—201); 129, 55 (60).

[275] *Schwab*, Streitgegenstand 18—19; *Bernhardt*, Zivilprozeßrecht 135.

[276] *Bernhardt*, Sachverhaltsaufklärung, a. a. O.; *Brüggemann*, Judex 336. *Brüggemann* vermerkt, daß „die Entscheidung über die Zulässigkeit des

selbständig, ohne an die Rechtsauffassung der Parteien gebunden zu sein. Ihre Dispositionsbefugnis über den *Streitgegenstand* ist allerdings zu beachten[277].

Ein Verfügungsrecht der Parteien über *Tatsachen* und Beweismittel („meine" Zeugen, „deine" Zeugen[278]) gibt es dagegen nicht. Zeugen sind Zeugen des *Gerichts*. Treten beide Parteien Beweis an, wie es die Regel ist, so hat das Gericht alle erheblichen Beweise ohne Rücksicht auf die Beweislast zu erheben. Nicht etwa sind zuerst die Zeugen des Klägers zu hören und dann die des Beklagten[279]. Ist eine Behauptung aufgestellt oder ein Beweis erbracht, so kommt es nicht darauf an, durch welche Partei das geschehen ist[280]. Diese grundlegende Einschränkung der subjektiven Beweislast ergibt sich aus dem Prinzip der freien Beweiswürdigung, wonach der „gesamte Inhalt der Verhandlungen" berücksichtigt werden muß[281]. Daher ist grundsätzlich ein Beweisangebot auch der nicht beweisbelasteten Partei zu beachten. Darüber und über die sachlich nicht gerechtfertigte Ausnahme bei der Parteivernehmung (§ 445) ist das Nötige bereits gesagt worden. Nur in dem seltenen Falle, daß die beweisbelastete Partei es unterläßt, Beweis anzutreten, oder (noch seltener) eine für ihren Prozeßsieg notwendige Behauptung aufzustellen, ist lediglich *diese* Partei möglicherweise vom Richter nach § 139 zu belehren. Folgt sie der Aufforderung nicht, so ergeht das Endurteil, ohne daß vorher die etwa angebotenen Gegenbeweise erhoben werden müßten[282].

Im übrigen kann sich der Richter zwecks Aufklärung des Sachverhalts beliebig an jede der beiden Parteien wenden und ohne Rücksicht auf Beweis- und Behauptungslast z. B. diejenige Partei zur Erklärung auffordern, von der er die bessere Kenntnis oder die größere Wahrheitsliebe erwartet[283]. Die Parteivernehmung von Amts

---

Rechtsweges nicht selten davon abhängt, welcher Sachverhalt aus dem ersten Rechtsgespräch des Richters mit den Parteien sich als der substantiell zur Entscheidung stehende herausschält, eine Frage, die sich aus dem reinen Klagevortrag noch nicht immer beantworten läßt." Bezeichnenderweise stellt *Rosenberg*, Beweislast 74, in dieser Frage ganz formal auf den Gegensatz Klaggrund—Einrede ab.

277 *Bernhardt*, a. a. O. 20, 21.

278 *Brüggemann*, a. a. O. 334.

279 *Lent-Jauernig*, Zivilprozeßrecht § 50 III 1.

280 *Bernhardt*, Zivilprozeßrecht 222.

281 Vgl. oben § 8 I.

282 *Lent-Jauernig*, a. a. O.; *Rosenberg*, Beweislast 22—23, 73; *Bernhardt*, a. a. O. 223.

283 *Lent-Jauernig*, a. a. O. § 50 I (11. Aufl.).

wegen ist von der Beweislast unabhängig, vgl. § 448[284]. Mit Ausnahme des Zeugenbeweises können auch alle anderen Beweise von Amts wegen erhoben werden, §§ 142, 144. Damit wird in der Regel eine ganzheitliche Erfassung des Sachverhalts gesichert. Insbesondere aber ist „der Abbau des positionalen Kampfdenkens eingeleitet und in gesetzliche Form gebracht worden durch die Einführung der Wahrheitspflicht nach § 138"[285]. Erst mit der dadurch bewirkten Zurückdrängung der Beweislastgrundsätze[286] ist die vielzitierte Arbeitsgemeinschaft von Gericht und Parteien Wirklichkeit geworden[287]. Eine Einwirkung der Beweislastgrundsätze auf Sachaufklärung und Beweiswürdigung müßte zwar die Erreichung des Prozeßzwecks in Frage stellen, doch ist ein solcher Einfluß heute de facto nicht gegeben. Die Bedeutung der Beweislast für den Gang des Verfahrens ist gering[288]. Für den österreichischen Prozeß wird die subjektive Beweislast überhaupt verneint[289]. Aber auch im deutschen Recht kann von der Beweislast als dem „Rückgrat des Zivilprozesses" nicht die Rede sein[290].

c) Beweislast und Formalbeweis

Nunmehr ist die Ansicht zu prüfen, die den Anwendungsbereich der Beweislast auf den Fall der *Beweislosigkeit* beschränkt (sog. objektive Beweislast).

Die Unbilligkeit einer Beweislastentscheidung liegt allemal darin, daß Fälle ohne Berücksichtigung der tatsächlichen Gegebenheiten auf Grund von Rechtsregeln entschieden werden. Das wurde bereits angedeutet. Mit Wahrheitsfindung hat eine Entscheidung auf Grund der Beweislastregeln nichts zu tun. Es ist barer Zufall, wenn sie richtig ist. Ein solches Urteil läßt sich nur auf das Erfordernis der Rechtsgewißheit und der formalen Ordnung stützen. Diese Funktion des Zivilprozesses, von der älteren Lehre als die primäre angesehen, hat

---

[284] Vgl. oben § 8 II C 2.

[285] *Brüggemann,* Judex 345.

[286] Vgl. oben 2 b.

[287] Vgl. *Brauer-Schneider,* Zivilrechtsfall 129.

[288] So auch *Schönke,* Beweislast ZAKDR 6 (1939) 193; Zivilprozeßrecht 228; *Lent-Jauernig,* Zivilprozeßrecht § 50 III 1; *Baumbach-Lauterbach,* ZPO, Anh. zu § 282, Anm. 1 A; *Nikisch,* Zivilprozeßrecht 318; *Stein-Jonas,* Kommentar I, § 282, Anm. IV 1; *Thomas-Putzo,* ZPO, § 282, Anm. 5; *Korsch,* Beweislastregeln 81.

[289] *Pollak,* System 656—657, 482; *Petschek-Stagel,* Zivilprozeß 232; *Rosenberg,* Beweislast 21, Anm. 3. Die *nordische* Prozeßwissenschaft nennt die subjektive auch die „falsche" Beweislast, vgl. *Bruns,* Zivilprozeßrecht 277.

[290] So vor allem *Schönke, Baumbach-Lauterbach,* a. a. O.

sich in der Beweislastlehre am reinsten erhalten[291]. Für die Beweislast steht die *Rechtssicherheit* im Vordergrund[292]. Dadurch ist sie verwandt mit der legalen Beweistheorie, aus der sie sich entwickelt hat[293]. Insbesondere setzt die gesetzliche Beweislastverteilung im BGB die Einrichtung des zugeschobenen *Eides* voraus. Wegen des Schiedseides war eine klare Regelung der Beweislast erforderlich. Der Gesetzgeber mußte von vornherein festlegen, wer im Falle der Beweislosigkeit zum Eide kommen würde[294]. Aus diesem Zusammenhang stammt auch das Wort von der Beweislast als dem „Rückgrat des Zivilprozesses"[295].

Nachdem die Novelle von 1933 den Haupteid beseitigt und die Wahrheitsermittlung in den Vordergrund des Zivilprozesses gestellt hat, fragt es sich deshalb einmal mehr, ob die Beweislast auch weiterhin diese Rolle spielen kann. Die Parteivernehmung verfolgt den Zweck, durch möglichst weite Ausdehnung der Beweiswürdigung die Beweislastentscheidungen zu vermindern[296]. Das hat der Gesetzgeber allerdings nicht voll erkannt (vgl. § 445 und § 448) und zwischen Beweislast und Beweiswürdigung grundsätzlich keinen Konnex gesehen[297]. Diese Tatsache wohl hat es der herrschenden Meinung ermöglicht, an ihrer Forderung nach strikter Trennung von (freier) Beweiswürdigung und (gesetzlicher) Beweislast festzuhalten und so der Beweislast einen bestimmten Anwendungsbereich zu sichern[298].

Im folgenden wird untersucht, welche Auswirkungen diese begriffliche Sonderung hat (aa, bb), und ob sie sich durchführen läßt (cc, dd).

aa) Die Beweislast als Beweisregel

Sinnvoll war eine Unterscheidung von Beweislast und Beweisführung eigentlich nur, solange es ein *Beweisurteil* gab[299]. In diesem Urteil wird die Beweislast rechtskräftig festgestellt. Eine spätere

---

[291] Vgl. *Rosenberg*, Beweislast 66: „... der Zweck des Zivilprozesses, dem die Ermittlung der Wahrheit ... doch weniger gilt, als die Herstellung und Sicherung des Rechtsfriedens durch endgültige Beseitigung der Ungewißheit unter den Parteien." Das zu dieser Stelle in Anm. 7 zitierte Schrifttum ist ausschließlich älteren Datums.

[292] Siehe oben a.

[293] Vgl. oben § 8 II A 2.

[294] Vgl. oben § 8 II A 2 und *Leonhard*, Beweislast 190.

[295] Vgl. *Levy*, Schiedseid, ZZP 23 (1897) 7.

[296] Vgl. oben § 8 II C 2.

[297] Das entspricht ganz der formalen Prozeßauffassung, vgl. *Wach*, Entwurf, Krit. Viertelj. Schr. 14 (1872) 359.

[298] Vgl. oben a.

[299] *Gautschi*, Beweislast 12.

Änderung der Beweislastverteilung ist unmöglich. Fällt jedoch das Beweisurteil weg, so bewirkt unter der Herrschaft der gesetzlichen Beweistheorie jeder Vollbeweis immer auch eine Verschiebung der Beweislast. Hier gibt es eigentlich *nur* Beweislast[300]. Daraus erklärt sich, daß der subjektive Beweislastbegriff der ursprüngliche gewesen ist. Beweislast und Beweisführung fallen in der Beweisführungslast zusammen. Mit der Einführung der freien Beweiswürdigung wurde dieser Begriff weitgehend gegenstandslos[301]. Hinfort herrschte im Grunde *nur* die Beweiswürdigung. Eine eigenständige Bedeutung der Beweislast ließ sich seither nur über den Begriff der „objektiven" Beweislast konstruieren. „Und jetzt ereignete sich das Merkwürdige, daß ... die ... Beweisführung allmählich mehr und mehr in den Hintergrund trat und schließlich gar gänzlich aufhörte, zu den Begriffsmerkmalen der Beweislast zu gehören"[302].

Der Begriff der objektiven Beweislast ist auffallend inhaltsleer[303]. Mit einer Parteilast oder einer Tätigkeit der Parteien hat er nichts zu tun. Dadurch soll er sich von der Beweisführung abheben[304]. Ansonsten besagt er wenig.

Nach *Rosenberg* ergibt sich das Grundprinzip der Beweislastverteilung aus der Tatsache, daß eine Norm (schon) bei Ungewißheit über ein Tatbestandsmerkmal nicht anwendbar ist. Nur wenn der Richter vom Vorhandensein aller gesetzlichen Voraussetzungen positiv überzeugt ist, kann er die Rechtsfolge bejahen. Im Zweifel muß die Anwendung der Norm unterbleiben. Daraus resultiert die Grundregel der Beweislast, nach der jede Partei die Beweislast für die Voraussetzungen der ihr günstigen Norm trägt[305]. Bleibt ein Tatbestandsmerkmal eines Rechtssatzes zweifelhaft, so ist gegen diejenige Partei zu entscheiden, zu deren Gunsten die Anwendung dieses Rechtssatzes erfolgen müßte. Aber — und das ist der springende Punkt — nicht weil die Partei insoweit die Beweislast hat, „sondern umgekehrt: weil bei Ungewißheit über ein Tatbestandsmerkmal zu ihren Ungunsten erkannt werden muß, sagen wir, daß sie die Beweislast für dieses Merkmal treffe."[306]

---

300 Vgl. oben § 8 II B.
301 Vgl. oben b bb.
302 *Korsch,* Beweislastregeln 29.
303 Vgl. *Lepa,* Beweislast 12.
304 Vgl. oben a.
305 *Rosenberg,* Beweislast 12.
306 *Rosenberg,* a. a. O.

Der objektive Beweislastbegriff ist danach nichts anderes als ein Name für ein Ergebnis, das ganz ohne diesen Begriff denkbar ist. Man hat denn auch eingewandt, daß eine solche Beweislast überflüssig sei[307], und es für „einfach widersinnig" erklärt, „eine Last ohne irgendeinen Träger zu denken"[308]. Daher wohl die Bemühungen, den Wirkungskreis auch der objektiven Beweislast auf das gesamte Verfahren auszudehnen, und so der Partei doch ein Interesse an der Beweisführung einzuräumen[309].

Für unser Thema interessieren in diesem Zusammenhang zwei Dinge. Einmal, daß nach dieser Ansicht die Leerformen „qualifiziertes Geständnis" und „motiviertes Leugnen"[310] mit einer weiteren Leerform, der Beweislast, „ausgefüllt" werden. Zum anderen, daß dieser Beweislastbegriff sich von der freien Beweiswürdigung tatsächlich unterscheidet. Bei der objektiven Beweislast handelt es sich um die Fortsetzung der legalen Beweistheorie mit anderen Mitteln.

Kann eine für die Entscheidung des Rechtsstreits erhebliche Tatsache nicht aufgeklärt werden, und muß der Richter dennoch ein Urteil fällen, so stellt sich die Frage, ob er von der Existenz oder der Nichtexistenz der fraglichen Tatsache ausgehen soll. Die Regel, die ihm das eine oder das andere vorschreibt, ist eine Beweisregel. *Rosenberg* selbst meint, eine solche Vorschrift wäre „geradezu ein Attentat gegen die freie Beweiswürdigung"[311]. Dennoch stellt nach seiner Ansicht die Beweislast keine solche Beweisregel dar. Die h. M. beruht nämlich auf der Annahme — und das ist entscheidend — daß der Richter im Fall des „non liquet" keineswegs vor der Alternative stehe, eine Tatsachenbehauptung entweder für wahr oder für unwahr zu erklären. Vielmehr könne er die Tatsache als zweifelhaft behandeln und gleichwohl das Urteil fällen. Denn nach der oben angeführten Begründung kommt der bloßen Unbewiesenheit der Behauptung die gleiche Wirkung zu wie ihrer Unwahrheit: die Anwendung des Rechtssatzes ist ausgeschlossen[312]. Beispiel: Der Beklagte behauptet, die Schuld bezahlt zu haben (Fall b der Einleitung). Über die Erfüllung läßt sich im Prozeß weder zu seinen Gunsten noch zu seinen

---

[307] *Leipold,* Beweislastregeln 32. Nach *Ekelöf* (zitiert bei *Bruns,* Zivilprozeßrecht 278—279) ist *Rosenberg's* Lehre „bar jeden greifbaren Inhalts."

[308] *Bierling,* Prinzipienlehre IV, 43, Anm. 14; auch *Kisch,* Buchbesprechung ZZP 30 (1902) 534—535; *Wach, Beweislast,* ZZP 29 (1901) 362.

[309] Vgl. oben a und *Rosenberg,* Beweislast 21.

[310] Vgl. oben A 2.

[311] *Rosenberg,* Beweislast 15.

[312] *Rosenberg,* a. a. O.; *Blomeyer,* Gutachten 1; *Diederichsen,* Anscheinsbeweis, VersR 1966, 212.

Ungunsten etwas ermitteln. Nach der h. M. kann (und muß) der Schuldner zur Zahlung verurteilt werden, ohne daß in dem Urteil die Frage der Erfüllung entschieden zu werden brauchte.

„Dies aber ist lediglich ein Sophisma“[313], und die Begründung der Beweislastregelung aus dem Gesichtspunkt der Nichtanwendbarkeit einer Rechtsnorm eine bloße Scheinbegründung[314].

Der Richter kann eine Rechtsfolge nur bejahen, wenn alle tatbestandlichen Voraussetzungen dafür vorliegen. Liegen sie nicht vor, muß die Rechtsfolge verneint werden. Ist der Richter insoweit im Zweifel, so kann er die Rechtsnorm nicht anwenden. Das bedeutet, er kann die Rechtsfolge nicht bejahen, aber — und hier liegt der gedankliche „Sprung“ der h. M. — er könnte sie bei solcher Lage auch nicht verneinen[315].

Dennoch tut er es. Obwohl die Rechtsnorm weder in positiver noch in negativer Hinsicht anwendbar ist, wird ihr die negative Rechtsfolge entnommen. Im Falle des „non liquet“ wird unterstellt, die *nicht bewiesenen* Tatsachen seien *nicht vorhanden*[316]. Der Richter, der in dem Beispielsfall den Schuldner zur Zahlung verurteilt, geht — für die zu entscheidende Frage — notwendig davon aus, daß die Schuld noch *nicht* bezahlt ist[317].

Damit ergibt gerade die Begründung der objektiven Beweislast durch die h. M., daß es sich hier um eine Beweisregel handelt. Darin liegt der Unterschied zur freien Beweiswürdigung.

Die ältere Lehre sprach auch ganz unbefangen davon, daß ein „non liquet“ bereits genüge, um der beweisbelasteten Partei gegenüber eine Tatsache i. S. d. § 286 „für nicht wahr“ zu erklären[318]. „Die Beweislosigkeit gilt als Unwahrheit“[319] und die Beweislastregeln sind die

---

[313] *v. Bar,* Recht und Beweis 5, Anm. 4.

[314] *Leipold,* Beweislastregeln 31—34.

[315] *Leipold,* a. a. O. 32.

[316] Vgl. dazu oben § 8 II A 2.

[317] So die bei *Rosenberg,* Beweislast 14, Anm. 2 Genannten. Entgegen *Rosenberg,* a. a. O. 15—16, könnte in einer *anderen* Frage, deren Entscheidung wiederum von der nicht bewiesenen Tatsache abhängt, durchaus auch anders entschieden werden. Ein Widerspruch würde darin nicht liegen. Vgl. *v. Bar,* Recht und Beweis 5, Anm. 4, der darauf hinweist, daß die h. M. beide Fragen unzulässigerweise miteinander vermengt.

[318] So *Bähr,* Grenzen, Jher. Jahrb. 25 (1887) 399, der allerdings einen m. E. unhaltbaren Gegensatz zwischen „nicht wahr“ i. S. d. § 286 und „unwahr“ konstruiert. Dagegen *Korsch,* Beweislastregeln 131, Anm. 105; *Rosenberg,* Beweislast 15.

[319] *Wach,* Vorträge 235.

„Grenzen der freien Beweistheorie"[320]. Sei die Entstehung eines Rechts dargetan, so werde das Fortbestehen bis zum Gegenbeweis vermutet: „Wo bleibt da die Freiheit der richterlichen Überzeugung, wo die materielle Wahrheit?"[321] Im Gegenteil ist „mit der Lehre von der Verteilung der Beweislast ein neues formales Prinzip gegeben, welches auf der Bahn zur Aufstellung von Beweisregeln unaufhaltsam weiter drängt"[322]. Umgekehrt sind aus früheren Beweisregeln viele Beweislastregeln erwachsen[323]. Die tatsächliche Vermutung zum Beispiel war zunächst ein gesetzliches Beweismittel, das „halben" Beweis ("semiplena probatio"[324]) erbrachte. Da halber Beweis aber dem Kläger das Recht gab, den „Erfüllungseid" für sich zu verlangen[325], trat im Laufe der Zeit ihre *Beweislast*funktion immer mehr in den Vordergrund[326]. Wer eine Vermutung gegen sich hatte, erlag bei „non liquet" dem Eide des Klägers. Auch heute noch lassen sich z. B. die Rechtsfolgen der Beweisvereitelung (vgl. § 444) in gleicher Weise durch eine Beweisregel wie durch eine Beweislastregel bestimmen — wenn man es nicht beim Prinzip des § 286 belassen will[327].

So gesehen ist die gesamte Beweislastlehre „nichts anderes als eine Theorie allgemeiner rechtlicher Vermutungen"[328]. Diese These wird dadurch bestätigt, daß die gesetzliche Beweislastverteilung — soweit ihre Gründe überhaupt untersucht wurden — hauptsächlich auf abstrakte Wahrscheinlichkeitserwägungen zurückgeführt wird[329]. Die Argumentation gründet sich vor allem auf das den Beweislastnormen zugrunde liegende Regel-Ausnahme Verhältnis[330], das nur die statistische Wahrscheinlichkeit widerspiegeln kann. Die Behauptung, die

---

[320] *Bähr*, a. a. O. 394.

[321] *Wach*, a. a. O. 211, auch 213, 235.

[322] *Wach*, Entwurf, Krit. Viertelj. Schr. 14 (1872) 358.

[323] *Leonhard*, Beweislast 190.

[324] Vgl. oben § 2 I.

[325] Vgl. oben § 8 II A 2.

[326] Vgl. *Kollhosser*, Anscheinsbeweis, AcP 165 (1965) 73; *Blomeyer*, Gutachten 13; Zivilprozeßrecht 396.

[327] *Schneider*, Beweislast, DRiZ 1966, 285.

[328] *v. Bar*, Recht und Beweis 22.

[329] Neuestens *Kegel*, Individualanscheinsbeweis 334—335, 325—326, 328; weiter die unten S. 175 Anm. 395 Genannten. Zu den Beweislastregeln als allgemeinen Erfahrungssätzen auf der Basis des „id quod plerumque accidit", *Leipold*, Beweislastregeln 53—56; früher schon *v. Bar*, a. a. O. 24—25; vgl. auch *Pagenstecher*, Rechtskraft 177 und *Cappelletti*, Testimonianza I, 171.

[330] Vgl. oben I B 2 und *Blomeyer*, Gutachten 6.

Beweislast habe mit der Glaubwürdigkeit der Person nichts zu tun[331], war daher nur auf dem Boden der formalen Prozeßauffassung richtig, weil es hier auf die Glaubwürdigkeit der Person, d. h. der Partei, überhaupt *nie* ankam[332]. Heute treffen die Vorwürfe gegen die „abstrakte Beweisscholastik"[333] entgegen *Rosenberg* gerade die Beweislast, weil sie eine „Verknöcherung der Beweiswürdigung"[334] darstellt[335].

bb) „Plena probatio" und „volle richterliche Überzeugung"

Nun könnte man einwenden, Beweislastregeln bewirkten im Gegensatz zu Beweisregeln keine Beschränkung der Wahrheitsermittlung. Sie kämen ja nur dann zur Anwendung, wenn die freie Beweiswürdigung zu keinem Ergebnis geführt habe.

Es fragt sich aber, was hier unter „Ergebnis" zu verstehen ist. Bei gesetzlicher Beweistheorie bestimmt das Gesetz, welche Umstände „plena probatio" ausmachen, z. B. die Aussage zweier „klassischer" Zeugen[336]. Da solche Beweise häufig nicht zu erbringen sind, ist die Bedeutung der Beweislast hier sehr groß[337]. Bei freier Beweiswürdigung hingegen ist die Herstellung des Beweises sehr viel leichter[338]. Die dogmatische Scheidung von (gesetzlicher) Beweislast und (freier) Beweiswürdigung macht jedoch diesen Effekt zum Teil wieder zunichte, weil sie dazu verleitet, an den Beweis relativ hohe Anforderungen zu stellen.

Im Hinblick auf § 286 ist es allgemeine Meinung, daß „beweisen" heißt „den Richter überzeugen"[339]. Ebenso allgemein wird „volle"

---

[331] *Rosenberg,* Beweislast 65; dagegen *Schneider,* Beweislast, DRiZ 1966, 285, Anm. 45; *Bozi,* Weltanschauung 129.

[332] Vgl. *Stölzel,* Schulung I, 87—88: „Dem Angegriffenen nützt also selbst frivoles Bestreiten; es verschafft ihm in allen Fällen . . . das Recht, den Eid über die Klagebehauptungen für sich zu verlangen und durch dessen Leistungen zu siegen, den Angriff zurückzuschlagen." Dieser „Typus des unglaubwürdigen Klägers" *(Bozi,* a. a. O. 256, 128, 76) ergibt sich folgerichtig aus dem Grundsatz, eine Parteierklärung sei schlechthin ohne Beweiswert, vgl. *Calamandrei,* Verità, Riv. dir. proc. 1955 I, 180.

[333] *Fuchs,* Gemeinschädlichkeit 35.

[334] *Rosenberg,* Beweislast 65.

[335] Vgl. *Schneider,* Beweislast, DRiZ 1966, 284; *Kegel,* Individualanscheinsbeweis 336.

[336] Vgl. oben § 2 I.

[337] *Leonhard,* Beweislast 190; *Kohler,* Zivilprozeßrecht 315.

[338] *Rosenberg,* Beweislast 63.

[339] *Rosenberg,* a. a. O. 180; *Leonhard,* a. a. O. 194.

Überzeugung verlangt[340]. Darunter ist zwar keine mathematische Gewißheit zu verstehen. Der Richter „soll nicht da noch Zweifel hegen, wo auch jeder andere vernünftige, die Lebensverhältnisse klar überschauende Mann überzeugt wäre"[341]. Andererseits ist nicht jedes geringfügige Übergewicht an Wahrscheinlichkeit schon ein Beweis[342]. Die Rechtsprechung fordert einen „jeden vernünftigen Zweifel ausschließenden Grad von Wahrscheinlichkeit"[343]. Die Wahrscheinlichkeit muß an Gewißheit grenzen. Weniger zu verlangen wäre eine Rechtsverletzung[344].

Die ältere Rechtsprechung und Lehre haben sich hier noch deutlicher ausgedrückt[345]. Das Schrifttum legte in § 286 Abs. 1 das Gewicht nicht so sehr auf den ersten als auf den zweiten Satz. Der Richter müsse „Gründe" für seine Überzeugung angeben. Deshalb könne„ ein willkürliches subjektives Dafürhalten" nicht genügen[346]. Andernfalls würden sich haltlose Ansprüche durchsetzen[347]. Niemals dürfe das Gericht einer Partei auf ihr bloßes Wort hin glauben[348], oder ein Geständnis einfach für unglaubwürdig erklären[349]. Das liefe darauf hinaus, die Beweislast nicht nach dem Gesetz, sondern nach Wahrscheinlichkeit zu verteilen. Es wäre „keine freie Beweiswürdigung, sondern richterliche Willkür"[350]. Diese Anschauungen leben auch nach Einführung der Parteivernehmung noch fort in der Tendenz der h. M., in § 286 nicht so sehr das Beiwort „frei" als viel-

---

[340] *Blomeyer*, Gutachten 14; *Kegel*, Individualanscheinsbeweis 333.

[341] *Rosenberg*, a. a. O. 181; *Blomeyer*, a. a. O. 15; RGZ 162, 223 (229—230); BGH VersR 1957, 252.

[342] *Blomeyer*, a. a. O.; *Kegel*, a. a. O. 334; *Leonhard*, Beweislast 194.

[343] BGHZ 7, 116 (119—120); 18, 311 (318).

[344] *Pohle*, Bemerkungen, MDR 1949, 387.

[345] Für die Rechtsprechung ist hier nach oben § 8 II A 1 zu verweisen. Nach Meinung des Reichsgerichts genügte selbst die „äußerste Unwahrscheinlichkeit" der behaupteten Tatsache nicht, um eine negative Überzeugung des Gerichts zu begründen und nach § 446 a. F. die Eideszuschiebung über diese Tatsache für unzulässig zu erklären (dagegen *Walsmann*, Eidesbeweis 255). Ließ man früher die Wahrscheinlichkeit überhaupt außer Acht, so wird heute ihr Wert durch hohe Anforderungen herabgemindert; vgl. den folgenden Text.

[346] *Wach*, Entwurf, Krit. Viertelj. Schr. 14 (1872) 359; Vorträge 214—215; *Endemann*, Beweislehre 634—635.

[347] *Leonhard*, Beweislast 195.

[348] *Wach*, Vorträge 214—215; Entwurf, a. a. O. 358; *Stölzel*, Schulung I, 157.

[349] *Stölzel*, a. a. O.

[350] *Stölzel*, a. a. O.; *Wach*, a. a. O. und Beweislast, ZZP 29 (1901) 367.

mehr die „Überzeugung" zu betonen[351]. Gesetzlichen Ausdruck haben sie in der systemwidrigen Vorschrift des § 445 gefunden.

§ 445 illustriert auch, wie eine Beweislastregel sich praktisch als Beweisregel auswirkt, wenn man bestimmte Wahrscheinlichkeiten im Einzelfall für den Beweis nicht ausreichen läßt[352]. Je höher die Anforderungen an den Beweis, desto größer ihr Anwendungsbereich[353]. Wird die Beweislast, wie vielfach gefordert, schon bei der Beweiswürdigung in Betracht gezogen, so kann dies zusätzlich dazu führen, die Anforderungen an die „Überzeugung" zu überspannen. Es ist für das Gericht leichter, ein Urteil auf die Beweislastregeln zu stützen, als sich im Einzelfall eine Überzeugung zu bilden und sie zu motivieren[354]. Hier kann die Beweislastregel das bequeme Ruhekissen werden, wie es früher die Beweisregel war[355].

cc) Haupteid und Anscheinsbeweis

Die Unbilligkeit der Beweislastentscheidung bei fehlender „plena probatio" ist die Ursache für die Entwicklung des Tatsacheneides gewesen[356]. Dem Beweisführer wird die Möglichkeit der Eideszuschiebung gegeben, um so eine Entscheidung bloß auf Grund der Beweislastgrundsätze zu vermeiden[357]. Sein Gegner soll durch eine „moralische Tortur" zum Geständnis gezwungen werden[358]. Die Parteiaussage, als frei gewürdigter Beweis abgelehnt, muß als gesetzlicher Beweis zugelassen werden[359]. *Carnelutti* wollte den Haupteid einst beibehalten, um damit Beweislastentscheidungen zu umgehen[360]. Er verkannte, daß es sich nie darum handelte, das Eidesrecht *ersatzlos* abzuschaffen. Es sollte vielmehr durch etwas Besseres, die Parteivernehmung, ersetzt werden[361]. Die freie Würdigung des Parteizeugnisses begünstigt die Herstellung eines echten Beweises und hilft, die Beweislastentscheidung wirklich zu vermeiden[362]

---

[351] Vgl. *Esser,* Vorwort 10.

[352] Oben § 8 II C 2, III.

[353] Vgl. *Kegel,* Individualanscheinsbeweis 337.

[354] *Guldener,* Beweiswürdigung 22; *Rosenberg,* Beweislast 190.

[355] Vgl. *Wach,* Vorträge 215.

[356] Vgl. oben § 8 II A 2.

[357] Vgl. *Wach,* Vorträge 220: „Der Delat kommt nicht mit nacktem Leugnen ab. Habe ich keine Beweise, so soll wenigstens der Gegner schwören, daß meine Behauptung unwahr ist, oder mir den Eid zurückgeben."

[358] *v. Bar,* Recht und Beweis 128; vgl. oben § 8 II A 2.

[359] Vgl. *Klein-Engel,* Zivilprozeß 368; *Cappelletti,* Testimonianza I, 238.

[360] *Carnelutti,* Grundlinien, RabelsZ 3 (1929) 29.

[361] *Cappelletti,* a. a. O. 395, Anm. 12.

[362] Vgl. oben § 6 II A 2, § 8 III.

Dieser Grundgedanke der Parteivernehmung ist in der ZPO allerdings nicht hinreichend deutlich geworden. Wohl aus diesem Grunde benötigte man einen anderen Ersatz für den Schiedseid. Seine Aufgabe, die Verhinderung einer unbilligen Beweislastentscheidung bei nur wenig unzureichender richterlicher Überzeugung, hat heute vornehmlich der *Anscheinsbeweis* übernommen. Dieser ähnelt dem Haupteid in dreierlei Hinsicht.

Einmal setzt seine Anwendung eine *Beweisnot* des Klägers voraus, dem wegen der gesetzlichen Beweislastverteilung die Gefahr „eines schweren Unrechts" droht[363]. Das wird immer wieder hervorgehoben[364].

Deshalb verfolgt der Anscheinsbeweis das Ziel, die „manchmal allzu grobmaschige Beweislastverteilung des geltenden Rechts zu verfeinern"[365]. Manche meinen, zu diesem Zweck werde durch den prima facie Beweis die *Beweislast* umgekehrt, gemildert oder erleichtert[366]. Verbreiteter ist die Ansicht, hier würden nur die Anforderungen an die *Beweisführung* modifiziert[367].

Endlich ist der Anscheinsbeweis wie früher der Haupteid ein *Formalbeweis* durch Parteizeugnis. Er ist allerdings richterrechtlich und nicht gesetzlich geregelt[368]. Wenn das Revisionsgericht den Tatrichter anweist, den Beweis kraft eines „Erfahrungssatzes" als (prima facie) geführt anzusehen[369], so bedeutet das nichts anderes, als daß hier schon das *Parteivorbringen* als *Beweis* genügt[370].

---

[363] *Wassermeyer*, prima facie Beweis 3.

[364] *Ekelöf*, Beweiswürdigung, ZZP 75 (1962) 299; *Kollhosser*, Anscheinsbeweis, AcP 165 (1965) 62, 75; *Diederichsen*, Anscheinsbeweis, VersR 1966, 217. *Diederichsen* betont, daß die Beweisnot an sich „kein Moment der Beweiswürdigung" sei, und den nicht erbrachten Beweis nicht ersetzen könne.

[365] *Kollhosser*, a. a. O. 79. Das Fallbeispiel, mit dem *v. Bar*, Recht und Beweis 26—28, die Unbilligkeit der abstrakten Beweislastverteilung aufzeigt (Entleiher eines Buches behauptet Rückgabe desselben, kann aber keine Quittung vorlegen; allerdings ist auch die Bibliothek nicht im Besitz des Leihscheins), würde heute mit Hilfe des Anscheinsbeweises befriedigend zu lösen sein.

[366] *Wassermeyer*, a. a. O. und die bei *Diederichsen*, a. a. O. 214 Genannten.

[367] *Kollhosser*, a. a. O. 49—51; *Blomeyer*, Gutachten 28; *Pohle*, Beweislast 323; vgl. auch *Diederichsen*, a. a. O.

[368] Vgl. *Schneider*, Beweislast, DRiZ 1966, 285 („Richterrechtliche Setzung von Beweisregeln").

[369] Vgl. *Kollhosser*, a. a. O. 51.

[370] *Bolding*, Sachaufklärung 60; auch *Ekelöf*, Beweiswürdigung, ZZP 75 (1962) 301.

Die unscharfen Begriffe des „Erfahrungssatzes" und des „typischen Geschehensablaufs"[371] sichern letztlich nur die revisionsrechtliche Kontrolle über die Fälle, in denen ein solcher Beweis durch Parteizeugnis ausreichen darf (und muß)[372].

dd) Anscheinsbeweis und Anfangsbeweis

Im Anscheinsbeweis wird die Unmöglichkeit sichtbar, die Grenze der richterlichen Überzeugung zwischen Beweiswürdigung und Beweislast in der Praxis zu halten[373]. Der prima facie Beweis soll „volle" richterliche Überzeugung auch da begründen, wo sie dem Tatrichter erst vom Revisionsgericht anbefohlen wird[374]. Für den Grad von Wahrscheinlichkeit, der zur Überzeugungsbildung ausreicht, kann indes kein „Tarif" festgesetzt werden[375]. Hier mögen auch subjektive, irrationale Momente mitspielen, die bei dem einen Richter eine Überzeugung begründen, bei dem anderen aber nicht[376]. Versucht man, die Überzeugung zu objektivieren, so kann man bald ganz darauf verzichten[377]. Dann ist der Richter verpflichtet, die Feststellung zu treffen, „auch wenn ihm die volle Überzeugung fehlen sollte"[378].

So verdeckt der Anscheinsbeweis die Tatsache, daß das Verlangen nach „voller" richterlicher Überzeugung wegen der gesetzlichen Beweislastverteilung allzu oft zu Ergebnissen führen müßte, die als unbillig empfunden werden. *Deshalb* kann man nicht immer die „normale Beweismenge"[379] verlangen. Für den Anscheinsbeweis ist nicht *hohe* Wahrscheinlichkeit erforderlich, sondern *überwiegende* Wahrscheinlichkeit genügt[380]. Damit ist die von der h. M. vorausgesetzte strenge Trennung von (gesetzlicher) Beweislast und (freier) Beweiswürdigung überwunden[381]. Die Beweislast richtet sich nicht mehr allein nach dem Gesetz. Besonders der Anscheinsbeweis zeigt die Notwendigkeit, die Ergebnisse des Beweisverfahrens bei der Ent-

---

[371] Vgl. *Kollhosser*, a. a. O. 53, 78—83.

[372] Vgl. *Kollhosser*, a. a. O. 46, 51.

[373] *Diederichsen*, Anscheinsbeweis, VersR 1966, 214.

[374] *Kollhosser*, Anscheinsbeweis, AcP 165 (1965) 46, 51; vgl. auch *Esser*, Vorwort 11.

[375] *Kollhosser*, a. a. O. 55.

[376] *Kollhosser*, a. a. O.; *Lepa*, Beweislast 29.

[377] Schon die „begründete" Überzeugung enthält einen inneren Widerspruch, vgl. *Esser*, Vorwort 11.

[378] *Blomeyer*, Gutachten 16.

[379] Vgl. *Esser*, a. a. O. 12.

[380] *Kegel*, Individualanscheinsbeweis 334.

[381] Vgl. schon *Leonhard*, Beweislast 119.

scheidung der Beweislastfrage mitzuberücksichtigen[382]. Manche meinen, er habe die gesetzliche Beweislast ganz in den Hintergrund gedrängt[383].

Das hat schon zu der Überlegung geführt, ob man nicht auf das „seelische Lusterlebnis“[384] der „Überzeugung“ ganz verzichten und die erforderliche Beweisstärke grundsätzlich oder in Einzelfällen verringern sollte[385], „um den Konsequenzen einer zu sehr verallgemeinernden gesetzlichen Beweislastverteilung zu entgehen“[386]. In einem solchen System müßte die Bedeutung der Beweislast um so mehr zurücktreten, je mehr die Beweiswürdigung zur echten „Wahrscheinlichkeitswürdigung“[387] ausgebaut wird[388]. Genügt zum Beweis jedes noch so geringfügige Übergewicht an Wahrscheinlichkeit, so wird die Beweislast nur noch in dem seltenen Fall von je 50 % Wahrscheinlichkeit für jede Behauptung erheblich[389]. So trägt im Grunde *keine* Partei die Beweislast[390]. Damit nähert man sich der Ansicht von *Kohler*, der ausführt, daß die Beweislast die gesetzliche Beweistheorie voraussetze, und ihre Bedeutung bei freier Beweiswürdigung „gleich Null“ sei[391]. Diese These läßt sich auch historisch begründen. Der klassische römische Zivilprozeß, der schon früh die freie Beweiswürdigung verwirklicht hatte, kannte kein festes System der Beweislast[392].

Damit bildet der Anscheinsbeweis den Ansatzpunkt zu einer Überwindung der gesetzlichen Beweislastregelung. Insofern ist er ein Gegenstück zum französischen „commencement de preuve par écrit“, der Durchbruch der Wahrscheinlichkeit durch ein starres gesetzliches

---

[382] Der Meinungsstreit, ob der Anscheinsbeweis dogmatisch der Beweiswürdigung oder der Beweislast zuzurechnen sei, wird dadurch erklärlich. Wie der Text im Ergebnis schon *Gautschi*, Beweislast 12.

[383] *Schönke*, Beweislast, ZAKDR 6 (1939) 193.

[384] *Bolding*, Sachaufklärung 59.

[385] *Bolding*, a. a. O. 57—61; *Esser*, Vorwort 12; *Kegel*, Individualanscheinsbeweis 338; *Ekelöf*, Beweiswürdigung ZZP 75 (1962) 299, 301.

[386] *Schneider*, Beweislast, DRiZ 1966, 286.

[387] *Betzinger*, Beweislast 53.

[388] Vgl. *Korsch*, Beweislastregeln 80.

[389] *Kegel*, Individualanscheinsbeweis 337.

[390] *Bolding*, Sachaufklärung 62; *Ekelöf*, Beweiswürdigung, ZZP 75 (1962) 298. Vgl. auch die Skala der Wahrscheinlichkeiten bei beiden Autoren auf S. 61 bzw. 289 sowie bei *Bruns*, Zivilprozeßrecht 275. Dort auch zu dem „Überwiegensprinzip“ der nordischen Prozeßwissenschaft (280).

[391] *Kohler*, Zivilprozeßrecht 315; Offizialmaxime, RheinZ 6 (1914) 13—14; auch *v. Bar*, Recht und Beweis 40.

[392] *Kaser*, Römisches Zivilprozeßrecht 278—279.

Schema[393]. Wie der Unteilbarkeitsgrundsatz durch den Anfangsbeweis des Art. 1347 C. c. gegenstandslos wurde, so der Teilbarkeitsgrundsatz durch den Anfangsbeweis, den man Anscheinsbeweis nennt.

Entgegen der Auffassung, die in einem ZPO-Entwurf vertreten wurde, kann bei „voller Anerkennung des Prinzips der freien richterlichen Würdigung" der „Unterschied zwischen klagbegründenden und klagaufhebenden Tatsachen" nicht unbeschränkt „seine Geltung behaupten"[394]. Die Beweislast läßt sich genau so wenig wie die Beweiskraft abstrakten Regeln entnehmen[395]. Insbesondere ist hier mit einem einzigen starren Prinzip nicht auszukommen[396]. In Frankreich und Italien hat man erkannt, daß die Grundsätze des Art. 1315 C. c., obgleich äußerlich der Ausdruck der Vernunft und Billigkeit, in der Verallgemeinerung gerade wegen ihrer Simplizität die größten Schwierigkeiten bieten[397]. Nach *Bartin* ist jeder ähnliche Versuch der Regelung in gleicher Weise zum Scheitern verurteilt. Nur für einzelne Rechtsgebiete ließen sich in der Praxis gewisse Grundregeln herausarbeiten[398]. Für das deutsche Recht gilt nichts anderes. Was zum Klagegrund und was zur Einrede gehört, ist weithin streitig[399]. Rechtssicherheit schafft hier immer nur eine mehr oder minder umfangreiche Kasuistik[400]. Der Versuch, die Beweislastfrage durch die Fassung der Gesetze zu regeln, wird deshalb als mißlungen angesehen[401]. Der Schweizer Gesetzgeber hat ein solches Vorgehen bewußt vermieden[402].

Nach allem drängt sich jedoch die Frage auf, ob die Korrektur der gesetzlichen Beweislastverteilung im deutschen Recht wirklich nur um den Preis einer „Schematisierung der Beweiswürdigung" (mit Hilfe

---

[393] Vgl. *Kegel,* Individualanscheinsbeweis 328, 334.

[394] Vgl. oben § 7 III.

[395] So vor allem *Kohler,* Zivilprozeßrecht 316; Offizialmaxime, RheinZ 6 (1914) 13—14; ähnlich *v. Bar,* Recht und Beweis 28, Anm. 23 a; 37; *Hölder,* Entwurf, AcP 73 (1888) 156; *Gautschi,* Beweislast 10—12, 22; *Fischer,* Beweislast, Recht 1909, 103; *Peters,* Beweislast MDR 1949, 69; *Ekelöf,* a. a. O. 297.

[396] *Ekelöf,* a. a. O.; *Kisch,* Buchbesprechung, ZZP 30 (1902) 536.

[397] *Boulanger,* Réflexions, Rev. trim. 1966, 738, 753; *Liebman,* Manuale II 1, 86—90.

[398] *Aubry-Rau-Bartin,* Traité XII, 90, Anm. 20 bis; auch *Legeais,* Règles 171—183; *Gautschi,* Beweislast 23. Vgl. schon oben § 2 IV.

[399] Vgl. oben I B 2.

[400] *Peters,* Beweislast, MDR 1949, 66, 68.

[401] *Peters,* a. a. O. 67.

[402] *Gautschi,* Beweislast 10.

des Anscheinsbeweises)[403] möglich war. Das schwedische Prozeßrecht läßt ganz allgemein die *überwiegende* Wahrscheinlichkeit für den Beweis genügen und kommt deshalb ohne den Begriff des Anscheinsbeweises aus[404]. Man braucht auch keinen besonderen juristischen Begriff, bloß um die Tatsache auszudrücken, daß schon das Parteivorbringen die Behauptung hinreichend wahrscheinlich machen kann[405]. *Das* steht in den §§ 445—455 ZPO. Der „Anfangsbeweis" ist geregelt durch die (gegenüber § 445) allein sachgerechte Vorschrift des § 448[406]. Liegt er vor, so muß das Gericht versuchen, ihn durch das Zeugnis der Parteien zum Vollbeweis zu ergänzen. Zu diesem Zweck gibt ihm § 452 Abs. 1 die Befugnis, eine Partei auch zu vereidigen. Auf die *Beweislast* kommt es bei der Vernehmung und Vereidigung nicht an. Der Richter hat sich vielmehr immer nur *eine* Frage vorzulegen: Ist jetzt das *Übergewicht* an Wahrscheinlichkeit erreicht, das zum Beweise genügt[407]? Das ist der gesetzlich vorgesehene Weg, um Beweislastentscheidungen in Härtefällen zu vermeiden. Noch freier gestellt ist das Gericht nach § 287[408].

d) Zusammenfassung

Die Beweislastvorschriften, auf die § 289 verweist, sind Regeln, die dem Prozeßzweck der Wahrheitsermittlung zuwiderlaufen. Äußerlich deshalb, weil sie Regeln sind, im Grunde deshalb, weil eben diese grundsätzliche Regelung auf den Formalbeweis und die formale Prozeßauffassung zurückgeht. Daher hat die Beweislast heute nicht mehr die Bedeutung, die ihr überwiegend zuerkannt wird[409]. Mit dem Wegfall des beweislastabhängigen Haupteides ist ihre eigentliche Grundlage entfallen[410]. Die Regelung der Parteivernehmung im deutschen Recht hat diese Tatsache allerdings verdeckt. Daher mußte der Anscheinsbeweis die erforderlichen Korrekturen der Beweislast übernehmen. Die gesetzliche Beweislastverteilung ist dadurch weit-

---

[403] *Kollhosser*, Anscheinsbeweis, AcP 165 (1965) 71.

[404] *Bolding*, Sachaufklärung 58; *Ekelöf*, Beweiswürdigung, ZZP 75 (1962) 296, 301. Auch im englisch-amerikanischen Zivilprozeß entscheidet die „preponderance of evidence" oder „preponderance of probability", vgl. *Bolding*, a. a. O. 62; *Kegel*, Individualanscheinsbeweis 335 mit Nachweisen in Anm. 42—44.

[405] *Bolding*, a. a. O. 60.

[406] Vgl. oben § 8 II C 2.

[407] Vgl. *Esser*, Vorwort 12.

[408] Vgl. *Schneider*, Beweislast, DRiZ 1966, 286, der in Einzelfällen die erforderliche Beweisstärke analog dieser Vorschrift mindern will.

[409] Vgl. *Pohle*, Bemerkungen, MDR 1949, 386.

[410] Vgl. *Calamandrei*, Verità, Riv. dir. proc. 1955 I, 180.

gehend in der — wenn auch schematisierten — Beweiswürdigung aufgelöst worden, so daß die Unterscheidung beider heute kaum noch praktischen Wert hat.

Die Durchbrechung des gesetzlichen Beweislastschemas aus dem Gesichtspunkt der Wahrscheinlichkeit liegt im Zuge der Entwicklung. Wer die *Wahrheit* ermitteln will, wird immer nur mehr oder minder hohe *Wahrscheinlichkeit* erreichen[411], aber sie ist „das Beste, was wir haben können“[412]. Wenn demnach aller Beweis „richtig verstanden nur Wahrscheinlichkeitsbeweis“ sein kann[413], so ist die Beweislast auf diejenigen Fälle zu beschränken, die wirklich unaufklärbar sind. Dadurch wird nicht der Rechtsunsicherheit Vorschub geleistet, wie man immer wieder liest[414]. Jedenfalls wäre die Rechtsunsicherheit nicht größer als heute[415], wo die Voraussetzungen des Anscheinsbeweises alles andere als geklärt sind[416], und schon die gesetzliche Beweislastverteilung zu einer im deutschen Recht ganz ungewöhnlichen Kasuistik geführt hat[417].

Abgesehen davon ist die gesamte Entwicklung des Beweisrechts eine Entwicklung weg vom Gedanken der Rechtssicherheit und hin zur gerechten Entscheidung des Einzelfalles. *Deshalb* mußten die legalen Beweisregeln weichen[418]. Wer Rechtssicherheit will, meint *Rosenberg(!)*, müßte konsequenterweise das gesetzliche Beweissystem wieder einführen wollen[419]. Die Übernahme der Parteivernehmung erschien manchen als das Ende aller Rechtssicherheit[420]. In den Motiven zum Schweizer Zivilgesetzbuch heißt es dagegen, die Befreiung des Richters von den Beweislastregeln und die Hinwendung zur

---

[411] Grundlegend *Sauer*, Prozeßrechtslehre 149—155 (152); *Calamandrei*, a. a. O. 165, 180.

[412] *Kegel*, Individualanscheinsbeweis 335.

[413] *Wach*, Vorträge 226, Anm.; *Walsmann*, Eidesbeweis 255; *Gautschi*, Beweislast 29.

[414] Vgl. *Rosenberg*, Beweislast 65; *Peters*, Beweislast, MDR 1949, 68 und oben a.

[415] Vgl. *Gautschi*, Beweislast 23; *v. Bar*, Recht und Beweis 37.

[416] Vgl. *Kollhosser*, Anscheinsbeweis, AcP 165 (1965) 53, 78—83.

[417] *Peters*, Beweislast, MDR 1949, 66.

[418] *Schneider*, Beweislast, DRiZ 1966, 285.

[419] *Rosenberg*, Referat 680—681.

[420] Vgl. oben § 8 II A 3, 4 und *Wach*, Vorträge 213, Anm.: „Der Phrase gegenüber, daß die sog. freie Beweiswürdigung im Dienste der Wahrheit den Zivilprozeß beherrschen und die formale Beweisregel ausschließen müsse, kann man nicht scharf genug darauf hinweisen, wie sehr die Rechtssicherheit die Beweissicherheit erheischt . . .“. Ähnlich *Leonhard*, Beweislast 191.

Wahrscheinlichkeit bedeute keine Willkür, sondern die Annäherung an das Ideal eines besseren Rechts[421].

IV. ERGEBNIS

Der Versuch des deutschen Gesetzgebers, das Problem der gemischten Parteierklärungen durch Verweis auf die Beweislastregeln zu lösen, ist gescheitert. Der Teilbarkeitsgrundsatz führt zu ähnlichen Widersprüchen und Unklarheiten wie der Unteilbarkeitsgrundsatz. Gleich diesem ist er von der modernen Rechtsentwicklung, insbesondere der freien Beweiswürdigung, überholt worden. Seit dem Wegfall des Satzes „nemo testis in re sua" und der formalen Prozeßauffassung ist eine generalisierende Lösung nicht mehr möglich. Dem modernen Prozeßzweck der Wahrheitsermittlung kann nur eine Entscheidung nach Lage des Einzelfalles entsprechen. Da ohnehin die freie Würdigung des Richters den Ausschlag gibt, sollten die komplexen Parteierklärungen, wie in § 266 ÖZPO, von vornherein seinem Ermessen überwiesen werden.

§ 10. Schlußbetrachtung

Am Anfang stand ein Begriff für Dinge, die begrifflich nicht zu erfassen sind: das „qualifizierte Geständnis". Was danach kam, war mehr oder weniger der „Fluch der bösen Tat"[1].

Da der Begriff den Gegebenheiten allzu oft nicht entsprach, wurde ein weiterer Begriff erfunden, um die ungerechtfertigten Ergebnisse des ersteren zu korrigieren: die „Unteilbarkeit" des qualifizierten Geständnisses. Auch damit war man wieder über das Ziel hinausgeschossen. Die Unteilbarkeit bedurfte deshalb wiederum der Einschränkung durch das pseudowissenschaftliche Erfordernis der Konnexität und andere Kategorien. Das übersahen die französischen Gesetzesverfasser. In Deutschland nahm man später ohne viel Überlegung den entgegengesetzten Standpunkt ein und ersetzte den Begriffsapparat der Unteilbarkeit durch den der Beweislast.

Nur allmählich setzte sich die schon früh geäußerte Ansicht durch, nach der der Unteilbarkeitssatz eine jener erkünstelten Regeln ist, „qu'il vaudrait mieux supprimer, en s'en rapportant, sur ce point,

---

[421] Nach *Chiovenda*, Istituzioni II, 345. Vgl. auch *Kohler*, Zivilprozeßrecht 315—316; *Peters*, Beweislast, MDR 1949, 70.

[1] Zum Folgenden, vgl. *Huc*, Commentaire VIII, 455—456; *Diana*, Confessione qualificata, Foro it. 1903 I, 285; *de Page*, Traité III, 1090.

au simple bon sens du juge"[2]. Für die Teilbarkeitsregel gilt nichts anderes. Der österreichische und der italienische Gesetzgeber haben das durch Begriffstechnik geschaffene Scheinproblem im Grunde dadurch gelöst, daß sie es seiner „Wissenschaftlichkeit" entkleideten.

Nicht die Frage nach Teilbarkeit oder Unteilbarkeit des Geständnisses ist grundsätzlicher Natur[3]. Entscheidend ist vielmehr, ob man hier eine (irgendwie geartete) Regel aufstellen oder aber es bei dem belassen will, was letztlich immer das Entscheidende und einzig Sinnvolle gewesen ist: „ . . . iudicem aestimaturum"[4].

An Teilbarkeits- und Unteilbarkeitsregel zeigt sich besonders deutlich, daß das Ziel der legalen Beweistheorie unerreichbar war. Die dem Prinzip des „nemo testis in re sua" zugrunde liegenden Erwägungen mögen noch so richtig sein, ihre Verallgemeinerung ist unrichtig[5]. Tatsächlich sind die Mängel der gesetzlichen Beweistheorie heute zu evident, um noch eingehender Erörterung zu bedürfen[6]. Dieses System basierte auf der abstrakten, deduktiven Betrachtungsweise der Scholastik, die inzwischen allenthalben durch modernen Empirismus und induktives Denken abgelöst ist[7].

Scheinbar nicht in der Jurisprudenz. Wie sonst könnten sich Begriffe halten, denen die Rechtsentwicklung längst jeden Gehalt genommen hat? Zwar fordert heute niemand mehr eine Rückkehr zu gesetzlichen Beweisregeln[8]. In der Beweislast dagegen behauptet sich die begriffliche Denkweise fast unangefochten. Von hier aus der Widerstand gegen die Ablösung der „Überzeugungsbildung" durch ein Wahrscheinlichkeitskalkül[9]. Bezeichnenderweise trauern die eifrigsten Verfechter der abstrakten Beweislast oft den Beweisregeln nach,

---

[2] *Bélime*, Philosophie du droit II, 664, zitiert nach *Mattirolo*, Trattato II, 589, Anm. 1; *Pescatore*, Logica I, 151, Anm. 1; *Lessona*, Teoria I, 535. Die italienischen Autoren lehnen diese Ansicht ab, weil sie zu Willkürentscheidungen führe, vgl. dazu oben § 6 I A 3 c bb.

[3] Siehe aber *Guldener*, Beweiswürdigung 60.

[4] Vgl. oben § 1 II A; § 3 IV; § 6 I A 3; § 7 II B; § 9 III C.

[5] Vgl. *Cappelletti*, Testimonianza I, 174—175.

[6] *Cappelletti-Merryman-Perillo*, Italian Legal System 141; *Cappelletti*, Zivilprozeß, RabelsZ 30 (1966) 277.

[7] Vgl. oben § 2 I.

[8] Vgl. *Sauer*, Prozeßrechtslehre 70; *Blomeyer*, Gutachten 53. Auf *richterrechtliche* Beweisregeln will man indes nicht verzichten, vgl. *Blomeyer*, a. a. O. 14, 53, mit einem Zitat von *Planck*, Bemerkungen, Krit. Viertelj. Schr. 4 (1862) 251. Ganz ähnlich neuerdings wieder *Alcalá-Zamora*, Uniformación, Bol. Inst. Der. Comp. Mex. 16 (1963) 104.

[9] Vgl. *Esser*, Vorwort 13; auch *Bolding*, Sachaufklärung 59 („Auf der anderen Seite würde dieses Kalkül soweit wie nur möglich die Anforderungen erfüllen, die man wissenschaftlich daran überhaupt stellen kann.")

die angeblich „die Ergebnisse psychologischer Einsichten von Jahrhunderten" verkörperten[10]. Ob sie nicht zum Teil auf einer wirklichen „Klassenjustiz" beruhten[11], soll hier nicht weiter untersucht werden[12].

In jedem Falle ist die Richtigkeit eines Beweisverfahrens nicht von seiner Überzeugungskraft zu trennen[13]. Im wissenschaftlichen Zeitalter nähert sich daher der juristische Beweis immer mehr dem wissenschaftlichen an[14]. Zumindest im kontinentaleuropäischen Rechtskreis ist man immer schwerer davon zu überzeugen, daß hier ein gewisser „cultural lag" unvermeidlich sei[15].

Im Hintergrund dieses Kampfes gegen mittelalterliche Formen und Ziele des Prozesses[16] steht die Wandlung von der individuellen zur sozialen Gerechtigkeit, von der Idee des „Prozeßkrieges" zum Prozeß als „Wohlfahrtseinrichtung"[17]. Diese Evolution ist nur deshalb weitgehend verborgen geblieben, weil man zum Teil immer noch glaubt, einen ideologisch gefärbten Verhandlungsgrundsatz als „fundamentale Rechtswahrheit und dem Wesen des Rechts inhärierendes Prinzip . . . aufstellen zu müssen"[18]. Wie weit die eine oder andere „Maxime" gilt, kann heute nur noch eine bloße Zweckmäßigkeitsfrage sein[19].

---

[10] So *Schneider*, Beweislast, DRiZ 1966, 285; s. auch *Rosenberg*, Lehrbuch 585.

[11] Vgl. *Wenger*, Institutionen 284; auch *Cappelletti*, Testimonianza I, 174.

[12] Zu den wahren Gründen der Privilegierung des *Urkunden*beweises, vgl. oben § 2 II B, a. E.

[13] *Rehfeldt*, Einführung 245.

[14] *Lévy-Bruhl*, Preuve 152; *Giuliani*, Concetto 249, Anm. 49; *Denti*, Evoluzione, Riv. dir. proc. 1965, 36; *Loevinger*, Facts 422.

[15] Siehe aber *Louisell-Williams*, Parenchyma of Law 407.

[16] *Ehrenzweig*, Buchbesprechung, Am. J. Comp. L. 16 (1968) 281.

[17] Vgl. schon *Schwartz*, Zivilprozeßgesetzgebung 733 und oben § 8 II A 4.

[18] *Siegrist*, Grundfragen 67.

[19] *Bernhardt*, Sachverhaltsaufklärung 14, 35; *Sauer*, Prozeßrechtslehre 67; *Esser*, Grundsatz und Norm 157; *Brüggemann*, Judex 124; vgl. auch *Cappelletti*, Giuramento della parte, Riv. trim. dir. proc. civ. 1955, 1165, Anm. 23; Testimonianza I, 303—375.

Kolibri 360 GmbH
Ferdinand-Jühlke-Straße 7
99095 Erfurt, Deutschland
produktsicherheit@kolibri360.de